翻轉學

翻轉學

破解黑心話術

國際超級房仲
Zack
李昌鵬——著

購屋
超級攻略

CONTENTS

第三章　臺灣房市為什麼這麼亂？

第四章　破解 30 大購屋陷阱

第五章　哪些人在帶風向？

第六章 什麼時候可以進場？

第七章　如何改善高房價問題

作者序
為了那 7.5% 的人所寫的書

《房子都是有錢人在買的嗎？事實可能跟你想的不一樣》，這是 2022 年 8 月份一則新聞報導的標題，新聞引用了台灣知名的「樂屋網」統計的房貸聯徵中心數據：2021 年全台總共有 34.5 萬的買賣移轉棟數，其中申請房貸的有 18.4 萬筆。

這 18.4 萬筆申請房貸的屋主中，年收 40 萬至 80 萬的族群最多（6.6 萬筆），其次是年收 80 萬至 120 萬的族群（4.3 萬筆），如果再將年收入 40 萬以下這個最低的族群加入計算（2.6 萬筆），加起來就占了房貸族群的 73.8%，他們的購屋金額約落在 880 萬至 1,100 萬之間。

但我們要特別注意的是，申購房貸的屋主中，這 2.6 萬名年所得不到 40 萬元的屋主，平均購屋的鑑價約 980 萬元，比年收 40 萬至 80 萬的族群，購買的平均值 880 萬元還更高！而且這 2.6 萬位屋主平均月收不到 35,000 元，將近三分之二的月收入都要拿去繳房貸。

也許這 2.6 萬人，可能是找親友合資、找老婆一起聯名購買，但是我們卻能看得出來，這一群占總交易量僅僅 7.5% 的屋主，不但本身並不適合動買房子的念頭，而且他們大多買了不適合自己的房子，卻還天真地以為可以靠這間房子翻身致富了。

我常說：「買房沒有對錯，只有適不適合」，然而現在絕大多

數的台灣人都已經被房仲、代銷或各種網路無腦多給帶風向，信奉著房地產無敵論，認為房地產只漲不跌、買房就是台灣最佳的致富方式，於是便傻傻地把這輩子所有的資源，都投入房地產這種金額巨大的商品中，並且願意用人生最精華的三十年去賭它一把。

因此我願意花這麼多時間，抱持著「一生一書」的精神，寫下這本根本無法幫我賺錢、還會得罪很多同行的書，就只是希望你不要也淪入這 7.5% 內，不要讓人生最精華的三十年光陰，都拿來當個苦哈哈的屋奴，再將最後三十年的退休餘生，當個窮困潦倒的下流老人。

聽到這邊，如果你覺得我講得太聳動、如果你也相信房價只漲不跌，那麼很遺憾，你已經被房仲業者們帶風向，而且帶得相當徹底了，才讓你會用倖存者偏差的經驗，誤以為蒙著眼睛過馬路，總是安全的……。

本書就是台灣房市的紅色藥丸，準備殘酷揭露房仲業者們，不願面對的各種真相，也讓各家房產業者們的謊話無所遁形。

因此本書的內容，可能會讓你產生衝擊、可能會顛覆你一直以來的信念，甚至會讓你有被冒犯的感覺，尤其如果你是 2021 年勉強硬買房的 7.5% 屋主們，強烈建議把書放回誠品的書架上、關掉電子書的試閱，才能讓你接下來幾年比較好過。

嗯，你決定要吞下紅色藥丸，進入真實世界了嗎？

OK，首先你要先明白的第一條法則就是……

推薦序

「Xlllly65tttttttttttttttttttttttttttttttttttttttttttttttttttttttttttttttttttttttttttttttttttr4efdrtfgdrttbvvvvvvvvvvvvvvvv」──我養的貓 Cookie

註：由於應該沒有業者敢替這本書寫推薦序，所以
　　就請我們家的貓來寫了。如果你想看牠是怎麼
　　寫序的過程，請掃描 QR Code。

第 一 章

你有辦法 分辨，
仲介是否在騙你嗎？

🏠我是誰，為什麼你要聽我說？

嗨，我叫做李昌鵬，英文名字是 Zack，是媒體稱為草莓族或臺灣史上最慘的七年級生，我的父母曾是資歷超過三十年的資深房仲，因為我從小就是在房仲家庭裡面長大，因此從小就學會在電線杆上貼小蜜蜂（黃底黑字的傳單）。

大家最認識我的，應該是我從 2015 年開始經營的個人品牌「國際超級房仲」，而我在 2020 年 10 月離開房仲業後，創辦了「業務品牌學院」這個線上課程，希望藉此培養大量靠「誠實」來做業績的品牌業務員，所以網友也會稱我為 Zack 老師。

而我之所以能夠跟其他房產業者有完全不一樣的視野、格局與知識，則要歸功於我從 2014 年起，多年來都在銷售其他國家的海外房地產，讓我有機會跟眾多先進國家的頂尖房仲交流，藉由看到了其他先進國家的房市制度，才將我從本土房仲市場的井底拉出來，看見了這個世界有多大。

為什麼我不賣臺灣房產？

不少人很好奇，為什麼我不跟著父母的腳步做本土房仲？跟著爸媽的資源在臺灣賣房子，不是會更順利、更好賺嗎？嗯，這點你說的沒錯。

但是我們臺灣，不只房市制度亂，房仲業制度更是徹底的腐爛，比方說，房仲業充斥著所謂「做狀況」的文化，也就是必須靠

一些高超的說謊技巧，誘導屋主降價、勾引買方加價。房仲業還有一項名為「踩線」的基本功要學，所謂的踩線，就是仲介必須要學會如何去惡意搶同業的買方、破壞同業跟屋主簽的委託，詳細細節也會在本書向你揭露。

　　諸如此類的亂象在房仲業層出不窮，但業內人員不但沒有改善的意願，甚至還非常推崇這種說謊與搶客戶的行徑，再加上房仲業強調的「精耕商圈」，導致房仲業的視野，永遠只限縮在一個小小的商圈內。不想天天在井底發傳單的我，選擇爸爸不支持的海外房地產、媽媽不支持的個人品牌，頂著這些壓力走上了一條跟「傳統房仲」完全不同的路。

為什麼我要拆穿那些黑心話術？

　　讓我問你一個問題：「五樓的樓上是幾樓？」，如果你的答案是「四樓」，那麼你就露餡了，你肯定是 PTT 的鄉民，而且應該是很重度的那種，對吧？

　　從我開始因為「房地產」這個標籤被市場看見以後，由於提出非常多「看空」臺灣房產的數據，因此我的影片和貼文，經常被轉分享到 PTT 的 Home-sales 板（以下簡稱房板），而房板又是全臺灣最極端的看多派匯集處、標準的一言堂，因此很自然的，我經常在房板被酸、被攻擊，甚至造謠、抹黑、誹謗等情形屢見不鮮。

　　很多鄉民對我最大的疑問是：「如果你預測房市這麼準，為什麼不自己炒？難怪只是個租屋仔」，而我的答案很簡單：「因為沒

錢，而且我也不想做這樣的事」，道理非常簡單，如果我有欺負弱小的能力，我為什麼就要去欺負弱小？如果我有騙人的技巧，為什麼一定要去當騙子呢？同樣的邏輯，既然我具備炒作房地產的能力，為什麼一定要把這份能力拿去炒房，而不能拿來幫助一般民眾呢？

大家更應該反思的是：「『炒房』這種惡劣又不公不義的行為，為什麼在臺灣，可以變成值得炫耀的事？」，這就是臺灣人價值扭曲的地方。既然我經營的線上課程不會讓我餓死、我這個人的物慾又不高，那我何必去賺這種「自己都不認同的黑心錢」呢？

可能我這個人比較天真、比較中二，像是過於理想的左膠吧，我相信就算無法靠自己的能力來改變世界，但如果每個人都能在能力範圍內，少做點壞事、少說點謊、少口出惡言，至少就能讓這個糟糕的世界，因為我們的努力而不再惡化下去了，對吧。

雖然我只是個沒買過房的租屋仔，但我始終期待自己，能夠成為房地產界的蝙蝠俠──白天幫助一般民眾和基層房仲，晚上打擊芭樂客戶與黑心仲介。

🏠 你真的懂房市嗎？

開始進入正題前，請容我先問你三個基礎問題。

第一個問題：從 2020 年第二季開始，已經高到不可思議的臺灣房價，為什麼可以在沉寂四年後突然瘋狂飆漲上去？

你可能會說：「是因為原物料上漲太誇張」、「是因為通貨膨

脹嚴重」、「是因為臺灣疫情不嚴重」、「是因為市場需求遠遠大於供給」，或者是「因為臺灣人有土斯有財的觀念很深，就是愛買房」。

好的，接下來第二個問題，上述那些上漲的因素明明都沒有消失，原物料依然很高、通膨依舊嚴重，為何臺灣房價卻在 2022 年 4 月份開始，明顯迅速降溫？

如果你的回答是：「因為屋主惜售」、「因為疫情影響」、「因為市場房子不夠賣」，那我可以很肯定地告訴你：「你已經徹底被業者帶風向了」！

因為上述這些，完全不是房市突然蕭條的原因，詳細理由，我會在下個篇章一一說明。

最後第三個問題，你剛剛這些看法，究竟是怎麼來的呢？

天天買賣房子的房仲，也不見得懂房市

仔細回想一下這些觀點，是不是你從 YouTube 上聽房市專家告訴你的？為你服務的房仲或代銷對你說的？在房產新聞上的那些房產記者講的？或者是網路上的網友分享給你的？對吧！也就是說，你目前這些不夠正確的房地產觀念，其實都是「業者」透過帶風向的方式不斷洗腦你的，正所謂三人成虎、眾口鑠金，謊話聽久了也會覺得似乎是真的，更別說是一些聽起來很合理的謊話。

所以你現在要認清一件事實：「一般消費者，真的無法判別業者是否在說謊」，因為你缺乏辨別這些謊話的專業能力與從業經

驗，於是業者怎麼說，你也只能怎麼接受。

但你會被業者帶風向，這並非你的錯，因為你只是一般人，並不是房地產專家或從業人員，甚至偷偷告訴一個會完全顛覆你觀念的事實，那就是：「其實連天天處理房屋買賣的房仲，也並不懂房市。」

我不是神預測，只是讓數據說話

這時候你可能會不服氣地說：「好啊，我就是不懂房地產，那你就很懂嗎？你是誰啊，我完全沒聽過你」。

關於「我是不是很懂房地產」的這個答案，我會告訴你：「我不知道」，因為我本身並不是房地產本科系出身，也沒學過經濟，也沒有擔任過房地產機構的企研單位，我甚至沒有看過任何一本房地產相關的書籍，所以，這要看你對「很懂房地產」的定義或標準是什麼。

換個角度來看，如果我不夠懂，那怎麼會有資格被出版社邀請出書、憑什麼我的 YouTube 頻道有超過十萬名粉絲追蹤呢？（我的 YouTube 訂閱數，目前是全臺灣房仲第一，其他知名房仲 YouTuber 加起來的訂閱數，也沒有我一個人多）。

理由非常簡單，我們都知道「事實勝於雄辯」，正是因為我對房地產的分析預測，不像一般業者都是事後諸葛、看漲說漲、看跌說跌，而是在逆風中依據客觀數據，讓市場大眾有「眼見為憑」、可以檢視的精準預測成果。

1. 第一次預測：疫情讓房價必漲

2020 年 3 月，美國股市在短短半個月內，經歷了令巴菲特都不可置信的四次熔斷，當全球開始擔心新冠肺炎（當時還被稱為武漢肺炎）將會重創經濟，而同一時期的臺灣市場呈現極度恐慌，所有人都認為這次的疫情，將重演 2003 年 SARS 時臺灣房價崩跌的歷史，屋主都急著想趕快脫手、買方都在保守觀望。

而當時只有我，特別拍了兩部 YouTube 影片告訴大眾：「這次的疫情，讓臺灣房價『必漲』」，這也是我從業這麼久以來，首度對消費者說出房價保證必漲的承諾。

但當時的市場都認為，因為我是房仲，所以才敢在大空頭講這種不負責任的樂觀看法。

2. 我的後續預測：聯準會升息將重挫房市

時間推進到十六個月後，2021 年是全臺近十年來房市最熱、最瘋狂的一年，你肯定很有感，屋主天天都在創最高價、買方都在瘋狂進場追高，隨便什麼人跑來做房仲都能年收百萬，全臺各地漲幅一天比一天誇張、房市看起來好得不得了，所有人都在高喊「房價只漲不跌」的房產無敵論。

於是 2021 年的 7 月，我拍了 YouTube 影片告訴大眾房價漲跌的真相，預告聯準會升息將立即重挫房市，目的是希望幫助經濟能力不足的那 7.5％買方，不要在最高點進場導致未來賠售房子。11 月，我還明確告知聯準會升息後，接下來五年的臺灣房市發展，尤

其是升息的頭一年，會遇到供給量大增、投資客拋售、買氣大幅消退，但屋主價格卻持平的情形。

到了 12 月，我再度拍片提醒市場，2022 年的房價還會再漲一點點，但 2023 年就會開始反轉向下，如果經濟能力不足的買方，就千萬不要在房價最高峰的最高點的 2022 年進場，甚至我 2022 年就不斷提醒那些在 YouTube 留言區找我諮詢的網友，2022 年下半年的租金肯定會慢慢上揚，如果現在租金不高的話，建議趕快打長約才會划算。

然而，在 2021 到 2022 年初那種房市大多頭下，逆風看空房市的我，不意外地面臨到大量酸民和業者的攻擊和嘲諷，這些你都可以在我的 YouTube 和粉專留言區看到，而當時他們最愛酸我的一句話就是：「可是你講那麼多，房價還不是在漲呀」。

3. 如果，你也見證了我的預測

沒想到潮水退得這麼快，因為烏俄戰爭讓聯準會提早於 2022 年 3 月啟動升息循環後，火燙的臺灣房市果然就如我說的，立即在 4 月份被澆熄，其他我預告的狀況也一一發生：投資客開始倒貨、住宅供給量明顯增加，2022 房價呈現價量背離，只能靠市場最後餘熱微微上漲，租金也從下半年漸漸上揚。

以上這些，我過去兩年預測房市走向的成果，你都可以在我經營的 YouTube 頻道《超級房仲學院》裡面，找到我當時逆風說真話的證據，讓你

我的 YouTube 頻道《超級房仲學院》。

眼見為憑，也讓你知道為什麼這本書值得你繼續往下翻。

用專業說話，而不是用立場說話

　　也許你會認為，我只是運氣比較好、我只是剛好矇到，但能夠精準地矇到這麼多次，應該不是運氣好而已，你看看市面上那些「房產專家」，也沒有人像我能矇得這麼準，因為那些知名的房產專家，通常大概分為兩派：

1. 看多派

　　無論何時，他們永遠都對房地產非常樂觀，房市火熱就告訴你：「今年不買，明年更貴」，房市蕭條就洗腦你：「房地產長期還是看多，過陣子就會回溫了」，反正房市怎麼樣都好、永遠只會漲。

　　而看多派，大多都是不動產的業者、總部發言人、跟業者有關係的記者，或是開課教你如何買房賺錢的投資老師，另外比較特別的是前面提過的知名論壇 PTT，當中的房板更是知名的看多一言堂，網路上的看多派幾乎都集中在這裡，並且用強硬甚至違法的措辭攻擊看空派，我在撰寫本書的期間，也在這裡被看多派大炎上過。

2. 看空派

　　看空派就跟第一種完全相反，房市火熱就告訴你：「房價太貴太不合理，你不要進場當韭菜」，房市蕭條就會見獵心喜地說：「你看，房市這麼差，你這時候還買就是笨蛋」，總之，就是房地

產永遠都很爛、永遠都不要買。

看空派的比例比較少，大多都是一些電視名嘴、房產作家或網路專家。

因此，臺灣房市長期以來有所謂的「多空交戰」，也就是看多派與看空派的激烈交鋒，像是 2020 到 2022 年初，看多派就很囂張，但 2016 到 2019 年，看空派就很得意。而當面臨房市開始反轉，這兩派專家對於「未來的房市預測」，就會統一變成：「看漲說漲、看跌說跌」。

也因為臺灣市場也只有這兩種聲音存在，導致一般消費者不得不一刀切的選邊站，贊成看多派的，就算沒錢都要去信貸硬買房；認同看空派的，就會選擇及時行樂、把握當下，笑那些扛房貸的人想法老舊。

請問，閱讀到這邊的你，是偏向哪一派呢？

你看，無論是看多還是看空派，這些專家名嘴的作法非常簡單，就是永遠都在看空或看多，因為房地產景氣總是會交互循環的，只要繼續同一個立場堅持喊到底，這些「房產專家」總是會有喊中的那一天。

建立正確基礎知識，就能精準預測房市

所以回過頭來看我的房市預測，就跟那些傳統專家完全不同，2020 年 3 月市場大空頭，我就看到接下來房價必漲，要消費者趕快危機入市；2021 市場大多頭，我就提早知道 2022 房市將要反

轉，警示屋主有獲利就趕快出場、買方不要陷入羊群效應；2022房市降溫，我更提早告訴我的粉絲，租金要上漲了、趕快簽長約。

也就是說，我總是在沒人看好的逆風中預測風向，而市場也屢屢證明我的分析，能這麼多次在逆風中準確預測房市，總不可能都是憑運氣，對吧！所以讀到這邊，是不是稍微覺得我有點料、覺得我應該跟那些「傳統房產專家」不同了呢？

也許你會覺得不可思議，甚至有一堆網友都說我很神，但實際上，並不是我有多厲害，因為我不是神也不是未來人，我只是掌握到了一項基礎的【正確知識】，只要你能細細閱讀完本書、不被黑心業者誤導，你絕對也可以跟我一樣，精準地預測未來的臺灣房市走勢，並且培養出能夠辨別業務員是否在說謊騙你的專業能力，從此不再被房仲或代銷欺騙。

只不過非常可惜，這項基礎到不行的【正確知識】，那些傳統的房產專家不但隻字不談，不然就是刻意淡化這項影響力，甚至公開在媒體上，極力否定這個不爭的事實。

快速看懂專有名詞

感謝目前站在誠品、免費把這本書看到這邊、卻還沒打算花錢買回家的你，接下來第二章，將要幫你掌握到我剛剛提到的房地產【正確知識】，讓你可以跟我一樣，比房仲或代銷更懂房價的漲跌趨勢，因為我會讓你在第二章清楚了解：臺灣房價漲跌的「真正因

素」。

　　為了幫助還不具備房地產專業知識的你，可以順利閱讀接下的文章，我會將一些重要的專有名詞列在此，並且是用最簡單、最白話的方式來向你解釋，讓我們可以在接下來的旅途中有共通的語言，你就能順利地理解本書要講的所有涵義。

一、跟「人」有關的名詞

　　房仲：一般專業書籍可能會跟你說，所謂的房仲，須先經過三十小時訓練，再通過考試得到不動產營業員執照，並且在有合法登記、擁有經紀人員執照的不動產仲介公司任職的房產營業員，簡稱房仲。但我會告訴你，房仲就是幫你買賣中古屋的業務員。

　　普專：領底薪但低獎金的房仲，正式名稱叫做「普通專員」，例如信義房屋與永慶房屋的業務就屬這一類。

　　高專：沒領底薪但高獎金的房仲，正式名稱叫做「高級專員」，例如大多數房仲公司的仲介都屬這一種。

　　代銷：就是指在預售屋案場內賣房子的業務員，不過代銷算是臺灣獨有的產物，其他國家幾乎沒有代銷這個行業，因為國外的預售案也是交給房仲公司來銷售。

　　建商：就是負責規劃與設計房子的建設公司，在國外也被稱為開發商，但並不一定真的會親自去蓋房子。

　　營造商：實際上負責蓋造房子的公司，通常房子都是由建商負責設計、營造商再實際蓋出來，但也有部分建商有自己的營造公

司。

　　房產業者：包含上面提到的這些人，或者是跟買賣房地產有關的人員，例如房仲公司發言人、房產業者旗下的記者媒體，或者是靠房地產教課的那些老師都是。

　　左膠：過於崇高又不切實際的理想主義者。

二、跟「市場」有關的名詞

　　多頭：指的是市場越來越好，在房地產指的就是房價上升、交易量上升的情況。

　　空頭：指的是市場越來越差，在房地產指的就是房價下跌、交易量大減的情況。

　　無腦多：一些無論房市如何變化，永遠都認為房價只會繼續漲、房子怎麼買都不可能賠錢的人。

　　無腦空：一些無論房市如何變化，永遠都認為房價只會繼續跌、房子怎麼買都肯定會賠錢的人。

　　房蟲：會在網路上打壓不同意見的無腦多。

三、跟「銀行」有關的名詞

　　聯準會（FED）：美國的央行，又被稱為全球的央行，他們的貨幣政策影響著美國與全世界經濟。

　　量化寬鬆（QE）：指的是央行透過大量增加現金供給，同時降低利率的手法。

央行：每個國家負責掌管貨幣與經濟政策的機構，目標是穩定經濟、促進就業率，但臺灣的央行非常特別，竟然必須想辦法營利賺錢給國庫。

升息：央行透過提高利率的方式，將大量現金吸引回銀行的手段。

降息：央行透過降低利率的方式，讓民眾可以用更低的成本向銀行借錢出來，用於消費或投資。

負利率：將錢放在銀行不但拿不到定存利息，甚至還要繳保管費給銀行。

實質負利率：雖然有定存利息可以領，但定存利率還小於通貨膨脹率，等於實際上沒有賺到利息甚至還虧錢。

四、跟「經濟」有關的名詞

通膨：通貨膨脹，指物價往上漲，通常政府都會維持微幅的通膨程度來刺激民眾及早消費，避免東西越來越貴。

通縮：通貨緊縮，指物價往下跌，當物價慢慢變便宜以後，因為消費者預期未來東西會更便宜，就會降低消費的意願，對經濟的殺傷力很強（例如日本）。

貨幣貶值：因為通貨膨脹的因素，讓現金的購買力慢慢下降，導致現金越來越不值錢。

五、跟「房子」有關的名詞

交易量（不動產移轉棟數）：臺灣每年因為買賣、繼承等行為，將房子移轉給別人的數量，是觀察房市最重要的關鍵指標。

成交價：指的是房子買賣的成交行情，在臺灣都是透過內政部的實價登錄網站來查詢行情。

公設比：我們購買房子時，除了實際會使用到的室內空間以外，其他像是公共設施、樓梯間、走道或管理室等不屬於我們自家的面積，也都會依照比例分攤到每個屋主的產權中，以目前臺灣的新大樓來看，你購買的產權當中，大概有三分之一的坪數就是公共設施的坪數，而現在全球只剩下臺灣、中國、香港和柬埔寨，還保有公設比的計算面積方式。

坪數：指的是面積的單位，是臺灣與日本獨有的計算面積單位，如果將平方公尺的面積乘上 0.3025，或者是平方英尺的面積乘以 0.02809，就會是我們臺灣的坪數面積了。

一般約（一般委託）：屋主簽給房仲公司的銷售委託，可以不受限制簽給任何仲介賣，臺灣目前市面上的物件超過 95％ 都是一般委託的形式，也是臺灣房仲業的亂源之一。

專任約（專任委託）：屋主簽給房仲公司的銷售委託，只能給單一的公司全權處理，連屋主都不可以自己賣。先進國家的房仲公司都只有簽專任委託，以保障房仲公司與屋主的雙方權利。

斡旋：指的是買方用白紙黑字的方式，出價請仲介幫忙殺價，

國外通常稱為 Offer。

　　蛋黃區／蛋白區／蛋殼區：分別指市中心、市中心外圍和郊區的地段，實際上蛋黃、蛋白、蛋殼並沒有實際的定義來區分，比較像是一個相對的概念。

第 二 章

房市為何突然飆漲、又突然蕭條？

你必須承認，其實自己並不懂房市

延續上個篇章問大家的兩個問題：「為何 2020 年第二季的房市，突然火熱飆漲上去？」，以及「為何這麼火熱的房市，卻在 2022 年第二季迅速冷清下來」？真實的答案，可能跟你目前認知到的所有觀念落差極大，那就是：「美國聯準會的量化寬鬆政策，與升息加縮表」。

你可能從沒聽過這個觀點，也可能聽過、但不覺得這是什麼重要的因素，沒關係，關於這一點會在這個篇章娓娓道來，我會先向你說明臺灣高房價的成因，後向你說明遙遠的美國聯準會，是怎麼深深影響近二十年來臺灣房市的火熱與衰退。

而在此之前，請你放下個人成見、放空自己，來閱讀這個顛覆你既有認知的篇章，因為「一知半解比不知不解更可怕」，你必須要明白，就是因為一般消費者並不懂房市，所以社會上才會有這麼多房地產的糾紛產生、無奈被法拍情況產生。

比方說，許多消費者並不知道「成交量」比成交價更重要的觀念，看到房價上漲就匆忙追進去、看到房價下跌又慌張跑出來。很多消費者也不知道要查「建物買賣移轉棟數」來了解成交量、進而了解房市，甚至更誇張的是，許多消費者在買賣房子這種人生大事上，判斷的依據不是看數據、不是看事實，而是聽業者的一面之詞，最後全憑「第六感」做決策，這樣的模式跟賭博有何差別？

掌握正確的房地產知識，才能夠幫助我們在買賣房的人生大事

上，不會被房仲或代銷的話術牽著鼻子走，進而提高做出正確判斷的機率。

是誰在操控著房價？

我們先來認識一下，影響房價的四個基本要素：(1) 供給、(2) 需求、(3) 資金、(4) 利率。

如同讓鸚鵡學會 (1) 供給、(2) 需求，就能成為經濟學家一樣，只要再讓這隻鸚鵡學會 (3) 資金、(4) 利率的概念，牠就能成為房市專家。

一、供給＋需求

首先，讓我們用最白話的方式來說明「供給」，簡單來說，就是市場存在著多少的住宅（中古屋），以及之後陸續會再蓋出多少新房子（預售屋）到市場上。

不過呢，雖然我們常說臺灣地狹人稠、土地就這麼一點點，但其實臺灣住宅的供應量是非常充足的，甚至從 2016 年來，住宅供給量一年比一年更高，其中一個最明顯的現狀，就是市區房子越蓋越小（用低總價掩蓋高房價的問題，也能讓建商蓋的戶數更多）。

其次則是「需求」，也就是多少人想要買房子，或者可以稱之為「買氣」。由於我們華人自古以來強烈的「有土斯有財」觀念，再加上臺灣扭曲的租屋市場，使得臺灣人買房需求始終非常強勁，

我相信「買房」這件事情，肯定也是你人生的夢想之一，沒錯吧。

　　基本上光看供給和需求，就能決定價格的走勢，這一點並沒有錯，但因為房地產具備著「資產」的價值，也就是具備了能夠投資的屬性，因此除了房子供給出來的「物」、具備買房需求的「人」以外，另一個相當重要的因素就是「錢」，而影響錢的要素就是「資金」和「利率」。

二、資金＋利率

　　所謂的「資金」，就是經由國家央行發行出來現金，然後像活水一樣流入市場內，當國家發行的現金越多，市場內的人就會拿到更多的現金，而在商品供給沒有變化的情況下，因為人人手上的錢變多了，消費的需求就會更強大，需求大於供給就會讓價格上升，產生所謂的通貨膨脹（關於資金是如何影響房市的部分，等等會有更詳細的說明）。

　　最後的要素則是「利率」，這邊你要知道資金是有所謂的「趨利性」，也就是資金自然都會流向利率更高的地方。

　　這樣講可能有點抽象，讓我打個比喻：假設你現在手上有1,000萬，然後在臺北市買了一間小套房辛辛苦苦收租，還要自己管理、自己處理修繕、自己面對租客雜七雜八的瑣碎問題，結果一整年下來，僅僅只有2%的租金收益。

　　但如果銀行從今天開始，就將臺幣定存利率拉到5%以上，請問你還會想當房東嗎？肯定不會吧（期待房價漲幅就另當別論），

於是就會讓許多房東決定把房子賣掉，輕鬆地去收 5% 的定存。

　　相反地，為什麼大家現在都把錢從銀行借出來去炒房、炒股，就是因為往年新臺幣定存利率連 1% 都不到，把錢放在銀行根本沒賺頭，甚至每年還會被通膨吃掉現金的價值，等於把錢放在銀行是不賺反虧、實質的負利率，那麼大家當然就會把錢從銀行領出來做其他更高利率的投資，這就是趨利性。

三、恐怖的乘數效應

　　房地產因為總價高，就像是一個巨大的泳池，非常適合承載大量的資金，同時房地產又具備獨特的三大特性：保值、增值、現金流，再加上傳統觀念與制度漏洞導致買房需求相當強勁，於是在房地產的利率較高（漲幅或租金）、資金又大氾濫的時候，自然就成為吸引資金進駐的最佳標的。

　　當銀行利率那麼低，大家都把錢領出來買房，於是大量現金都要去競爭數量有限的房子，根據價高者得的道理，房價自然會被資金推高價格。假設房價一個月的漲幅等於放在銀行一年的定存利率，有錢人當然更想把錢放到房地產裡；而沒錢的人，也會想跟銀行借錢去買房，期待靠房地產翻身致富，於是導致更多湧入的現金把房價水位再往上推升。

　　這邊順便分享一個小故事，讓你知道氾濫資金是如何刺激市場。

　　假設今天有間印刷公司賺了 100 塊錢，然後將這 100 元發薪給員工，員工再把這 100 元給孩子當零用錢，孩子再拿這個 100 元

去買漫畫，漫畫店又將這 100 元付給印刷公司，這一連串的過程中，這 100 元被使用了 5 次，就產生了 500 元的效益，那如果這張 100 元被一千人、一萬人使用過呢？這就是經濟學上的名詞「乘數效應」（multiplier effect）。

而當氾濫的資金開始進入市場，讓今天這個金額從 100 元變成 100 億、接觸的人從五人變成數百萬人，你就可以想像氾濫資金帶來刺激效果會有多強大。總之，資金量影響著房價水位高低，資金對於房價的影響，無論是預售屋還是中古屋、蛋黃區還是蛋白區、公寓大廈還是透天別墅，無一例外、無一倖免。

只要你能看懂上述這個例子，了解供給、需求、資金、利率，是如何交互影響臺灣房價變化的話，那麼恭喜你，光是免費把本書閱讀到這邊，你就至少比全臺灣 50% 以上的房仲更懂房市了，是不是很簡單呢？

四、看不見的黑手

因為接下來的內容會比較艱澀一點，所以我們就以生活中的情況來聊聊吧。

我相信現在應該沒有人在投資「臺幣定存」吧？假設臺幣定存的年利率是 1%，但平均每年通膨是 2% 的話，等於臺幣定存就是實質的負利率，也就是把錢放在銀行裡面只會越放越少，大家為了避免自己的畢生積蓄變薄，自然會把錢放在利率更高的其他資產上（資金的趨利性）。

也就是說，銀行的「低利率」就是一股強大的推力，將資金從銀行推往市場的力量，而利率更高的房地產或股市，則具備強大的吸力。

既然講到資金與利率，就一定要談到掌管國家錢包的重要機構「中央銀行」，一個國家的經濟好壞，中央銀行（以下簡稱央行）的影響力絕對不輸給由人民選出來的總統、立委和民代，因為央行可以像控制水龍頭的出水量一樣，控制著資金的水龍頭來影響全國市場經濟。

你可能會好奇：「央行有這麼厲害啊！那央行是怎麼透過控制資金來影響經濟？」，現在的你，已經可以理解以下的簡單邏輯：

當經濟差時，央行會將資金注入市場以刺激經濟，因為當資金多，就能夠讓民眾與企業的收入增加、需求增加，這就是所謂的景氣擴張，但因為市場上的東西沒有變多，可是購買的需求提高，就會導致價格上漲進入通膨階段。

很多人聽到通貨膨脹都會聯想到不好的事情，例如之前的委內瑞拉、以及印出史上最大面額的辛巴威等等（他們都因為亂印鈔票來支付債務而導致超嚴重通膨），過度的通膨就會讓物價飛漲、老百姓的現金變薄而買不起東西。

但其實你要知道，只要保持適當的低度通膨，例如每年 1 ～ 2%，反而能刺激經濟、讓經濟變得更好，這也是全球每個國家的目標，因為商品只要能一天一天慢慢變貴，民眾就會想要早點消費，進而刺激經濟提升，物價也較穩定。相反地，萬一價格進入了

「通貨緊縮」的通縮階段，那就代表著商品會一天一天變便宜，消費者知道東西會慢慢變便宜就不會急著去消費，導致經濟變差，因此各國都會努力避免讓自己進入通縮的情況。

當經濟火熱導致通膨過高時，央行就會想辦法收回資金，來避免市場過熱導致的泡沫風險，而央行收回資金的常見手段，就是將銀行的利息提高，也就是我們常聽到的「升息」，因為放在銀行的錢幾乎零風險，如果放在銀行的利息又不錯的話，就會因為資金的趨利性，讓大量現金從市場回到銀行體系內停止流動，停止乘數效應、降低通貨膨脹。

當央行把利息變高以後，連帶著借錢貸款的成本就會變高，民眾和企業借錢的意願就會降低，消費的意願也會減弱，進而讓過熱的市場降溫下來，也因為前面通膨讓東西變貴，但升息後的購買需求又降低，就會讓價格進入下降的通縮階段。最後，又會因為升息讓市場太冷，使得央行再次注入資金去刺激經濟，這個不斷重複的歷史，就是我們常聽到的「景氣循環」。

而在景氣循環中的「升息階段」時，已經扛房貸的屋主壓力會變大，因為房貸利率會慢慢變貴，讓屋主不是盡量趕快把貸款繳清，就是想將房子出售以解決房貸壓力。而當需求不變，卻有越來越多的屋主因為貸款壓力將房子釋出時，供給量就會提升，但買方卻因為銀行貸款成本變高而降低購買意願，買氣（需求）就會降低，於是房價就會有下修的壓力。

正因如此，如果想要買到價格合理的房價，選在升息階段入場

就是最聰明的規劃，雖然乍看房貸成本變高了，但是你的砍價幅度也變得更大，從房價方面省下來的成本，更遠遠高於升息的那額外一點點利息。

五、刻意低利率的臺灣央行

理論上，我們的利率應該會隨著景氣循環而升高或降低，但我們臺灣央行近二十年來的情況，卻是降息就盡量往下降，需要升息時，就盡量不要升，而刻意壓低利率的策略，就讓低利率的環境造就了臺灣高房價的體質，以及臺灣產業無法提升等問題，進而使得現在年輕人得用低薪來面對高房價的人生。

以主計處 2022 年第二季公布的最新數據，臺灣的房價所得比來到了 9.69 年，也就是平均每個人要不吃不喝近十年才能買得起一間房，臺北市的數字更來到驚人的 16.17 年。

下表為中國的房地產網站《居外》於 2021 年的統計，根據該網站統計數字，以臺北市中正區來算，均價約為 7947.5 美元／平方公尺，看起來並不算太高，那是因為臺灣在計算單價時，沒有將 30 ～ 40% 的公設坪數扣掉，如果將平均 35% 的公設比扣除，臺北市中正區的平均房價約 10,729.12 美元／平方公尺，大安區則為 11,932.51 美元／平方公尺，不輸給許多國際級一線城市精華區的房價。

明明人口越來越少、人民薪資停滯不前、住宅供給量還越來越多，為何臺灣房價卻能屢創新高、還越來越高呢？

2021 年全球高房價區域

排名	區域	美元／平方公尺
Top1	香港市中心	31,758.38
Top2	美國紐約皇后區	23,461.94
Top3	韓國首爾	19,248.72
Top4	新加坡	18,766.26
Top5	美國紐約市	15,993.83
Top6	中國北京	15,645.48
Top7	中國深圳	15,591.21
Top8	中國上海	15,310.42
Top9	法國巴黎	15,211.08
Top10	英國倫敦	15,201.84

資料來源：中國房地產網站《居外》（https://m.juwai.com/news/338321）

央行造就的高房價體質

　　講了半天央行，你知道央行是做什麼的嗎？各國央行的核心目的，大概不外乎控制經濟在低度通膨、充分就業，或者穩定利率、經濟與金融體系，我們臺灣央行也差不多，主要手段就是靠控制市場資金量來刺激或緩和經濟。

　　不過我們臺灣央行很特別，影響資金與利率這麼重要的經濟決

策，只要他們制定好就能馬上施行，不需要像其他施政需要經過民意代表或立法委員那樣，也不像美國的央行「聯準會」，會透過大量公開討論與資訊透明化，讓市場能有合理的預期來迎接經濟走勢，而且臺灣央行作風強勢，針對外界的質疑，經常都採強硬的說教式態度來回應。

一、低匯率政策

我們臺灣是個極度仰賴貿易的海島國家，例如像台積電和鴻海這種頂尖企業，都是靠著把本土商品賣到國外來賺錢，因此透過降低新臺幣匯率讓出口變得有競爭優勢，是自彭淮南時代以來，央行就一直奉行的政策，所以過去二十多年來，你很少看到新臺幣對美元的匯率升破二字頭，長期幾乎都是在三十元以上，這個三十元大關，也被媒體稱作為「彭淮南防線」。

可是你看，當出口產業受惠於低匯率政策而在國外賺進大把鈔票時，賺到的這些鈔票都是外幣、幾乎都是美元，但臺灣本土要發薪水還是得換回新臺幣，那麼當出口產業都將賺到的大量美元換回新臺幣時，因為用美元大量買入臺幣（臺幣需求增加），所以臺幣的匯率就會因此而上升，這是基本邏輯，對吧？

可是你看出問題了嗎，一開始是靠低匯率政策讓出口商賺錢，但賺回來的美元換回臺幣以後，反而會讓臺幣升值而喪失了低匯率的優勢，實際上，讓匯率隨著自由市場上下波動，這樣對各國來說才是公平合理的，因為如果一個國家老是靠刻意貶值匯率來增加出

口優勢，就會導致其他國家不斷入超、陷入不公平的競爭。

　　臺灣已經有好幾次被美國認為是「匯率操縱國」，例如常常看到匯率在收盤前半小時突然被拉尾盤（走貶），就非常有可能是受央行的干預，可是臺灣對美國出超嚴重，但臺幣對美元卻一直非常低，這就是不合理的現象，雖然央行一直否定操縱匯率的質疑，但萬一臺灣被美國認定是匯率操縱國後，我們將會受到來自美國的懲罰以消弭這種不公平競爭。

　　這樣看起來，好像低匯率對臺灣的經濟很有幫助，我們應該多多支持央行繼續低匯率的政策嗎？這個沒有絕對的答案，因為匯率高或低有好有壞，比方說，雖然匯率低對出口產業有加分，但匯率太低的壞處就是當我們要進口東西時，就會變得很貴，想出國旅遊也會變得很貴，很多臺灣傳統產業也沒辦法買新設備來提高競爭力的原因，也是因為低匯率導致進口新設備成本太高。

　　另一方面，臺灣的就業人口中，有將近六成的勞工是屬於服務業，而服務業的薪資又較其他行業更低，等於央行的低匯率政策雖然幫助了出口商，卻是用犧牲了大多數百姓利益換取的。

二、低匯率造成低利率環境

　　到這邊你可能會想：「央行低匯率救出口的政策，跟我們買房有什麼關係呢？」，我告訴你，關係實在太大了，你現在需要知道的下一個重點是：央行，是如何一手造就低利率環境的。

　　我們已曉得資金的趨利性，所以你應該明白利率太低的環境，

會讓資金從銀行內跑去收益更高的資產內，最常見的就是股市和房市，但你曉得央行刻意壓低匯率的作法，為什麼會讓利率也降低嗎？這邊你需要了解的是央行「壓低匯率」的作法。

首先，當央行要壓低匯率時，會先在外匯市場刻意釋放超大量的新臺幣，也就是用超大量新臺幣去換美元，這麼氾濫的新臺幣到市場上，導致臺幣因為供給增加而跌價，美元的購買需求提高而讓美元漲價，結果就會是臺幣跌、美元漲，就能讓臺幣順利貶值了。

於是當央行買了一大堆美元，就讓臺灣擁有全球第六多的外匯存底，依據 2000 年底央行公布的數據，臺灣央行有高達 85% 的資產都是在外幣裡面，約為五千億美元（不是新臺幣）。至於央行持有了這麼大量的外匯會怎麼運用，等等會向你說明。

而當央行釋出這麼多新臺幣到市場上，造成借臺幣的成本（利率）會越來越低，臺幣在市場上就會越來越氾濫，不斷發揮乘數效應，也讓經濟變得非常熱絡。不過央行也不是笨蛋，他們當然知道如果市場內的臺幣過於氾濫的話，在景氣升溫的下一個階段，伴隨而來的就是市場過熱的泡沫化風險，於是央行也會想辦法把新臺幣收回來一些，讓市場內的新臺幣不要那麼多，而央行的作法，就是發行一種叫做「定期存單」的東西，這個定期存單非常關鍵，跟如今房價為什麼這麼高脫離不了關係。

所謂的「定期存單」，簡單講就是一種給利息的商品，央行會將定期存單賣給銀行，透過這樣的方式從銀行手上把氾濫的新臺幣收回來，降低氾濫資金造成的乘數效應，又因為低匯率導致臺灣的

低利率環境，讓靠利率賺錢的銀行業相當辛苦，於是當央行販售定期存單時，又因為由央行發行基本上等同於零風險，還能讓銀行馬上獲得利息收入，因此這些定期存單，算是銀行界的熱門產品。

這樣你看懂央行在搞什麼了嗎？

為了低匯率政策而不斷在市場釋放新臺幣，導致新臺幣氾濫，等於央行平常就已經在做 QE（量化寬鬆）了，而資金氾濫的問題，卻只靠發行定期存單來解決（重點是央行釋出的定期存單量，也不足以收回自己釋放出的資金），另一方面則是「定期存單的利息成本」，雖然利率很低，但總金額大的話，這些定期存單的利息支出也是央行相當沉重的負擔，使得央行不得不繼續降低利率的政策，來減輕定期存單成本支出，讓臺灣進入了低利率的惡性循環。

以央行的策略來看，救出口就降匯率、降匯率就釋放臺幣、臺幣氾濫就花錢用定期存單收回來，等於是頭痛醫頭、腳痛醫腳，而只靠低匯率保護的出口業，也無法從本質性上改善競爭力不足的問題。

三、必須賺錢給國庫的央行

而剛剛有提到，因為貶值臺幣的過程也會買入美元，那麼當央行拿到了這麼大量的美元，下一步要做什麼呢？不可能拿美元來發公務員的薪水，也不可能用美元支付國內的支出嘛。

很簡單，一樣是資金的趨利性，央行會將手上這些大把大把的美元，到國外利率更高的地方去做投資，賺取更大量的利息收入，

假設今天美國國債就配了 4% 的利息，而相對央行的成本「定期存單」，只需要給本土銀行 1% 的利息，那麼 4% 的收益扣掉 1% 的成本，央行就能賺進 3% 的淨利利差。

這樣你有沒有恍然大悟，這就是為什麼 2022 年美國聯準會強力升息時，臺灣央行不敢跟進太多，讓我們的央行被戲稱為「斑馬（半碼）」的原因之一，因為與美國的利差拉得越大，就對央行的營收越有利，根據研究，央行從 2002 至 2019 年，平均每年可以幫國庫負擔 7～8% 的支出，跟臺灣的土地稅收差不多。2018 年來看，央行的淨利還贏過鴻海、僅次於台積電，央行運用外匯存底的投資收入，竟然占央行總收入近 93% 的誇張比例。

就算放眼國際，全世界也沒有任何已開發國家的央行，能夠連續二十年為國庫分擔 6% 以上的稅收。

央行為了讓自己的營收增加，除了等待國外的利率環境變高以外，最重要的還是要降低國內利率成本，就能降低定期存單的利息壓力，因此央行就會釋放出更大量的臺幣來降低利率，以減輕定期存單的利息支出壓力。

可是我們老百姓哪懂這些，雖然刻意的低匯率加低利率政策，已經嚴重傷害我們的口袋與未來，但老百姓只會將經濟不好的矛頭指向兩大政黨，還會得意地認為我們的央行很厲害、很會幫國庫賺錢、幫老百姓省下稅收，完全不曉得「羊毛出在羊身上」的事實。

四、低利率環境造成的高房價體質

　　政府稅收不足，應該從改善稅制、產業、提升競爭力等層面著手，而不該讓央行變成國庫的乾爹，導致為了央行的營收而忘了原本該盡的責任，同時政府也過於依賴央行的營收，並默許央行低匯率政策，進而促成了低利率環境，養成高房價的體質。

　　而當臺灣成為低利率環境後，氾濫的資金便不斷往房地產注入，提高了房價水位，又因為房價上漲（利率提高）就吸引了更多的資金注入，形成惡性循環，導致如今臺灣高房價的情況。而氾濫資金導致高房價問題，犧牲了非出口業的一般大眾薪資，進一步讓經濟變差後，央行就再靠更低的利率、更氾濫的資金來刺激經濟，不但無法從根本解決臺灣的經濟問題，反而還進一步推高了房價。

　　例如 2004 年，當時的扁政府提供了一連串的房地產補助措施，基本上在當年只要有足夠的薪資收入證明，貸款要八成、九成起跳都沒問題，全額貸款買房的情況比比皆是，甚至還有些銀行願意讓買方超貸（用裝潢費的名義），等於當年許多買方買房子，不但不需要準備任何自備款，還有機會可以額外多貸到一筆錢，大家都知道我爸媽曾是資深房仲，當時我們家也從原本苦哈哈的 2003 年，到了 2004 年變得像暴發戶一樣⋯⋯。

　　再來看看 2004 年的情況：利率越來越低、房貸越來越划算、國內資金越來越氾濫、房價所得比低、房屋持有成本低，重點是——當年幾乎沒有打房政策，再加上兩任政府先後提出了一些促進房地產的政策，為日後臺灣回不去的高房價種下因子⋯⋯。

　　首先，為了解決房市低迷，2004 年扁政府還祭出房貸利率與

稅務優惠政策，讓當時的臺灣房價開始上升；接著是 2008 年 10 月，為了因應金融海嘯衝擊，馬政府將遺贈稅從原本的最高稅率 50%，直接調降至單一稅率 10%，吸引了大量臺商資金回流（此政策能幫富人大幅節稅）。

隔年 2009，聯準會的啟動 QE 釋出超大量熱錢，讓史無前例的大量熱錢瞬間跑向全球、湧進臺灣，進入房地產內，導致無限的新臺幣去追逐有限的房地產，讓房價逐漸脫離基本面，而漸漸產生了泡沫化風險。

我們可以看到下頁來自國泰房價指數的統計數據，臺灣房價從 2002 至 2022 年這兩波大多頭，即便在中間 2011 年，政府推動了至今被業界認為最無用的「奢侈稅」來打房，平均房價還是上漲了兩倍，房價所得比也從 4.47 倍，到 2022 來到了 9.58 倍，但人民的薪資卻遠遠跟不上資金帶動的房價漲幅，這就是房價漸漸脫離基本面的寫照，尤其是臺北的房價所得比，依據 2022 年內政部統計，目前已經來到誇張的 16.17 倍（2002 年的臺北房價所得比，僅 6.15 倍）。

2004 至 2015 年這一波長達十一年的大多頭，直到 2015 年底聯準會升息才被澆熄，2016 年元旦推出的房地合一稅，也是臺灣最接軌國際的打房政策（利用短期轉售的高稅率，來抑制短期炒作），還有後續的信用管制、豪宅稅、實價課稅等管制炒房措施，再加上 2017 年將遺贈稅調整至最高 20%，才讓當時的炒房歪風減弱。

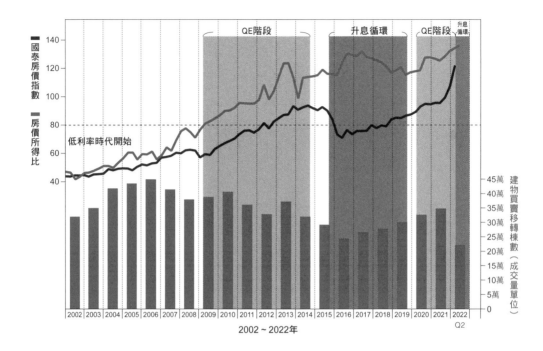

五、用資金堆上去的房價

　　所以簡單講：原本臺灣的房地產就非常適合炒作（沒有短期炒作限制、房價所得比低），然後是央行低匯率與低利率政策，讓臺灣充斥著氾濫資金去推升房價，接著是扁政府與馬政府，分別直接與間接祭出有利推升房價的政策，最後又迎來聯準會量化寬鬆的氾濫熱錢，才讓我們現在看到的臺灣房價，不是被實際供需或所得提高而推升，而是被資金派對給硬堆上去。

　　讓我打個不專業的比喻：你家有一個塞住的馬桶，明明都壞掉了卻不願意修理，我們還天天使用它，當然惡臭難聞。結果今天家

裡來了一大群人開趴，大家又這麼巧一起吃壞肚子，於是這個馬桶當然就會瞬間爆了，沒錯吧。

我們的臺灣房市制度，就是壞掉的馬桶，每天使用他的是人民，注入的肥水就是央行的資金，而開趴人潮帶來的大量肥水，就是聯準會的氾濫熱錢。

我知道這個比喻有點臭，但這也是我能想到最符合臺灣高房價問題，有多麼腐爛的寫照，而當 2015 年底與 2022 年 3 月，美國聯準會啟動的升息與縮表後，就像是開了一輛水肥車來把淤積的水肥抽走。但即便抽了水肥，這個馬桶依然是壞的，人民看不到的管線仍然是塞的，這仍然不是一間乾淨清香的正常廁所，對吧！這就是為什麼高房價問題難以解決的原因。

況且，如果買方覺得房市不好，還可以選擇不買，但屋主的成本就是卡在那邊，降價賠售的難度當然很高，於是整個社會就被房地產給卡住大量的資金，無法引導資金至有生產力的產業上。

現在我們都知道，降息、低利率、氾濫資金，都是導致高房價的主因，不只是臺灣，全球房市都會因為這些因素推高房價，因此，一手營造低匯率與低利率環境的央行，自然責無旁貸，尤其是這段飆漲期間的央行總裁彭淮南。

然而，央行卻經常駁斥低利率與高房價的關聯性，2021 年 4 月時，前總裁彭淮南在受頒清大名譽博士時，反駁他堅持的低匯率和低利率政策，是高房價的元凶，他甚至對媒體[1]說出：「低利率

1 工商時報　https://ctee.com.tw/news/real-estate/453027.html

與房價上漲並無必然關聯」的話。

六、低利率環境至今的壞處

　　因為臺灣利率低，所以就更有利於有錢人、資本家用借貸開槓桿，用大量的資金炒房、囤房，因為炒房比開創事業更好賺、風險還來得更低，幫助炒房者的財富能飛速倍增。而默默努力的上班族、省吃儉用的小資族則非常吃虧，因為老老實實將賺來的錢存進銀行，結果不但無法靠利息獲得收入（臺灣人定存利率遠低於經濟情況與臺灣相仿的南韓），還會年年被通膨吃掉血汗錢，擴大了年輕世代與老年人的財富差距。

　　這也是為什麼有很多「長輩」常常臭屁說，自己二十年前、三十年前買房到現在賺多少錢，然後炫耀地說自己多懂投資房地產的原因。然而這些長輩，真的有那麼厲害嗎？

　　反過來看，全臺灣只要持有房地產超過二十年以上的屋主，有誰沒賺？不需要多會看房、也不需要多懂投資，只要二十年前買了房、接著只要躺著等，就能享受資金氾濫帶來的房價成長，這就是低利率環境帶來的財富鴻溝，辛苦打拼的上班族，資產永遠比不上早搭上房地產列車的前人。

　　以我自己來看，真正的房地產投資高手，不該是看他賺了多少錢（因為我們不知道對方投入多少錢），而是要看他進出的時間點，能夠精準地在「低檔的高檔進場」，並且在「高檔的低檔出場」，這才是真正一流的投資專家。

　　除了靠低匯率保護的出口業者以外，許多成立多年但營收不佳的非出口型公司，即便連年虧錢、對社會幾乎沒有貢獻，但因為跟銀行借款的利息實在太低了，令這種沒產值的殭屍企業，只要還有能力償還基本利息，就能繼續生存下去。當臺灣出現太多這種殭屍企業後，就會因為營收無法提升、分紅降低，員工薪資更難以提升，導致優秀的人才不想留在臺灣當社畜、年輕人不願乖乖被剝削，造成人才外流與勞動力的嚴重缺口。

＊　＊　＊

　　以上這些，都是你我都能感同身受、正在一起親身經歷的，沒錯吧。

　　其他更多臺灣央行導致的高房價環境，我衷心推薦你，可以閱讀由陳虹宇、吳聰敏、李怡庭、陳旭昇聯合出版的《致富的特權：20 年來我們為央行政策付出的代價》一書，該書對於央行如何營造高房價的說明極為精闢與透徹，真心推薦值得一看。

讓高房價的漲跌關鍵：聯準會

　　了解造成臺灣高房價的原因與邏輯後，接下來我們要學會的關鍵知識是：「讓如此高水位的房價，還能上漲與下跌的原因是什麼？」

　　只要在高房價時代的我們，掌握了這項關鍵知識，你也可以像我一樣能明確預測房市走向，而不會被房仲、代銷、名嘴、老師或網路無腦多給帶風向騙了。

一、美國聯準會（FED）

　　聯準會（以下通稱 FED）就是美國的央行，全名是「聯邦準備理事會」，甚至因為 FED 發行的美元是全球流通貨幣、是各國外匯存底占比最高的資產，再加上美國又是全球第一大經濟體，所以 FED 又被稱為世界的央行，因為 FED 的利率決策影響著不只是美國，而是全世界。

　　而前面提到很多次，FED 是怎麼影響著臺灣房價漲跌、多頭或空頭，就是與他們的刺激經濟政策「量化寬鬆」、也就是我們常聽到的「QE」脫離不了關係，所謂的量化寬鬆（以下簡稱 QE），就是透過 FED 大量釋出資金，加上降低利率的方式，讓資金大量注入市場，讓乘數效應被瘋狂發揮以刺激經濟的手段。

　　那麼 FED 是怎麼樣 QE 呢？

　　首先 FED 會先透過美聯儲（FOMC）開會，確定要執行 QE 以後，就會在公開市場買賣美國政府債券或公司的企業債來影響利率，進而控制市場上的美元流通數量，因為 FED 購買債券，會讓購買債券的需求被 FED 拉高，進而使債權價格提升、債券利率相對下降，最終導致整體市場利率也跟著下降。

　　又或者是，FED 在購買企業債券時，必然就會讓美元流入市場被企業取得，美元進入企業後，因為我們不可能將拿到的錢放在自己家的枕頭底下，一定都會擺在銀行內，因此這些美元就被存入了銀行，進入了銀行體系中。而銀行手上拿到越來越多的美元，就

會降低利率刺激市場向自己貸款，而這個降低利率的作法，也會連帶將民眾定存利率與貸款利率往下拉（例如房貸利率也會跟著降低）。

　　但是銀行也不是拿多少錢就能放貸多少，通常還是要有一定比例的「存款準備率」，假設這個存款準備率是 10%，那麼銀行就可以拿 90% 的現金去貸款給消費者、團體、企業，讓這些人拿到錢之後進行消費或投資。而當這些消費出去的錢又被商家存回銀行後，這些錢又會再被銀行扣除 10% 存款準備率後，將剩餘的 90% 放貸出去，再次形成前面說過的「乘數效應」。

二、QE 是怎麼影響臺灣房價的？

　　從上面的論述看起來，FED 的 QE 好像只有影響美國本土市場，跟臺灣房價有什麼關係呢？ FED 的 QE，到底會怎麼影響臺灣房價呢？

　　當 FED 釋放出的 QE 熱錢充斥美國時，拿到這些現金的美國民眾或企業，同樣也會因為資金的「趨利性」，而將這些美元配置在其他利率更高的國家（因為當 FED 進行 QE 時，往往都代表著美國經濟出了嚴重的問題），可能會去買買香港的股票、投資澳洲的房地產、買些日圓來避險，那麼包含臺灣在內的任何經濟自由市場，都會是美元熱錢前往的地區。

　　當氾濫的美元想要進來臺灣，投資我們的房市、股市或台積電時，因為在臺灣買房買股必須用新臺幣購買，無法用美元直接買

（就像是我們投資美股一樣），於是幾乎無限的氾濫美元就會開始大量購買新臺幣，導致新臺幣的需求大幅上升而升值，這就是為什麼你會看到 2020 年後，新臺幣會一路狂升的原因，例如 2022 年 1 月 4 日時，新臺幣曾經衝到 27.607 元 [2]，改寫二十五年來新臺幣匯率的最高紀錄。

　　比起臺灣央行低利率政策導致的新臺幣氾濫，QE 導致的新臺幣氾濫更加嚴重，臺灣房價原本就已經被本土資金堆到接近天花板了，再遇上 QE 帶來的資金派對，讓無限資金來追逐有限房地產，自然就讓臺灣房價向上衝破天花板，逐漸讓房價脫離基本面、提升了泡沫風險。

　　同樣地，除了 2020 年後狂飆的房價與匯率以外，該年 3 月的股市，也因為疫情衝擊而跌到 8523 點，但隨後被 QE 注入的資金導致臺股飛漲，2022 年 1 月時還創下 18,619 點的歷史天價、市場都樂觀地期待股市破兩萬點，這些不合理的爆衝，都與 QE 帶來的氾濫資金密不可分。

2　信傳媒 https://www.cmmedia.com.tw/home/articles/32406

三、FED 的升息與縮表

可能你會說：「既然 QE 刺激經濟的效果這麼好，為什麼各國政府不繼續 QE 就好呢？」，理由很簡單，因為靠資金來刺激經濟只是短期特效藥，效果無法持久，就像你熬夜可以靠咖啡提神一下，但不可能靠咖啡因終身不睡覺。

如果長期都用低利率的資金來刺激經濟，除了刺激效果會隨著時間遞減（例如怎麼印鈔都難以通膨的日本，就是最好例子）以外，萬一在接近零利率的情況下，國家再遇到任何黑天鵝的經濟衝擊，那麼央行就沒有任何籌碼可以運用了，因此趁市場熱絡的時候，各國央行都必須先預防性地調高利率。

不過呢，用資金刺激經濟也是有副作用的，就算不談委內瑞拉和辛巴威的嚴重通膨，導致國家破產垮臺這些極端案例，氾濫資金導致的高通膨也會讓資產產生泡沫風險，因為一旦泡沫破裂，將會重創國家所有層面（再回頭看一下日本的泡沫時代），所以我們不能放任資金在市場上無限發揮乘數效應，各國央行面對高通膨的常用手段，就是「升息」，也就是提高利率。

只要利率提升，趨利性就會將資金帶往利率更高的地方，就像如果定存的收益是租金的三倍，相信大部分的屋主也不想繼續當房東了吧。

而 FED 是怎麼樣提高利率的呢？其實就是反向操作，將原本 QE 時買進的債券賣回市場，讓市場將資金收回到 FED 裡面，這就

是我們偶爾會在報紙上聽到的「公開市場操作」。

除了透過升息來收回氾濫資金以外，另一個一般人都聽過，但比較陌生的名詞就是「縮表」，這個詞在 2022 年聯準會啟動升息循環後，我們很常在新聞上聽到，但縮表究竟代表什麼意思？由於這邊會比較複雜又深入，所以我也盡量用簡單的概念來說明。

所謂的縮表，指的是什麼「表」呢？答案就是 FED 的「資產負債表」，雖然我們並不一定懂經濟和會計，但應該大概知道資產負債表這個東西，是由「資產」與「負債」組合成的，也應該知道資產負債表的兩邊必須平衡。

當之前 FED 開始 QE 釋放美元時，QE 出去的美元就是屬於 FED 的負債，而這些負債增加的時候，也同樣會在表上的另一邊增加相對應的資產（有點像是你花出去 1,000 元的現金，就應該買回等值 1,000 元的資產），FED 為了 QE 而開始購買國債或公司債之類的行為，就是所謂的「擴表」，因為這些債券一方面增加了 FED 的資產，一方面也放出等值的美元到市場上，增加了 FED 表上的負債。

所以大家常常講的政府印鈔票、央行印鈔票，指的就是這樣的事情，但並不是 FED 真的開出了幾百臺印鈔機去瘋狂印實體鈔票，實際上的情況，只是在這個購買資產與釋放美元時，在鍵盤上按下幾個零而已（如同當年安倍晉三實施的三支箭政策之一：直升機撒錢，其實指的也就是透過 QE 來刺激經濟這件事，不是真的開著直升機在日本領空開始撒日幣）。

因此你可以看到，購買債券與釋放美元的擴表行為，最終就導致市場上憑空增加了美元熱錢、發揮乘數效應來刺激經濟，至於回到縮表這件事情來看，縮表要做的就是讓市場上流通的資金慢慢減少，慢慢抑制過熱的景氣與通貨膨脹，避免乘數效應。

實務上，當 FED 要開始縮表時，通常的 SOP 作法是：

1. 減少購買債券：先慢慢減少 QE 的金額，讓刺激經濟的力道放緩。

2. 開始提高利息：藉由拋售債券的方式，讓資產負債表有縮小的壓力。

3. 償還債權：償還購買的債券以後，就能讓債券這個資產被刪掉，放出去的資金負債也刪掉，減弱氾濫資金的乘數效應（讓市場上的資金變少）來避免通膨。

而這邊你必須要知道，雖然 QE 可以刺激經濟，然後再靠升息與縮表來調解市場與通膨，但這種操作並沒有嘴巴講講理論那麼簡單，當中有很多的不確定性與遞延性。

比方說，如果 QE 刺激經濟到過熱後，升息加縮表看起來好像能解決 QE 的副作用，但也有可能發生 QE 刺激經濟的效果不彰，但是高通膨的副作用卻不斷惡化，於是 FED 為了抑制高通膨而採取升息縮表的話，就很有可能發生通膨沒有被抑制下來，反而將不夠好的經濟往下打，這就是專家們常常說的「停滯性通膨」，停滯性通膨的壞處，絕對不輸給高度通膨。

　　因此希望你要能理解，靠 QE 印鈔票來刺激市場，再妄想靠升息加縮表來控制一切，基本上是不切實際的事情，我認為 2022 年的美國就是最代表的例子。

房價走勢的關鍵：QE 與升息

　　如果你還是不能理解 FED 的 QE 與升息對臺灣房價的影響，或者你覺得我前面講的這些都是錯的，沒關係，我永遠相信事實勝於雄辯、真相只有一個，請參考這張圖表，我們現在一起來回顧一下：聯準會 QE 與升息紀錄，以及臺灣房價在成交價與成交量的對比。

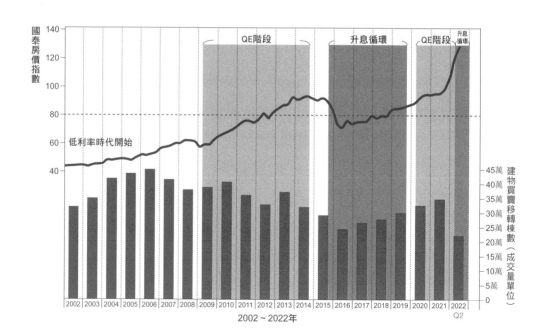

一、2009 ～ 2014 年：多頭階段

1. 金融海嘯讓聯準會啟動量化寬鬆

FED 的第一輪 QE，是從 2009 年 3 月至 2010 年 3 月，規模約 1.725 兆美元；第二輪 QE，是從 2010 年 11 月底至 2011 年 6 月，規模約 6 千億美元；接著是第三輪 QE，2012 年 9 月啟動；第四輪 QE 則是 2013 年 1 月。

前前後後加起來，前一次的聯準會 QE，釋放了約 3.9 兆美元的熱錢，一直要到 2014 年 1 月起，FED 才開始縮小 QE 的規模，同年 10 月讓 QE 正式退場，並且規劃 2015 年開始升息。

2. 臺灣房市火熱

再來看大家最關心的房價變化，依據臺灣最常參考的「國泰房價指數」[3]，由於金融海嘯的衝擊，2009 年前三季的臺灣平均房價，較一年前下跌了約 5.39%，然而就在第一輪 QE 啟動之後，2009 第四季的臺灣房市，較一年前逆勢上漲了約 1.82%，並且一路上漲五年；直到 2014 年第三季，也就是 FED 宣布 QE 退場後，第四季房價立即下跌，並且一路下跌至 2016 年底，全臺平均房價直到 2020 年第二季才回到升息前的水準。

交易量的部分，從 2009 年 QE 開啟的房市多頭後，2009 至 2014 年平均的建物移轉棟數（交易量）分別是：38.8 萬、40.6 萬、

3　國泰房價指數 https://reurl.cc/rZ13Ex

36.1 萬、32.8 萬、37.1 萬、32 萬，平均每年交易量超過 36 萬戶，房市極度火熱。

　　而交易量能這麼高的另一個原因，就是前面提過，當時的臺灣沒有任何抑制短期炒房的規定，所以當年的房子非常好炒作，還記得 2010 年我還是房仲菜鳥時，某個平日的下午，有位投資客阿姨請我去喝咖啡聊天，然後她邊喝咖啡邊跟我說：

　　「昌鵬，你知道嗎，我們平均一間房子，只要投入約 20 ～ 30% 的成本，然後買進到賣出至少要有 15% 以上的獲利才做，而且每一個案子進出，最多不超過三個月。」

　　我問她：「可是哪來這麼多錢啊？我連租房子都有困難了。」

　　她說：「當然是跟銀行借啊！」

　　我問：「可是借房貸也要還啊！」

　　她放下咖啡，笑著對我說：「房貸至少有兩年寬限期，而且我三個月就賣掉了，哪需要繳什麼房貸，繳幾個月利息就好啦……」

　　當時的我沒什麼概念，但現在回想起來，這真的是非常恐怖的暴利。別懷疑，在奢侈稅與房地合一稅施行之前的臺灣房產，搭配上氾濫的資金、銀行寬鬆的放貸，房子就是這麼好炒作，而且完全合法。

二、2015 ～ 2019 年：空頭階段

1. 聯準會啟動升息

受惠於 QE 刺激經濟的美國，因為經濟越來越好，所以 FED 從 2015 年 12 月 17 日，FED 開始進入升息循環，陸續在接下來的 2016 年 12 月、2017 年 3 月、2017 年 12 月升息，並且也在 2017 年 10 月 1 日啟動了縮表的計畫。

接著 2018 年，FED 又升息了四次，直到 2019 年才宣布 9 月要結束縮表，並且同年的 9 月、10 月稍微降息來調節一下經濟。

2. 慘淡的臺灣房市

一樣來看國泰房價指數，自從 2015 年 FED 確定要升息後，臺灣房價從 2015 年第三季馬上就開始明顯出現下跌，並且 2016 年遭遇了二十年來最大的平均跌幅。不過，臺灣的購屋需求實在很強勁，消失的買氣開始往房價基期較低的南部、蛋白區移動，也讓房價花了三年的時間，才慢慢爬回了升息前的平均行情。

同樣來看能真正反映市場的交易量，從 2015 年至 2019 年的不動產移轉棟數分別是：29.2 萬、24.5 萬、26.6 萬、27.7 萬及 30 萬戶，這一波空頭期的交易量，沒有一年能夠摸得到上一次多頭時期的邊。

也就是說，如果你選在 2015 年第二季進場買房，你必須要等五年才能讓房價打平，而如果你選在房市最差的 2016 年底進場，你會連續五年看到自己家的售價在緩緩上漲，只是空頭階段，你很

難短進短出獲利，因為交易量太低、買氣太差。

你應該還記得當年這波空頭期，新聞媒體經常報導著：房仲業出現大量倒閉潮、代銷出現歇業潮，全臺因為賣壓沉重而導致建商降低推案（甚至是不推案），小建商爛尾倒閉的新聞也屢見不鮮，甚至 2017 年新聞還爆出，在臺北與新北市的預售屋，開價比中古屋還低的情況（中正區價差 0.8%、三峽區價差 8.8%、淡水區價差 9.6%）[4]。

誇張吧，全新的預售屋竟然會賣得比中古屋還低，是不是又顛覆了你對房地產的印象呢？

我相信有走過這波空頭的業者們，肯定都還記得當時房仲要生存有多不容易，因為空頭的房市，已經不是靠努力就能成交的市場，我身邊許多房仲朋友，也都是在這幾年離開了業界。

三、2020 ～ 2022 年 Q1：多頭階段

1. 疫情讓聯準會啟動無限 QE

緊接著來到 Covid-19 疫情爆發的 2020 年初，3 月份美國標普 500 在短短十天內熔斷了 4 次，我們都還記憶猶新，緊接著 3 月 15 日，FED 再次決定量化寬鬆，並且在 3 月 23 日宣布這次的量化寬鬆會無限量購債（也就是當時大家說的無限 QE），導致疫情爆發

---

4 《中國時報》「雙北新屋開價 比中古屋便宜」
https://www.chinatimes.com/newspapers/20171204000321-260110?chdtv

後這兩年半來，聯準會的資產負債表[5]規模整個翻了一倍[6]，從 4.2 兆翻至 8.8 兆，顯見這次無限 QE 的可怕。

直到 2021 年 11 月初，FED 才宣布縮減購債，並且隔年又因為烏俄戰爭的爆發，導致美國通膨更加嚴重而加快了 FED 升息的腳步。

2. 臺灣房市迅速升溫

而當 2020 年 3 月聯準會啟動 QE 後，第二季的臺灣房市迅速地又火熱起來，房價一路往上漲，像失速的火車一般，而最誇張、讓你感受到最明顯的漲幅，肯定是 2021 年第二季到隔年 2022 第一季，這一年的房價漲幅來到驚人的 27.19%。

房價被史無前例的無限資金不斷灌入、擋都擋不下來，使得蛋白區開始賣蛋黃區的價、南部賣中部的價、中部賣北部的價（根據 2022 年 7 月報導，臺中預售屋平均總價為 1,714 萬，超越新北市的 1,704 萬，成為全臺預售屋平均總價第二高的城市）。

這也讓有「房產教父」之稱的「戴德梁行」總經理顏炳立在 2021 年說：「市場把吳郭魚當石斑魚在賣，德不配位」，並且他也在 2022 年受訪時說到：「蛋白區房價怎麼上去，就會怎麼下來」。

而絕大多數並不了解房地產的市井小民，一邊看著房價瘋狂上

5　財經 M 平方／ Fed 資產負債表規模 https://reurl.cc/x1EpjN
6　財經 M 平方／從聯準會的資產與負債看縮表重點 https://reurl.cc/LX75OX

漲，一邊聽著業者、媒體與網路無腦多不斷地對自己恐嚇著：

「今年不買、明年更貴」

「現在不買，以後就買不起了」

「房價不會停下來等你」

「沒買房，老了租不到房就要睡路邊」

「打拚十年最有感的事：幫房東繳清貸款」

諸如此類的恐嚇式行銷席捲全臺，於是廣大民眾便陷入了羊群效應的 FOMO 情緒（Fear of missing out，錯失恐懼症），像深怕錯過人生最後一次買房機會那樣焦慮地搶房，還有很多財力不足、根本就不適合買房的自住客，為了買房而採取信貸的方式購屋，完全將「危機入市」、「人多的地方不要去」、「擦鞋童理論」和「別人貪婪我恐懼」等基礎觀念拋在腦後。

這些典型的「不理性買方」，就是在大多頭時期必定會看見的情況，這段期間好多粉絲、網友都跟我說：「Zack 老師，我真的好難想像臺灣的房價會下跌」。

至於交易量的部分，2020 年的交易量為 32.6 萬戶、2021 年為 34.8 萬戶，2022 第一季為 8.4 萬戶（比 2021 第一季同期 8.03 萬戶更高），如果把 2022 第一季的交易量乘以四作為標準，這波 QE 帶來的多頭市場火熱程度，完全不輸給前一次 2009 至 2014 年的多頭時期。

臺灣股市，也是在這個時期破天荒地「破萬八」，護國神山台積電也在 2022 年 1 月 17 日，漲至 688 元，當時很多人都樂觀地

喊著台積電股價有望破千，相信你應該還記憶猶新吧，雖然台積電的價值無庸置疑，但台積電在 2022 年，真的有 688 元的價值嗎？很快地，市場便將股民們拉回現實，房市也不例外。

四、2022 年 Q2 ～：空頭階段

1. 聯準會鷹派的升息力道

2022 年這次的升息循環，你肯定非常有感覺了，FED 只是在三月份升息 1 碼，就迅速讓臺灣房市在四月份進入蕭條；五月份 FED 升息 2 碼、六月份升息 3 碼、七月份升息 3 碼，截稿前的九月份又升息了 3 碼，短短七個月升息了五次共 12 碼，而且看起來鷹派的聯準會，並沒有放緩升息力道的跡象。

以 2022 年 7 月份的統計，美國這一年來的通膨率衝破 9.1%，你曉得通膨 9.1% 是多可怕的情況嗎？想像一下，假設你的月收入為 5 萬元，一年前每個月扣掉生活開銷 4 萬後，你還剩 1 萬元可以存，但你的生活模式完全不變，一年後每個月卻只剩下 6,400 元可以存，這一來一回的差異就夠可怕了吧，我們的薪水也沒辦法一年漲上 9.1% 吧。

更可怕的是：「通膨還沒壓下來」。

聯準會主席鮑爾也說，他的目標是希望將通膨壓到 2% 以下，因此這次縮表預期要縮約 3 兆美元，對比 2017 ～ 2019 年僅縮表 8,000 億美元，我相信 2023 至少上半年的 FED 升息力道很難停

下，再加上臺灣央行遲遲不敢跟上聯準會的升息幅度（央行僅於2022年3月升息1碼、6月升息半碼、9月升息半碼），而導致與美國的利差越擴越大，雖然有利於央行賺錢給國庫，但將會導致資金持續從臺灣市場內抽走，被外資當提款機，也會持續凌遲傷害我們的股市與房市，最終受傷的仍然是廣大的受薪階級。

2. 導致臺灣房市的現狀

當 FED 於 2022 年 3 月啟動升息、台灣央行跟進 1 碼後，全臺房市從四月份起明顯進入了蕭條期，雖然待售物件量大增，但買氣卻急速消失中。

我不少房仲業的朋友，雖然天天還是去路邊發傳單、天天上房地產社團 PO 最新物件，但我也很常看到他們在 IG 限時動態上抱怨：「整天在公司都沒事做，我每天進公司到底要幹嘛？發傳單也沒人想看」。代銷業的朋友也很慘，說案場來客量剩不到一半，而且買方常常看一下就走了，連出價的意願都沒有。

這些，就是目前第一線從業人員的處境，也是傳統型仲介接下來數年要面對的寒冬。

但我們也可以觀察到，雖然買氣大量衰退，但 2022 第二季的平均房價並沒有往下掉，反而還微微上漲了一些，這種「有行無市、價量背離」的情況，就是房市強弩之末、典型多頭尾聲的徵兆（因為還是有少數搞不清楚市場狀況的買方，願意在這時候進場追價，讓少數追高的買方決定了最新的行情，因此才微微又推升了房

價），因此 2022 年的第三季，將是近十年來房價最高峰的最高點，如同 2015 年的第二季（除非十年內又出現了導致 QE 的黑天鵝）。

而不只是房市迅速降溫，股市、匯市也是遍地哀號，新臺幣兌美元匯率，也從年初最高 27.6 元，至今一路貶破 31 元（2022 年 9 月），臺股也從最高峰的萬八，一路跌到目前（2022 年 9 月份）的萬四，我相信這股跌勢還會持續下去好一陣子。

但好處是，當房地產進入空頭期以後，一般買方就不需要再去追高、不需要幫屋主創天價、不需要幫屋主支付房地合一稅，更不需要忍受仲介與代銷傲慢的氣焰，也就是說：真正適合自住客進場撿便宜的時機點，其實現在才要到來。

五、其他國家受 QE 影響的情況

根據國際權威房產機構——萊坊律師事務所（Knight Frank）統計，2021 年全球房價加入通膨後的平均漲幅來看（通常國外機構都是以首都作為標準），2021 年臺灣的漲幅為 9.3%，排名全球第三十名，土耳其排名全球第一（漲幅 35.5%），南韓第二（漲幅 26.4%），紐西蘭第三（漲幅 21.9%），澳洲 18.9% 排名第五、美國以漲幅 18.7% 排名第六，連過去房價漲不太動的日本，漲幅也有 8.9%。

其他國家的漲幅分別：德國 12.5%、英國 11.8%、新加坡 7.5%、香港 3.8%、中國 3.2%。

　　由於再往國外討論 QE 對房價漲幅就會離題了，因此，我只希望還站在誠品免費看這本書的你明白，只要能 100% 讀懂以上的房產知識、看清楚真實數據和市場事實，並且不要被有心的業者帶風向，你就能清楚明白，自從央行讓臺灣走向低利率環境導致高房價後，臺灣房市的漲跌、冷熱、多頭與空頭，就深深受到 FED 的資金政策的影響，而非一般業者誤導你的原物料上漲、通貨膨脹、屋主惜售或本土買氣超強等以偏概全的謊話。

　　這種影響就像是，當強烈颱風直衝台灣，就別妄想你家不會淋點雨。

　　相對地，翻開臺灣乃至全球房價的歷史走勢，多頭期進場的賠錢機率高、空頭期進場賺錢機率高，向來沒有例外，如果你還在懊悔著 2021 房市大多頭沒進場的話，讓我告訴你，你此刻的這一份懊悔，都會在接下來幾年內，轉變成死裡逃生的慶幸，因為聯準會啟動升息循環後的臺灣房市，就是我們可以準備危機入市撿便宜的好時機，就算你目前還在存頭期款也沒關係，因為存得越久、功課做越久、你買的價格就能更划算。

　　詳細的正確進場時機點，以及該如何規劃換屋計畫等部分，會在本書的後段幫你一一規劃，也讓你明白另一個顛覆性的知識：為什麼房價下跌，對自住客反而更有划算。

我能精準預測房市的原因

看完前面分享給你的正確房產知識和事實數據，相信你就能明白，為什麼我總能精準預測房市走向的原因了，事實上，只要掌握這些大趨勢、不要被房蟲帶風向給誤導了，其實要預測房價大方向走勢也沒有很困難，更沒有房產專家講得那麼神祕又深奧，對吧？

只要你不被誤導，預測房市其實不難

而我們能提早預測房市走向的大前提，還是要受惠於 FED 對於貨幣政策的公開透明。

不同於神祕、高傲又封閉的臺灣央行，FED 所有的政策都會早早釋放給市場，並且積極參與和產官學界的討論，不會讓 FED 關在象牙塔內專斷獨行，使得 FED 最終做出的政策都能夠接地氣，市場也不會因為突如其來的政策而失去穩定。

比方說，為什麼我 2021 年就能拍片提醒大家，2022 年的房市必定會開始降溫，然後市場就真的如我說的降溫了？我並不是印度神童，也不是搭時光機回來的飛龍特警，我當然不可能有未卜先知的能力，我能精準預測 2022 年房市會降溫的理由很簡單：

1. 掌握了正確的房產知識
2. 聯準會已預告 2022 必定升息
3. 我的手機可以 Google

對，就是這麼簡單。

由於美國通膨隨著 QE 越來越嚴重，FED 的鷹派已多次表達要壓低通膨的決心，並且在 2021 年第三季就已經宣告 2022 一定會升息的計畫，當時市場分析 2022 年第三季升息的機率高達七成以上，隨後 FED 釋放出來的訊息，甚至提到可能會提早於 2022 第二季就要升息。

這代表的意思不就很明顯了嗎：2022 的 FED 不是「要不要」升息，而是「何時」升息。

接著在 2022 年 2 月，因為烏俄戰爭這隻黑天鵝突然衝出來，使得目前鷹派作風 FED，決定提早至 2022 年 3 月就升息，大大地打臉那些說 FED 不會升息、升息也不可能影響房市的業者鬼話。

我相信這些基礎知識房產業者肯定都懂，我也相信聯準會釋放隔年要升息的訊息，不可能只有我一個人 Google 得到，但為什麼那些房產業者、投資專家、房仲與建商總部、與不動產相關的 KOL、PTT 房板的鍵盤專家，不但不願意跟消費者談這些真相，甚至還極力否定這些事實呢？這到底是什麼居心呢？

比方說，某些房仲總部發言人及知名房產專家，都多次公開在媒體上面講說：「升息不影響房價啦，屋主再省一點點就好啦，買得起房的人有差那點利息嗎？」然後將 FED 升息與央行升息的影響混為一談，這究竟是什麼心態呢？這種刻意誤導市場的行為，真的有資格被稱為房產專家嗎？

當擁有話語權的業者，都敢明目張膽為了自身的利益公然說

謊、曲解並扭曲事實，否定資金氾濫才是推升臺灣房價的真相、甚至否定升息是利空因素時，資訊不對稱的普通上班族，當然只會被誤導，於是就在不適合自己的時機點盲目進場亂買房，自然就很難避免成為被倒貨的韭菜了，淪為窮得只剩一間房的屋奴。

而這也是看不順眼這些行徑的我，開始在 YouTube 上破解黑心話術，要成為房地產界的蝙蝠俠的原因之一。

房地產真的是經濟火車頭嗎？

業者們另外一個常說的謊話就是：「房地產是經濟火車頭，所以政府當然要想辦法讓房價越來越高，這樣政府才有稅收、國家的經濟才會好」，關於這個論述，我們也不能說它錯，但就跟原物料成本與通膨對房價的影響一樣，並不是說它們沒有影響，而是這個影響被過度放大了。

根據主計處 2016 年發布的產業關聯分析報告，房地產業中不動產對於經濟的影響程度，只有 0.8332，住宅相關服務才 0.5370，營建工程也不過 1.2474，真正影響力最高的火車頭產業反而是化學材料（1.5949）、基本金屬（1.5126）、電力設備（1.4122）、電腦、電子產品及光學製品（1.3772）或成衣及服飾品（1.3808），這些產業的影響力都比房地產更大。

如何，是不是又顛覆了你對房地產的印象呢？

然而，如果臺灣政府與央行，持續默許低匯率保護出口產業的作法，並且只會依靠低利率來刺激經濟，還永遠支持央行盈餘繳

庫，那麼本土的氾濫資金，將會永遠停在房地產裡面，無法被引導至有生產力的產業當中，使得高房價導致的少子化國安問題，當然沒有解決的機會。

　　更重要的病因是：你曉得現今的臺灣房市制度有多落後、多腐敗嗎？

第 三 章

臺灣房市
為什麼這麼亂?

高房價帶來的社會問題

講到臺灣房市制度有多落後、多腐敗之前，我們得先了解目前因為資金氾濫與房市制度，帶來的高房價問題有多可怕，以下內容會讓年輕人很有感，尤其是被稱作臺灣史上最慘七年級的我們。

少子化：為何年輕人不婚不生？

當你想到臺灣社會問題，腦中浮現的第一個，應該就是現在年輕人不婚不生這件事。長輩們千萬別說不生小孩就是沒責任感，你知道現代人生小孩的成本有多誇張嗎？

懷孕時的相關產檢就不談了，孩子出生後先是昂貴的月子中心、然後就是奶粉錢與尿布錢，再過三年就得擠破頭搶公立幼稚園，因為搶不到的話，私立幼稚園的支出可是非常驚人的。以上，都還沒計算孩子出生後的生活開銷、買衣買鞋、娛樂支出，以及到大學畢業前的種種教育支出。

其他開銷我就不多談了，否則真的會細思極恐。

看完了生孩子的龐大開銷後，我們再來看一下現代年輕人的收入情況，你知道一般臺灣人的平均所得是多少嗎？

依據主計處 2022 年 5 月份的統計《全臺工業及服務業全體受僱員工人數》，總共有 814 萬 2 千人，平均薪資為〔46,593 元〕，再把爆肝換的加班費與忍氣吞聲賺來的獎金加進去，大概是〔58,517 元〕。這時候你肯定會說：「太扯了、一般人薪水哪有

這麼高，政府一定有灌水美化數字」。

你說的有道理，所以我們再參考主計處《薪情平臺》於 109 年的數據，將 46,593 的月薪拿來跟全臺灣勞工比較的話，這個薪資已經是全臺灣前 40% 的所得族群，也就是說，只要你的月薪超過 46,000 元，你就贏過全臺灣六成的人；如果再依照所得的分佈來觀察，我們會發現全臺後 50% 收入的人，平均月薪大概是落在 27,000 元至 41,000 元。

最後這個數字，是不是就真實多了呢！看看普羅大眾的平均收入，再看看生小孩的成本，是不是就能體會為何年輕人不婚不生的苦衷了呢？而且別忘記了，現在的物價有多高、房租有多貴、工時有多長。

這也是為什麼我常常在網路上，建議即將結婚生子的網友，如果目前手頭比較緊，那麼現階段就先別買房了，因為他們還不曉得現金流與存款全卡在房子裡面的生活有多脆弱，如果父母也無法成為經濟後盾，萬一兩三個意外同時發生，或者只需要糟糕的一天，例如失業、裁員、無薪假，或者家人意外生病、住院、開刀，可能一回神過來，房子就被法拍掉了。

不婚不生，導致的少子化問題有多嚴重呢？

以數據來看，臺灣從 2021 年就進入「生不如死」的階段，也就是每年死亡人口已正式超過出生人口，也許非教育產業的你，目前感受還不深，不曉得少子化為什麼會被政府認定為國安問題，所以讓我們用影響房價的「供給與需求」來看少子化這件事。

依照內政部於 2022 年 6 月底統計，臺灣目前有 2,318 萬人，但根據國發會的預計，三十年後臺灣將因為少子化而跌破兩千萬人，整整少了超過三百萬人，接近整個新北市的八成人口一起蒸發的樣子，而更可怕的是 2050 年後的人口，將以高齡的老年人為主（我到時候也 66 歲了），缺乏年輕人將導致勞動力大幅弱化、臺灣市場規模縮小，進而使得經濟衰退、薪資降低，未來年輕人的平均工時也將為了加班而被拉長，使得未來的年輕人更養不起小孩，就算養得起也陪不起。

對了，別忘了那些可憐的年輕人，到時還得扶養我們這一輩的老人喔。

雖然少子化目前對房市的影響還不明顯，但看一看你的房貸期限，等你三十年後繳完房貸，臺灣人口不但少了三百多萬，而房子卻還是每年一直蓋出來，我們真的還能樂觀地認為：「房價，不會受少子化影響嗎？」

除此之外，因為少子化漸漸衝擊大學招生的情況越來越明顯，2022 年 9 月份已經有許多知名私立大學招生不足，連帶導致過往熱門的學區收租套房，因為招不到學生租客而進入無解的空窗期。

臺灣房價到底有多貴？

談到房價有多貴，如果不要用主觀感覺來評斷的話，目前世界上最常用來判斷一個地區的房價高低依據，就是「房價所得比（或稱房價收入比）」了。

什麼是房價所得比？簡單講，就是該城市的居民需要不吃不喝幾年，才能夠買得起一間中位價（均價）的一般房子。

房價所得比 2002 vs2022

	2002/Q2	2022/Q2
全臺平均房價	4.43 年	9.69 年
臺北市	5.96 年	16.17 年
新北市	6.24 年	12.82 年
桃園市	5.91 年	7.83 年
臺中市	4.84 年	11.14 年
臺南市	5.53 年	9.36 年
高雄市	4.78 年	9.34 年

參考上圖，依據內政部的統計[1]，2022 年全臺平均房價所得比是 9.69 年，也就是臺灣人平均要不吃不喝 9 年半以上，才能買得起一間平均價格的房子，當中最苦的是臺北市 16.17 年、第二是新北市 12.82 年，排名第三的臺中市為 11.14 年。

再把房價所得比[2]推回到 2002 年的話，當年全臺平均數字是 4.43 年、臺北市 5.96 年、新北市 6.24 年、臺中市 4.84 年，從近

1　經濟日報新聞 https://house.udn.com/house/story/5886/6656460
2　內政部不動產資訊平台 https://pip.moi.gov.tw/V3/E/SCRE0201.aspx

二十年房價所得比翻了 2 ～ 3 倍來看，不但能看出房價被氾濫資金推升得有多快，也看得出來我們的薪資成長慢得多誇張。

也許我們已經對臺灣的高房價感到麻木了，可是依據世界銀行（World Bank）的標準，一個城市的房價所得比，大約落在 3 ～ 6 年內才是最健康的，因此我們可以清楚地知道，臺灣房價確實是處於一個過高的不健康狀態，彷彿是一個長時間三高的老人，隨時送入病房都不令人意外。

我們再看看內政部另一項數據「房貸負擔率」，也就是該城市屋主，平均每個月薪水有多少比例是花在房貸上面，正常來說，我們都會建議每月的房貸或房租支出，不要超過月收入的 1/3，這樣才不會影響正常的生活品質，40% 就是警戒線，若是超過 42% 就等於處在危險的狀態。

以 2022 年數據來看，全臺灣的房貸負擔率為 38.85%，也就是臺灣屋主們每個月賺的錢，有 38.85% 得拿去繳房貸。再從右頁圖表看看六都各縣市的情況，目前除了桃園、臺南和高雄還算合理以外，新北與臺中的屋主們，已經明顯超過了合理的每月房貸負擔，尤其是臺北市的屋主，收入竟然有將近三分之二都得拿去繳房貸。

2022 年房貸負擔率

臺灣六都	房貸負擔率
臺北市	64.91%
新北市	51.45%
桃園市	31.5%
臺中市	45.08%
臺南市	36.84%
高雄市	35.59%

　　接下來，我們換成國際機構的標準，來看看用其他的計算方式下，臺灣的房價算不算貴。

　　依據知名國際數據網站《Numbeo》的其他計算方式，以該機構的標準統計出 2022 上半年臺北、臺中和高雄，在房價所得比、房貸負擔率、毛租金投報率的數據，與世界主要知名城市的比較（請參考下頁表格）。

城市	房價所得比	房貸負擔率	毛租金投報率
臺北	31.6	186.06	1.33%
臺中	18.83	111.3	1.85%
高雄	12.02	74.74	2.82%
北京	52.21	422.78	1.49%
上海	43.81	348.33	1.81%
香港	46.93	293.85	1.58%
東京	13.28	74.5	2.75%
首爾	32.32	215.42	1.06%
新加坡	17.49	105.92	2.56%
紐約	9.94	68.09	4.62%
洛杉磯	6.43	43.38	5.68%
倫敦	14.5	92.59	3.23%
巴黎	19.15	108.5	2.38%
柏林	9.42	56	3.45%
杜拜	4.42	32	8.93%
多倫多	10.58	67.27	3.89%
雪梨	10.39	67.3	3.6%

　　從這份圖表可以看到，根據《Numbeo》的計算方式，臺北房價所得比僅次於北京、上海、香港，跟近年受高房價所苦的首爾差不多。而臺灣人印象中房價很貴的東京與新加坡，房價所得比竟然跟臺中、高雄差不多。

　　再看看大家扛房貸的辛苦程度，臺北市同樣僅次於北京、上海、香港，接近首爾的程度，而全球其他一線城市的居民，例如紐約、洛杉磯、柏林或雪梨，在扛房貸這件事情上，竟然還比臺中、高雄更輕鬆！顯見臺灣人的低薪問題有多嚴重。

　　最後用大家最關心的「投資角度」來看。

　　毛租金投報率（Gross yield）來看收租的效益，臺北與首爾是世界級的糟糕，連有泡沫化風險的北京、上海、香港，租金收益都贏過臺北（跟臺中同等級的租金收益率）。

　　當我們把眼光拉到全世界來看，相當多國家的租金效益幾乎是臺北的 2 ～ 3 倍以上，也就是說，臺北市的房東只要將資金移往其他城市，租金就能立刻翻兩三倍，所以在臺北當包租公，就是一件世界級吃虧的事情；相反來看，在臺北當房客就是世界級划算的事情，這也是為什麼我 2020 年曾經拍片說，我不想在臺北買房的原因。

　　最後再看看臺灣最權威的國泰房價指數，我們可以清楚觀察到，臺灣房價從 2002 年到 2022 年翻了近三倍[3]，你知道這代表什麼意思嗎？

3　國泰房價指數 https://pip.moi.gov.tw/V3/E/SCRE0201.aspx

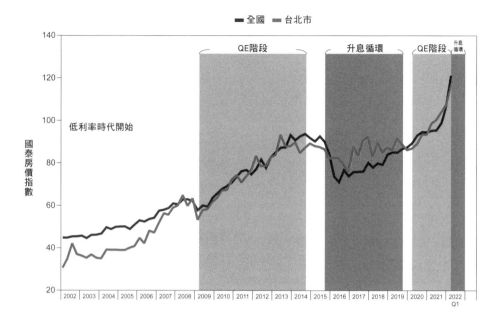

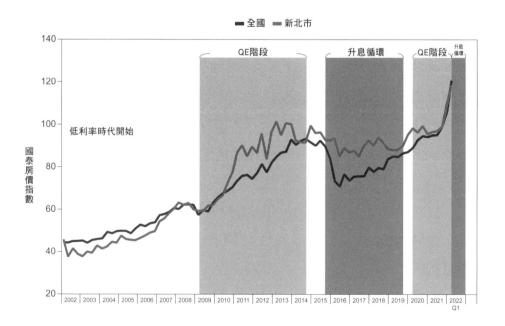

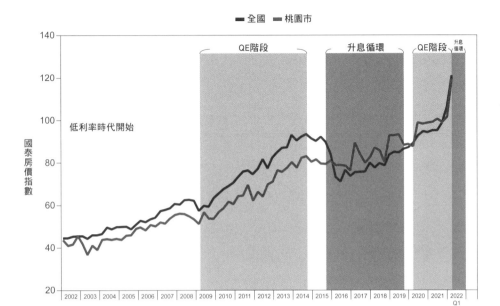

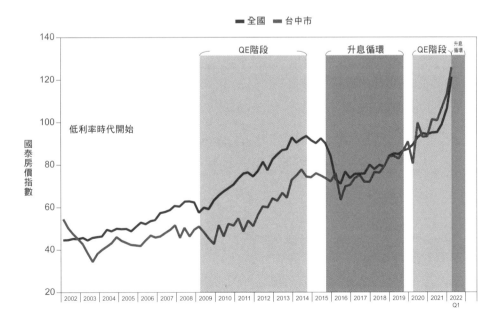

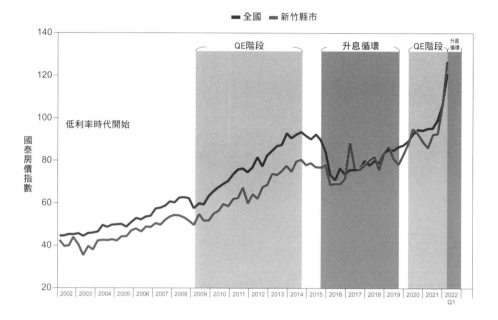

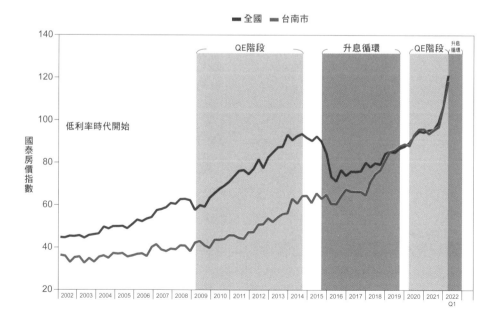

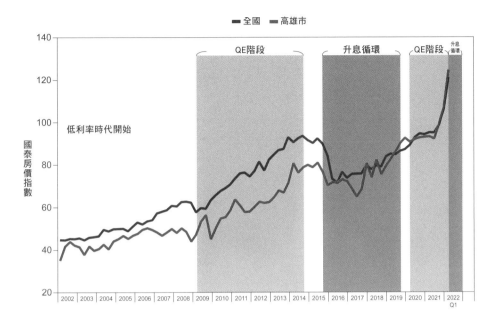

這代表著只要有人在二十年前隨便買間房子，不需要懂房地產、不需要有投資眼光、不需要多懂得挑選物件，任何屋主只要從2002年持有房子抱到現在，閉著眼睛都能讓資產價值翻 2 ～ 3 倍以上、讓資產價值額外增加 100 ～ 200%。

但如果很不幸地，你跟我一樣是七年級生，出社會就先遇到難找工作的金融海嘯、接著是 22K 當道的時代，辛苦打拼十幾年終於存到頭期款後，又遇到臺灣房價被 QE 連漲了兩大波，假設同樣以 200 萬的頭期款來算，你爸 2002 年可以在臺北買到一間大兩房或小三房，但輪到我們 2022 年拿著 200 萬，連一間有電梯的小套房都買不到了。

　　連比較早出社會的七年級生都這麼慘了，就更別說十年後才出生的八年級生了，這二十年來，也因為房價飆漲而加速擴大老年人與年輕人的財富差距，讓世代差異的鴻溝越來越大、對立的立場也越來越激烈。

　　比方說，老年人無法明白年輕人的躺平文化，不懂為何現在的年輕人就是不肯像他們當年那樣吃苦，只想挑光鮮亮麗的工作、只想過著安逸的生活；但年輕人則認為，老年人只是剛好搭上經濟起飛順風車的既得利益者罷了，自己都已經忍受不合理的低薪與過長工時了，為什麼還要被酸不夠努力？每個月繳完了房租，連想要活到月底都很困難了，怎麼可能奢望買房這件事？

　　而當買房真的成為遙不可及的「夢想」時，過於遙遠的目標，會使得年輕人失去努力的目標和動力，轉而傾向及時行樂把握當下。當一個國家的年輕人都失去了奮鬥的理由，這個國家還剩下什麼希望呢？

比起創業，政府更鼓勵你炒房

　　很多長輩會說：「既然嫌薪水低，為什麼不創業？」

　　嗯，聽起來很有道理，但我們看看今周刊在 2019 年的一份創業報導，該報導引用經濟部的《中小企業處創業諮詢服務中心》的統計數據：

　　一般民眾在創業第一年，倒閉的機率大約是 90%，也就是說，一般人如果要在臺灣創業，就是九死一生的選擇，而五年後還能活

著的新創公司，只剩下 1% 左右，也就是五年後你的生存率只有
1%，跟大樂透的總中獎率（1/32）差不多，還輸給威力彩的總中
獎率（1/9）。

　　請問：勝率只有 1% 的創業，你會想去嘗試嗎？如果是成功率
只有 1% 的手術，你敢冒這個風險嗎？

　　可是，如果你將創業資金拿去投資房地產，結果就不同了，只
要你不要在錯誤時間點短進短出（例如 2015 年買、2016 年賣），
基本上勝率就是 100%，只是漲多漲少的差別而已，還不需要你絞
盡腦汁去經營公司、思考策略、管理員工、成本控制等等，同時，
創業還要配合政府的規定、政府說多少稅你就得繳多少稅，一毛錢
都跑不掉，但如果你選擇炒房，不但法規對炒房者相當寬鬆，甚至
稅務成本還更便宜（檯面下有一大堆不能說的避稅方式）。

　　因此，比起壓力大到搞壞身體的創業，選擇炒房反而更輕鬆、
更好賺，風險還更低，導致年輕人很難靠冒險創業加自身努力，獲
得財富與翻身機會，使得大量的熱錢都進入了不動產內、傷害了有
生產力的實體經濟，這也是為什麼臺灣的富豪榜，幾乎都被大地主
霸榜的原因。

　　說個小故事給你聽。

　　曾經有位粉絲跟我說，他父親在 2000 年的時候，將臺北的一
間透天厝用 2,000 萬賣出，作為自己的創業基金，然後帶著全家到
德國生活打拼。經過二十年辛苦創業的日子，他爸爸已經拚到將近
8,000 萬的資產，成為無庸置疑的有錢人。

結果當他們全家 2021 年回臺灣退休時，他父親去看了一下當年賣出的透天厝，現在的行情竟然已經超過 1 億 2,000 萬！害他爸爸突然開始懷疑人生，懷疑自己這二十年到底是在忙什麼。

我相信這類的故事，說不定你也聽過不少。

🏠 房地產制度造成的問題

分享一個非常知名的小故事。

在很久很久以前，英國都會透過船運的方式，將犯人流放到澳洲去，而當時船家的計價方式，是依照每艘船有多少名犯人，以上船的人頭數量來計費，因此導致運送的船家會瘋狂塞犯人上船，出海後就開始將犯人一個一個丟到海裡，最終能活著抵達澳洲的犯人，剩下不到十分之一。

英國政府發現這個嚴重問題後，立刻要求更改付費方式，從原本「上船時」的人頭計費，改成「落地時」的人頭計費，單單這一個小改變，就讓犯人順利抵達澳洲的數量超過了九成，效果顯著。

從這個經典故事我們就能知道，其實要改善許多社會亂象的最佳方式，就是改變制度。

臺灣房地產之所以這麼適合炒作，就是因為制度面出了非常大的問題，導致人民寧可炒房都不想辛苦創業，有錢人利用炒房錢滾錢之後，就會利用各種關係來綁架立法者，讓立法者制定出保護自己財富的制度。

　　而錯誤的法律制度，更是扭曲了臺灣人的價值觀，比方說在德國炒房是一項重罪，不但會被罰錢，甚至嚴重情況還會被判重利罪，是有刑事責任的，然而在臺灣，炒房者反而變成了投資英雄，不但完全合法，還能吸引粉絲、開班授課，不斷被媒體曝光獲得知名度，這不就等於政府變相鼓勵這些合法的炒房投機客嗎？

　　反過來說，只要臺灣能將房市相關制度改善，才能讓重要的資金與生產力，回歸到對國家經濟有幫助的地方，讓臺灣停止再依賴炒房拉抬經濟的老路、也降低泡沫化風險。

　　至於臺灣目前的制度是哪裡出了大問題呢？這一篇章裡，我先就房地產制度來討論，後半段則針對房仲業制度來分析。

一、持有成本太低

1. 房屋稅＋地價稅

　　我們最常聽到的，肯定就是臺灣極低的持有成本，也就是房屋稅和地價稅。

　　房屋稅是針對你持有的住宅課稅，地價稅則是針對你持分的土地來課稅，目前臺灣的自用房屋稅稅率為 1.2%，土地稅則是千分之 10 至 55，不過呢，由於房屋稅是用政府的評定現值來計算（低於市價），土地稅也因為一般住宅持有的土地面積極小（例如電梯大樓社區），因此兩者加起來的持有稅相當低，你每年繳給社區的管理費，說不定還遠大於持有稅成本。

如果你仔細計算一下還會發現，持有一輛車的稅率，都比持有不動產還高一些，由於我不是稅務專家，因此更深入的稅務細節，建議你洽詢代書或會計師。

不過，也因為臺灣擁有世界級低廉的持有成本，自然吸引滿手現金的有錢人，將資金擺到房地產內避險，因而順勢推升了房價。

2. 囤房稅

第二點則是近年吵得沸沸揚揚的囤房稅（又稱空屋稅），什麼是囤房稅呢？就是針對屋主持有的「非自用（不是自己居住使用）」的閒置住宅，課徵較高的房屋稅，因此才被稱作囤房稅。

根據內政部於 2022 年的統計，臺灣總體空屋率為 9.13%，有超過 81 萬戶的空屋沒有人使用（政府對於空屋的定義是：低度用電住宅），也就是平均每十間房大概就有一間房子是空著的，以先進國家的標準來看，如果空屋率能夠降到 6% 以下，算是比較健康的供需市場；如果空屋率降到 3% 以下，則是處於供不應求的狀態，住宅也能妥善分配給大多數人來使用，因此政府才希望用囤房稅的方式，將這些空屋逼入買賣或租賃市場，緩解高房價與高租金的問題。

所有人都知道臺灣需要囤房稅來解決囤房問題，但吵了這麼多年的囤房稅，只有臺北市於 2014 年先行實施（非自用的房子在 2 戶以內課徵 2.4%、3 戶以上課徵 3.6%），而其他縣市的囤房稅，則是耗時了八年的時間，才在 2022 年的 7 月份要上路（大方向是

2～5戶的非自用住宅課2.4%、5戶以上課徵3.6%）。

　　以我個人的角度來看，這樣的稅率尚不足以提高屋主出售或出租的意願，原因是這些屋主在過往的經驗，他們持有房子每年帶來的漲幅都遠高於囤房稅，這就會讓屋主預期心態相當高，寧可將房子繼續擺著繳稅，就算房市變差也沒關係，只要撐到下一波房市多頭再賣出就好。

　　除此之外，非自用住宅還存在一些界定上的模糊空間（例如沒有被公證的出租房），還必須同時符合空屋的條件，因此在相關配套措施還不夠完整的情況下，囤房稅能產生的效果相當有限。

二、房貸利率太低、還款期限太久

　　另一個促使房價上升的因素，就是銀行給予購屋者過於寬鬆的貸款條件，導致銀行的資金能透過盲目進場的消費者，源源不絕地注入房市內。

　　比方說，早期房貸的還款期限只有二十年，但由於房價越來越高，為了讓購屋者可以在還款上更輕鬆，於是銀行開始將還款期限延長至三十年，近年還有出現四十年的方案。

　　而在還款期限被拉長的同時，房貸利率也是逐年降低、每個月的房貸支出也降低不少，使得大量民眾能透過這種超長期又超低率的房貸，突然就獲得了進場買房的能力，提高了房屋的需求面。

　　為什麼銀行會降低利息與延長貸款期限？理由也很簡單，就是因為央行營造的低利率市場，以及過度氾濫的新臺幣，導致銀行不

得不壓低利率將過多現金放貸出去，依據央行於 2022 年 5 月份的統計，全臺銀行在不動產貸款所占的總貸款比重是 36.99%（2009 年的最高點是 37.9%）。

看看《銀行法》第 72 條之 2：「商業銀行辦理住宅建築及企業建築放款總額，不得超過放款時所收存款總餘額及金融債券發售額的 30%」，這個又被稱為銀行不動產的放款天條，也是金管會會注意的標準，目前央行認為臺灣的不動產貸款集中度還是偏高，希望努力至少先降到 35% 以下。

因此你可以明白，在房屋稅、地價稅、囤房稅都這麼低，銀行又提供低利率與超長還款期，自然就會讓老百姓繼續將資金投入持有成本低、上漲幅度高的房市內。

三、遺產稅與公告現值

另一個讓資金適合停泊在房地產內的制度，則是搭配「公告現值」的遺產稅。

2022 年【遺產稅】課稅級距

遺產淨值	稅率
0 ～ 5,000 萬	10%
5000 萬～ 1 億	15%
1 億元以上	20%

2022 年【贈與稅】課稅級距

遺產淨值	稅率
0 ～ 2,500 萬	10%
2,500 萬～ 1 億	15%
5,000 萬以上	20%

2022 年【遺產稅】vs【贈與稅】標準（單位：新臺幣）

遺產稅	免稅額	1,333 萬
	課稅級距 （維持不變）	遺產淨額 5,000 萬以下：10%
		超過 5,000 萬至 1 億：500 萬＋超過 5,000 萬部分的 15%
		超過 1 億：1,250 萬＋超過 1 億部分的 20%
	不計入 遺產總額 （維持不變）	被繼承人日常生活必需之器具/用具：89 萬以下部分
		被繼承人職業上之工具：50 萬以下部分
	扣除額 （維持不變）	配偶：493 萬
		直系血親卑親屬：50 萬/人 ＊未成年者可按其年齡距屆滿成年之年數，每年加扣 50 萬
		父母：123 萬/人
		重度以上身心障礙：618 萬/人
		受被繼承人扶養之兄弟姊妹、祖父母：50 萬/人 ＊兄弟姊妹未成年者可按其年齡距屆滿成年之年數，每年加扣 50 萬
		喪葬費：123 萬/人
贈與稅	免稅額	244 萬/年
	課稅級距 （維持不變）	贈與淨額 2,500 萬以下：10%
		超過 2,500 萬至 5,000 萬：250 萬＋超過 2,500 萬部分的 15%
		超過 5,000 萬：625 萬＋超過 5,000 萬部分的 20%

前面這個是現行遺產稅與贈與稅的稅率，細節我們就不談了，但這個東西跟高房價有什麼關係呢？在此之前，我們需要先知道政府是怎麼認定我們的房屋價值的。

通常一間房子，會分別有房屋與土地的產權，通常政府要針對你這間房子課稅的時候，會有一個政府自己認定的公告價值，而並非用房子的實際市價來計算（房地合一稅先不談），而政府認定的價值通常都比市價更低，這會導致什麼情況呢？讓我用我家的貓來做例子。

很多人都知道我養了一隻叫做 Cookie 的橘白貓，Cookie 就是我的兒子，假設當我垂垂老矣了，想將一筆 2,000 萬的資金送給 Cookie，如果用贈與的方式進行，贈與稅每年只有 244 萬的額度，我得花九年的時間才能贈送完，太麻煩了，而且年老的我可能等不了九年，一旦我選擇直接贈與的話，那麼扣除 244 萬的免稅額，我還是得繳 175.6 萬（贈與金額 10%）的贈與稅給政府，真的太不划算了。

但是用繼承的方式就不同囉。

假設我將這筆錢拿去買一間 2,000 萬的房子，這間房子被政府認定的價值是 1,800 萬，然後遺產稅又有 1,333 萬的免稅額，這樣扣下來以後，等於只有 467 萬的部分要繳 10% 的稅，稅務成本只有 46.7 萬元。

所以你發現了嗎，如果當我老了想將財產送給 Cookie 這個靠爸族，用遺產稅而非贈與的方式，一來一回就省了 128.9 萬元，省

了將近 27% 的稅務成本，那麼，年紀大的我，當然會選擇用遺產稅的方式來移轉我的財產，也就是將 2,000 萬拿去買房，等到我去見上帝以後，Cookie 就可以直接繼承這間價值 2,000 萬的房產。

既然我知道、你知道、獨眼龍也知道，那麼聰明的富人當然也會知道，於是就會有很多有錢人在經過計算之後，選擇遺產稅與低於市價的公告價值方式，利用房地產來進行合法的節稅，透過遺產稅的作法本身並沒有問題，問題是在這個過程中使用的工具是房地產，就會導致富人的大量資金又被灌入房市內，使得房市被這些資金推得更高。

這時候你可以回頭算一算，當 2009 年馬政府將遺產稅調降至「單一稅率 10%」、而且公告現值更遠低於市價的那個年代，因為相較於贈與稅，透過遺產稅轉移資產實在太划算、太便宜了，才導致當年臺灣有超大量的富人透過買房來節稅，搭配著當時的臺商鮭魚返鄉、聯準會量化寬鬆的熱錢，瞬間讓臺灣房價瘋狂飆漲，連奢侈稅都抑制不了這股態勢。

由於不動產移轉上還有房地合一稅的問題，在牽扯到遺產稅之後會更為複雜，因此這邊我就不班門弄斧了，建議有需求的讀者，直接洽詢專業代書與會計師，才能得到最適合自己情況的選項。

四、黑市般的租賃市場

還記得我們在第一篇章提過，影響房價的四本柱：「供給、需求、資金、利率」嗎？雖然影響「錢」的資金與利率，會隨著升息

或縮表而收回，有辦法抑制房價上漲，再加上臺灣仍持續供給大量的住宅，理論上應該會讓房價快速走跌才對。

但為什麼在房市蕭條期，平均房價也掉不多呢？

這背後的關鍵原因，就在於不健全的「租賃制度」，逼得臺灣民眾的購屋「需求」在長年來，都處於極度強勁的狀態，我相信你肯定也夢想著擁有一間自己的家、不需要看房東臉色的房子，對吧！

而租賃制度是出了什麼問題，導致臺灣人的購屋需求這麼強勁呢？我們可以從供給方的房東，以及需求方的租客，這兩大方向來探討：

1. 主導黑市的房東們

臺灣的租賃市場「極度不透明」，絕大部分的租賃行為都是在檯面下交易，相信這一點你深有體會，也因為租賃市場的不透明，導致了租屋糾紛頻傳，房東與房客在租賃房屋上都無法得到保障。

以房東來說，會擔心遇到糟糕的租客欠繳租金、破壞房子，甚至變成凶宅的風險，既然臺灣持有房子的成本這麼低、上漲幅度那麼大，於是許多屋主寧可將房子空著，也不願出租冒一丁點風險。

對於租客來說，由於租屋的供給量不足，使得經濟實力本身就較弱的租客，一進入租賃市場就處於劣勢的位置，有任何的租賃糾紛，例如屋主不願意負責修繕、屋主隨意帶房仲進入室內等侵害租客權益的行為，或者房東在下次租期惡意調漲房租或不續租，依照

目前的制度，租客也只能低聲下氣地跟房東自行協調。

　　這就是欠缺管理的租賃黑市常見問題，而造成這個情況的理由卻非常單純——房東不想繳稅。

　　不想繳稅的原因很簡單，前面提過臺灣租金效益是世界級的糟糕，房東當然不希望讓效益已經很低的租金還再被扒一層皮，也不希望報稅之後，因為收租的房子浮上檯面，而讓這間房子變成「非自用住宅」導致增加房屋稅的成本。而房子沒有報稅、沒有被公證，自然就會淪為政府無法控管的黑市，傷害房東與租客的權益。

　　因此，要改善租賃黑市現象的第一步，就是該想辦法讓房東願意報稅，而且是「積極報稅」。

　　根據物管公司《租寓》創辦人之一周岸分享的實務經驗，其實政府一直有試著用各種手段，想辦法將租賃的黑戶浮上水面，例如要求代物管公司必須要替屋主申報租賃情況，2022 年政府提供的 300 億租屋補助也是手段之一，只是臺灣屋主多年來已經將不報稅視為理所當然，現在要扭轉他們的觀念並且還會額外增加成本，都是屋主們不願配合的原因。

　　周岸說，以目前業界的實際情況，財力雄厚的大型物管公司，會去接洽持有量較大的屋主，他們會先砸大錢幫屋主裝潢以改善屋況，接著再與屋主簽訂至少五到十年的超長期包租合約，才能保障日後的收益能夠慢慢回來，也因為租約超過五年以上必須要公證，因此大型物管公司與持有量大的包租公，在報稅與管理上都沒有問題。

　　但租賃市場上絕大部分的房子，都是以持有量體很小的散戶房東為主。

　　雖然散戶房東為數眾多，但因為量體太少導致大型物管公司沒有意願承接，只有中小型的物管公司願意承接這些散戶，但中小型的物管公司卻沒有足夠財力替散戶房東裝潢與長期回租，再加上量體小導致散戶房東寧可自己管理來省成本，於是就會讓大量的散戶房東回到檯面下的黑市做交易，最終就仍然回到租屋糾紛頻繁、房客與房東雙方皆輸的局面。

　　另一個房東不願意報稅的更關鍵原因，就是稅率的問題。

　　能夠有多餘房子拿來收租的房東，有許多本身就是屬於社會上高收入的族群，收入高自然就代表著所得稅的稅率也高，假設今天有一位高收入的散戶屋主，他今年的綜所稅級距已經來到了40%，如果他同意將租金報稅，租金收益就會瞬間被打六折，如果你是房東，也不會想乖乖配合政府報稅，對吧！

2. 先進國家的作法

　　上述這些問題，在臺灣聽起來似乎就是理所當然的死棋，但我們可以參考先進國家的作法，看看日本與澳洲是如何改善租賃黑市的問題。

　　在日本，由於大多數住宅都是透過物管公司管理，因此所有房東都會報稅、租賃市場相當透明，所有租金的現金流都被物管公司整理得清清楚楚、一目了然，也因為租賃市場這麼透明，日本的保

險公司就能針對屋主提供租賃保險，例如租客一定期間內未繳房租、租客損壞房子等臺灣房東最困擾的問題，日本的保險公司會直接將賠償金，用線上支付的方式理賠給房東，之後再向房客求償。

　　所以日本房東不需要擔心租客欠繳房租、或被惡意破壞房子的風險，就更願意釋出空屋到租賃市場上；保險公司也因為投保的房東眾多，因此能夠提供完善的保障與服務，再搭配日本的租賃法規《借地界家法》提供的完善保障（後續篇章會說明），讓房東、租客、物管公司與保險業四方皆贏。

　　反觀臺灣的情況，由於有報稅公證的房東極少，導致沒有保險公司願意提供類似的服務來健全租賃市場，房東和租客就要承擔更多租賃黑市的風險。

　　而談到租賃黑市的風險，我們再看看澳洲是怎麼解決惡房東與奧房客的問題吧。

　　澳洲的作法非常成熟，是由政府與民間共同成立一個半官方的平臺，找房子的租客，不但可以透過該平臺找房子，還能看到房東過去的租賃評價，房東透過這個平臺找租客時，也能夠看到租客的工作、財力證明和過去的租賃評價，因此你可以想像一下，這個平臺就有點像是租屋的網拍網站一樣，租賃雙方都可以清楚知道對方過去的紀錄如何。

　　也正因為這個平臺的功效，使得房東與房客都會非常愛惜自己的評價，因為要是自己有不良的記錄產生，租客就幾乎無法再透過這個平臺找到願意出租的好房東，房東也幾乎無法遇到願意上門的

好租客，那些有負評紀錄的房東與租客，最終就只好跟臺灣一樣，走檯面下的黑市來交易，大大增加自己踩到地雷的風險。

反觀我們臺灣目前的租賃市場，就跟澳洲的黑市租賃市場一樣，房東想找好租客或租客想找好房東，雙方都只能憑運氣。一旦產生租賃糾紛，違約的奧租客只要拍拍屁股，就可以換個地方捲土重來，違約的惡房東只要收回了房子，就可以繼續壓榨下一個租客，沒有任何人會知道過去發生什麼事。

3. 極度弱勢的租屋族

租賃市場上最慘最弱勢的，絕對就是租屋族了。

依照臺灣的法律制度，不動產被視為具有投資價值的「商品」、一般人的私有財產，能夠被炒作、投資、營利，以一般的所有權被法律保護著，而不像德國將住宅定義為民生必需品，讓房子被賦予特殊的法律地位。

因此在臺灣，明明住宅是民生必需品，可是只要租約到期，房東愛漲多少房租就可以漲多少，萬一房東心情不好，租約到期什麼都沒得談，租客就是得搬走，因為「房子是房東的所有物」，房東想漲租金或終止租約，不需要任何理由、不需要任何依據，因為臺灣法律保障房東說了算。

對租客來說，要忍受房東隨時任意調漲房租（且無上限）的風險，或者面臨租約到期就得隨時搬家的剝削，這種制度就會導致租客有極大的不安全感。想像一下，你爆肝晚上加班、犧牲假日跑外

送，好不容易一整年下來努力多存下來一點錢，只要房東一句話，就能將你的付出全部奪走，甚至少數房東還會擺出「不爽不要租」的姿態，是你，吞得下這口氣嗎？

如果連一般人在租賃市場上都這麼弱勢了，可想而知超過 65 歲的老人，在租屋市場上被歧視的有多嚴重。以上種種因素加總起來，就會導致全臺所有租房者想的都是同一件事——「不行，我得買房」！

4. 被嚴重剝削的創業者們

除了一般的住宅租客，我們再看看辛苦創業的經營者們，他們在商用的租賃市場上是怎麼被剝削的。

當過老闆的人都知道，創業是一件多麼艱苦的事情，前面提過臺灣的創業環境險惡、陣亡率超過九成，昂貴的店面與辦公室租金成本，更是許多創業者們最大的成本。為了讓公司生存下去，於是經營者們更絞盡腦汁地找方法，不但承擔更多的風險、放棄陪伴子女成長的時間，往往還犧牲了自己的健康。

但這麼努力經營的結果呢？如果始終做不起來，創業者就得擔心慘賠與背債的後果；但萬一做起來了，甚至經營的有聲有色，臺灣的創業者同樣也要擔心。

因為很多房東只要看房客的生意很好，就會咬定創業者不得不繼續承租這個店面、吃死他們不敢放棄這些年的累積，於是房東就有很高機率在租約到期時，大幅調高租金，一次調漲 20%、30%

甚至直接翻倍都不是新聞，因為這是「法律的保障」，所以房東想漲多少租金不需要任何理由與依據，如果租客不租了，房東還可以拿這位租客過去在這邊經營得多好，當作下一次的招租成功案例。

反觀身為租客的創業者們，完全沒有制衡的能力。

因為房東就算提高租金後租不掉，只要再把租金降回來就好，但創業者如果不續租，這些年累積的口碑與名氣就得換個地方從零開始；如果選擇續租，就會讓公司大部分的利潤直接進房東口袋，使得創業者們只是從以前幫老闆打工，現在變成幫房東打工，然後幾年過去，又要再度面對一次房東亂漲房租的壓榨。

分享一個近期的真實案例：2022 年 7 月，新北市新莊區有一間經營 27 年的老字號冰店，突然宣布熄燈，而老闆貼出的停業公告上寫著：「老闆沒有被疫情打敗，而是被無情的房東打敗」。

原本疫情衝擊讓冰店生意一落千丈，但老闆始終不屈不撓地撐了下去，而房東不但沒有共體時艱給老租客調降租金，反而將原本65,000 元的月租金，一次拉高至 90,000 元，使得冰店老闆不得不放棄生意，在地人也損失了一間好口碑的老店。

唯一得利的只有房東，只因為法律保障「房子是房東的」。

臺灣政府天天想著怎麼靠稅率改善房市、怎麼限制貸款融資，都是治標不治本的思維，想要從根本改善臺灣的房地產制度，第一步就是要仿效德國的觀念，及早改善不動產在法律上的定位（尤其是非商用的一般住宅），才不會讓人人離不開的民生必需品，成為既得利益者壓榨年輕人的剝削工具。

五、立法者的立場不客觀

　　然而，立法者的立場呢？

　　我相信大家應該都知道，臺灣有許多民意代表或政府高官，自己本身或家人就持有非常大量的不動產，眾多政黨背後的金主們，也都是大量的不動產持有者，我這邊就不一一指名道姓，因為政府官員們申報的財產資訊都很透明。

　　當然，我們不能如此斷定地下這種無腦結論：「因為政客有很多房、所以他們絕對不可能打房」，但是站在這些政客們的立場與利益層面，我們真的很難相信持有大量不動產、又跟建商關係良好的政客，能夠替小老百姓做出夠客觀、夠精準、夠快速，卻嚴重違反自身利益的打房政策，畢竟沒有立法者會制訂一個傷害自己權利的法律。

　　前臺北市議員兼知名網紅的邱威傑（呱吉），曾在 2020 年 6 月的 YouTube 直播上，直接槓上無黨籍的資深議員，邱威傑稱該議員在議會的一讀會中，先是擋下囤房稅的修改條文，事後也沒有說出擱置的理由，後來還喊冤說自己沒有阻擋囤房稅，還說「擱置不代表反對」，並且對媒體說「擱置三次就要處理啊，他急什麼」，甚至諷刺邱威傑「年輕議員不懂事」，讓邱威傑氣到在直播中說：「議會裡面真的一堆亂七八糟的妖魔鬼怪」。

　　這些，就是政府遲遲沒有認真打房的縮影，到底還有多少偷偷阻止打房、藏在水面下沒有浮出來、卻能屢屢贏得選票的政客呢？

　　除了民代與立委因為自身與政黨利益，導致無法認真打房外，政府對於打房的政策上也常常令人質疑是在打假球，例如 2011 年，政府想用奢侈稅來抑制過熱的房市，結果卻完全沒有達到抑制房價上漲的目的。2021 年，政府提出預售屋禁止換約，談了一年多，到本書截稿時的 2022 年 9 月都還沒確認，許多投機客仍然靠著預售屋換約牟取暴利。2022 年 7 月實施的囤房稅，也因為稅率太低、認定困難，無法讓囤房大戶產生釋出房源的壓力。

　　如果政府真的希望抑制房價過高的問題，應該從其他「本質性」的地方下手，而非頭痛醫頭、腳痛醫腳。相關的解方建議，我將會在本書的末章提出。

混亂腐敗的房仲業制度

　　看完了臺灣的房市制度問題，你現在應該能明白為何臺灣房價會居高不下的原因，而接下來我想讓你知道的是：惡化這些問題的推手，就是腐敗的房仲業制度。

　　現在，我們把話題拉回你身上。

　　當你今天決定要買房時，如果想買預售屋，你得透過代銷，如果想買中古屋，大多數人幾乎就得透過「房屋仲介」來進行，可是要跟代銷或房仲打交道的你，為什麼卻老是有一種「諜對諜」的不安全感呢？

　　我相信理由只有一個，那就是：「怕被騙了」。

在 2014 年參加房地產高峰會時，我聽到某位房仲總部的 CEO說：「臺灣人最不相信三種人，那就是民意代表、立法委員、房屋仲介」，說完之後，臺下所有的房仲都哄堂大笑。雖然這只是一句玩笑話，但我相信連房仲業自己人，都無法否定這種說謊文化吧，也因此房地產界有一句名言：「仲介的話能信，大便都能吃」。

可是你有沒有想過，為什麼房仲業老是給人愛說謊、愛騙人的不老實形象呢？為什麼房仲業的買賣糾紛總是居高不下呢？為什麼有房仲業者，必須把「誠實」這種最基本品德，作為差異化的行銷訴求呢？

沒錯，同樣都是出在「制度」的問題。

一、房仲考照制度極度寬鬆

要跟我一樣成為房仲，就要先考到房仲資格，也就是「不動產營業員」這個證照，不過雖然說是要用「考」的，但你曉得不動產營業員的證照要怎麼考到嗎？

超容易！

你只要乖乖出席四天的課程，無論你在上課期間滑手機、看漫畫、偷偷追劇，還是帶著筆電辦公，只要你釘在座位上四天，你就已經完成一半了。接著課程結束後的次週，再通過正式筆試就能拿到證照，但筆試也相當簡單，不但都是單選題，而且培訓機構還會提供考古題讓你回去背答案。

以前常常有新人跟我說：「Zack 哥怎麼辦，好擔心我的營業

員會考不過」，我都會告訴他：「放心，考不過，比考過更難」。

　　但如果你去問問美國、英國、日本、澳洲或加拿大等先進國家的房仲，他們絕對會告訴你：「房仲執照真的不好考」，因為國外的觀念認為，房仲是一個可以隨意進出你家的職業，當然得對這樣的職業有更高的要求。

　　雖然輕鬆取得房仲資格後，政府也會要求每四年必須回來「複訓」一次，以延長不動產營業員證照的效期，避免房仲還在用老舊的過時資訊面對消費者。

　　這個四年一次的複訓制度雖然很合理，但實際上複訓的過程中，我們一樣只要乖乖在位子上三、四天（總時數需滿 20 小時），要玩手遊、要刷 IG、要睡覺、要在 PTT 上面發廢文都可以，只要人在位子上就好，有沒有聽課並不是重點，因為複訓並不會有任何筆試或測驗。

　　而負責複訓房仲的老師，除了會分享最新的法規和最新市場情況以外，其實分享的房仲業思維還是相當傳統，沒有讓人有學到新觀念的感受，例如最常見的，就是大多負責複訓的老師，在拿不出具體數據的情況下，仍然不斷灌輸「房價不可能跌」、「房價長期只會漲」的老舊觀念，鼓勵業務就靠喊多喊漲來賣房，也會告訴下面的房仲，如果自己業績不好沒客戶，當然就是要更努力地發傳單、寫開發信、花錢砸 591 廣告等等。

　　甚至更誇張的，少數培訓機構請來複訓的老師，不但專業度不足、還會分享完全不熟悉的知識來誤導學員，讓我分享一個真實

故事。

我在 2018 年進行複訓時，當時正在銷售東南亞房地產的我，聽到臺上的老師突然將話題聊到與複訓內容無關的海外房地產，接著就滔滔不絕地批評東南亞房市：「聽說最近很多人都熱衷賣海外的房子，你們有人在賣嗎？」

看到沒有人舉手或點頭以後，這位老師接著用信心滿滿又強勢的口氣說：「我告訴你們，那些海外房地產投資全都是騙人的、都是假的啦，哪有那麼好賺，還說什麼東南亞那種落後地方經濟起飛，都是狗屁。如果東南亞那麼好，要變有錢早就該富裕起來了，怎麼可能等到現在，難道真的有人笨到相信東南亞那種地方能投資嗎？」

重點是，這位武斷批評海外房產的老師，並沒有任何一丁點海外房產的相關經驗。

請相信我，那是我人生中最展現修養的時刻，雖然我這個人有點社交障礙，但至少我還是很清楚知道，如果我當下直接吐槽反駁他、拿出筆電中的數據給老師難看，那麼接下來兩個小時大家都會很尷尬，所以我只能靜靜地憋著聽他胡說八道，連我隔壁的同事李昕恩事後都驚訝的跟我說：「柴克，你這次很強耶，我還以為你當下一定會嗆回去耶」。

你看，還好今天這位老師亂講的內容，正巧是我最擅長的獨特專業，所以我聽得出來老師講的內容完全錯誤，萬一今天老師分享的是其他一知半解的錯誤知識，而臺下的房仲也辨別不出來，那不

就讓這些錯誤的觀念誤導了與消費者最貼近的第一線人員嗎？

二、房仲業亂源元凶：一般委託過於氾濫

　　房仲業之所以有這麼多亂源，「一般約委託」肯定是造成這些亂源的最大元凶！

　　雖然臺灣屋主在賣房時，幾乎 99% 都是簽一般委託，但你知道先進國家的屋主，在將房子委託給房仲銷售時，全部都是簽「專任委託」嗎？因為國外的相關配套非常完整，所以用專任委託的形式運作便高度成熟，不但保障買賣雙方也保障房仲業者，是一個三贏的制度，如果你去問先進國家的房仲們，他們可能會沒聽過、甚至不理解為什麼臺灣會有一般委託的存在。

　　但因為臺灣房仲業制度嚴重落後，使得專任委託無法發揮原本該有的效果，就會讓臺灣屋主覺得：「既然專任委託跟一般委託的效果幾乎一樣，而且一般委託還不會被綁住，那我當然簽一般委託就好啦，還可以增加更多機會」，於是就造成目前市場上，一般委託過於氾濫的現狀。

　　聽起來不錯啊，簽一般委託有什麼不好嗎？

　　對屋主來說，一般委託雖然可以簽給無限多家房仲公司銷售，大幅提高觸及到更多買方的機會，還能降低專任委託遇到不認真賣屋的仲介的風險，但實際上卻會造成自己出售價格不理想的後果。

　　理由很簡單，因為對實際負責銷售的房仲而言，屋主簽太多一般委託就會導致房仲失去保障，覺得自己就算努力銷售或砸大錢幫

屋主打廣告，既然可能隨時被別人賣掉，那何必花太多心力去賣。二方面，仲介公司也會擔心自己服務的買方會到處找同行下斡旋，於是就會盡量對買方釋出「我這邊可以談的比較便宜」的訊息，吸引買方找自己出價，於是所有簽一般約的仲介們都紛紛放棄替屋主守價，進而讓簽太多一般委託的屋主，很難賣到自己理想的價格（屋主才會老是看到一堆芭樂斡旋）。

所以你現在知道一般約唯一的好處，就只是可以委託給很多仲介公司賣而已，但相對的壞處卻非常多，例如每一間房仲公司為了避免自己跟別間公司合作，而分不到屋主服務費業績的問題，因此所有業務員都會特別開發「已經簽一般約委託」的屋主去簽委託，使得委託中屋主會被極大量的房仲用電話連環騷擾，甚至有些房仲會直接跑去屋主的住家、跑去屋主老婆的公司、堵屋主在老家的父母等等，就只是為了要簽到這個一般約委託，使得屋主們被這些房仲不勝其擾的開發手段騷擾。

這也是為何先進國家都只採專任委託的理由，甚至有些國家還有所謂的「專任買方約」，也就是買方委託期間，只能透過單一房仲獨家購買房子，讓房仲可以更專注替買方找到適合的房子、談到最佳的價格，確保房仲與買方雙方的權利。

了解了一般約氾濫的成因與缺點，接下來就要聊聊重頭戲，房仲業非常糟糕的「踩線文化」。

三、不該合法的踩線文化

　　什麼是「踩線」呢？所謂的踩線就是去「搶同行客戶」，而且大多是用不道德的方式進行，讓房仲辛辛苦苦經營已久的消費者，有極高的風險隨時被別人搶走、把你的努力整碗捧走。

　　假設你是一位房仲，當你知道同行銷售的物件是哪位屋主時，就會直接跑去找這位屋主接洽，希望屋主也給自己銷售的機會，通常踩線的房仲會這樣跟屋主說：「你的承辦業務把你的房子估價估太低了，你這樣賣會虧錢啦，我們公司絕對可以幫你賣得更高，請給我一次機會」。

　　萬一這位屋主跟同行簽的是專任委託，99% 的踩線房仲就會跟屋主說：「簽專任，就只有一家公司有機會幫你賣，多簽幾個一般約，你才會有更多的機會趕快賣掉，為什麼不選擇更多機會的方式呢？」接著就會用盡各種話術來詆毀同行、破壞屋主與同行間的信任、進而達成解除專任委託，讓自己拿到銷售委託的個人目的。

　　踩買方的線也是如出一轍，假設你發現同行接觸了某位買方，那你就要想辦法跟這位買方接觸上，說服買方改成透過你來帶看或下斡旋，即便對方可能已經跟同行在斡旋階段，踩線的房仲都要想盡辦法破壞掉，讓這位買方去撤回斡旋、改從你這邊下斡旋出價。

　　踩線的房仲常對買方說：「你被騙了啦，那家公司報給你的價格太高了，屋主的底價才 XXX 萬而已啊」，某些非常劣質的仲介，可能就直接拿出底價單給買方看，最後再跟買方說：「我跟那

個屋主很熟，我可以幫你談到底價以下 X 折的價錢，但你一定要從我這邊下斡旋才行」。

還有一些超沒水準的仲介會跟買方說：「你先去找別人看房子沒關係，因為你看上的房子我們肯定都拿得到（一般約氾濫的問題），到時再來我這邊下斡旋就好，而且我不跟你收服務費，我只跟屋主收」。

這樣你應該能明白，為什麼我說「踩線文化」是房仲業的核心亂源了，而且踩線文化也會讓房仲業進入不公平的惡性競爭，今天你不踩別人的線、別人就把你的線給踩走，使得老老實實幫屋主守價的仲介、幫買方殺價的仲介，辛苦結果全被踩線的同行整碗捧走，正因如此，如果消費者遇到跑來踩線的房仲，應該要直接予以拒絕，避免助長這種歪風，也不要將自己的人生大事交給這種道德有問題的仲介安排。

還記得 2016 年，我跟一位夏威夷房仲聊到臺灣的踩線文化時，她對這種行為感到訝異，當時她瞪大了眼睛、張開大嘴、不可置信地對我說：「怎麼可以這樣！在美國如果這樣做，不但會重罰款項，而且屢犯還會被拔掉房仲證照，以後就再也不能賣房子了」。

你看，在美國已經是屬於違法的踩線行為，在臺灣卻「完全合法」，甚至是所有房仲公司給業務的基本功、每日例行事項、每月 KPI 的考核項目，公司還會要求將踩線作為新人必學的教育訓練，完全不認為這種說謊的不公平手段有什麼不妥。

有一次，我有位線上課程的學生問我說：「Zack 老師，如果

不靠踩線，那我怎麼可能找得到客戶？」我才驚覺，原來房仲業的生態已經扭曲成這樣了，臺灣房仲業新人被汙染地多嚴重、觀念多偏差了，一旦政府沒有取締踩線行為、沒有給予實質的法律懲處、房仲公司也沒有禁止踩線，甚至還繼續鼓勵業務員要多靠踩線做業務，久而久之，房仲業當然不會覺得「說謊」這件事情有什麼大不了的。

四、不能說的傳統陋習：做狀況

這又是一個業界常聽、但消費者完全陌生的名詞：做狀況。

什麼是「做狀況」呢？簡單講，就是利用說謊、講假故事的方式去誤導消費者，進而讓消費者做出錯誤的判斷，在搞不清楚狀況下做出簽委託、下斡旋或成交簽約的決定。

例如對買方做狀況的仲介會說：「目前這個物件真的很搶手，屋主的價格很便宜，目前已經有兩組客戶下斡旋在談了，如果你的價格不往上加的話，這間房就真的要被別人買走了」，但實際上，可能這間房子根本沒有任何買方出過價，但是消費者卻無從判斷仲介講的「情況」是真是假。萬一買方要求仲介出示另外兩位買家的斡旋，很多仲介就會跑回公司偽造兩份斡旋給買方看（假斡旋的出價者，通常都是用仲介自己家人的名義，降低法律風險）。

因此做狀況這件事，就是房仲業呈現說謊「具體樣子」，這才是真正的房仲日常，我就大聲問一句：「做過房仲的人，哪個敢說自己從沒做過狀況？」

但你可能會覺得：「沒必要這樣吧？萬一被戳破了不是很尷尬，鬧到上法院怎麼辦？」

其實這些風險房仲都明白、他們的店長也明白，但房仲們會這麼做也是迫於現實壓力的無奈，因為大多房仲都是沒有底薪的高專，沒成交就什麼都沒有，全家就得跟著自己一起餓肚子。即便像是信義或永慶房屋這種直營體系的普專，底薪也非常低，而且主管給的成交壓力又超大，經年累月下來，導致房仲這一行「短視近利」的文化，嚴重病態。

如同前面提到，氾濫的一般約使得房仲完全沒有任何保障，還面臨著隨時被同行踩線破壞的風險，讓努力、老實、守規矩的房仲，最終都敗給不公平競爭的市場，讓這些明明是消費者最需要的正直房仲，都因為無法成交而被市場淘汰，典型的劣幣驅逐良幣。

除此之外，房仲這行又是個「不是一就是零」的零和市場，有成交就有收入、沒成交就是白做工，於是房仲公司經營者也會傾向先求有再求好、先成交再說、先讓公司有進帳再說，最終導致現今房仲業「頭過身就過」的文化極度明顯。

總而言之，就是先騙到委託再說、先騙出來看屋再說、先寫下斡旋再說、一切都是先成交再說，至於其他風險？消費者抱怨？等拿到服務費之後再說。

以直營體系的普專來說，如果這個月不趕快成交，可能要面臨調職或是被開除的壓力；對加盟體系的高專來說，如果這個月再不成交，就要面臨斷炊或繳不出來房租的壓力。所以為解決這些問

題、為了生存下去、為了不讓孩子餓肚子，做點狀況、說點小謊、使點小詐，漸漸也被房仲業認為是必要之惡了。

五、只會喊漲的恐嚇式行銷

回到買房這件事，我相信每個人都希望房子買了以後，自己家的房價就會一直漲，沒錯吧！關於這個迷思，我會在下一章幫你破解，因為對於一般自住客來說，其實房價下跌比房價上漲更划算。

也正因為所有消費者都喜歡房價上漲、期待自己家變得更貴，於是房仲業特別喜歡靠「喊多」、「喊漲」的模式來進行銷售，最經典的名言莫過於：「今年不買、明年更貴」，以及「反正房價長期只會往上漲」了。

要是剛好又處在房市火熱的多頭市場，那麼看著房價一天一天上漲的買方，就會焦慮地害怕自己未來將買不起房、害怕未來得花更多錢才能買到房，甚至擔心未來買不起房的自己，老了就得睡路邊了，於是就會陷入焦慮的 FOMO 狀態（Fear of missing out），急急忙忙地盲目進場追高，有些經濟能力並不適合買房的族群，還會用到信貸來湊足頭期款，就是期待靠一間房實現財富自由。

我相信在 2020 年 Q2 至 2022 年 Q1 這兩年間，你可能也是擔心房價會漲到買不起的其中之一，對吧，但是現在呢？為什麼你現在卻不再擔心了呢？

當業者都用一些似是而非、聽起來很有道理的說法來說服你，新聞媒體上也是一堆專家在帶風向說著：「現在不買，永遠都是高

點」，再看到網路上一堆網友說自己買房漲了多少％、親友也跟你說房價不可能會跌，當然你的腦波就會變弱，被這種三人成虎的氛圍給影響，陷入了羊群效應。

最後在多頭市場上，房仲只需要對這些羊群用力喊多、喊漲，業績就會源源不斷滾進來，使得房仲長年下來已習慣這種好用的恐嚇式行銷，並且將這種販售恐懼的說法變本加厲。

一旦房仲或代銷業者，都習慣憑一張嘴空口喊多喊漲、靠誤導消費者來達到成交目的，失去房仲人員原本「顧問價值」，無法替消費者客觀分析買賣利弊、無法實際替客戶解決房產問題，只會變成顧著推銷的傳統「牽猴仔」，讓房仲業的整體素質越拉越低。

讓我們再用客觀的角度來看，房市本來就會因為景氣循環漲漲跌跌，但那些已習慣在多頭期喊多喊漲的房仲，一旦進入了房價下跌的空頭期，就會變得不知道怎麼賣房子，2022 下半年開始，就有很多房仲新人因為缺乏正確觀念、失去了自己想幫助人的信念，導致他們認為：「既然房價開始下跌，那我現在還叫買方買房就是在害人，所以我不該做害人的事、我不該讓買方買房子，我也不該繼續做這一行了」。

自住客買房子，正確的觀念應該是「解決自住問題」，只要能解決的自住問題大於賠售的代價，加上本身經濟條件也充裕，那麼自住客隨時買下去都不會是問題，正因如此，房仲公司應該要替新人先建立好這份最基礎、最正確的觀念，才能培養出讓市場更健全的專業房仲顧問。

六、利用資訊不對稱的優勢

　　一般消費者面對房仲最弱勢的地方，絕對是「資訊」這個戰場，關於資訊不對稱這件事，最常見的就是很多房仲會「亂報行情」。

　　不少劣質房仲在面對消費者時，都會故意挑一些「被篩選過的特定行情」給客戶看，比方說拿成交價偏低的實價登錄給屋主看、拿成交價偏高的價格給買方看，而不是提供長時間又全面的數據給消費者評估，這麼做的目的顯而易見，就是要誤導消費者、提高自己的成交率。

　　或者是面對一頭熱的買方，房仲會利用資訊不對稱的優勢，用各種似是而非的偏頗話術來影響買方，進而讓腦波弱的買方，對於房市過於樂觀而追高加價、甚至不惜動用信貸來買房，例如 2020 至 2022 這兩年，業者都在用「原物料上漲」與「通膨嚴重」這個話術，誤導買方以為房價飆漲趨勢是不可逆的，而忽略了聯準會升息與縮表後帶來的跌價風險。

　　以面對急售的屋主來說，房仲會利用資訊不對稱的優勢，讓屋主誤以為自己的房子缺點很大、瑕疵很多、賣相不佳，進而低估了房子售價，例如有些房仲會在簽委託後，故意三個月不約任何買方看房、也不做任何廣告，然後對屋主洗腦：「我們真的很努力做廣告了，但你這個價格真的開太高了，所以才沒有客戶願意來看」，不但害屋主白白浪費三個月的時間，也增加房子被賤售的機率。

　　講一個真實故事，我曾經看過一位同事簽了店面的租賃委託後，完全不做廣告，卻天天都在那個店面裡面發其他房子的傳單，

我問他為什麼這麼做？他回我說：「因為這個店面的地點很好、往來的客戶很多，我在這邊發其他物件的傳單，效果非常好啊！」

我反問他：「這樣不好吧，而且萬一被租掉怎麼辦？屋主知道了怎麼辦？」

這位學長就跟我說：「放心，絕對不會，只要有人上門我就說已經租掉了，或者我就把租金報兩倍，這樣就不會被租掉，我就可以繼續在這個店面發傳單啦，就算屋主經過這邊，他哪會知道我在搞什麼」。

別懷疑，這個真實故事一點也不罕見，也許正在你委託的房仲公司內上演著。

七、鬆散的房仲管理制度

如果你本身是一位保險業務員，你肯定會覺得房仲業的行銷模式，根本就是無政府狀態吧。

拿保險業來比較，明明都是臺灣業務人數最多的行業，但保險業發生的消費糾紛相對少得很多，理由很簡單，除了保險商品都是由超大型的保險機構提供、而非房仲加盟店這種小資本獨立經營以外，金管會對於保險業的限制也非常嚴格，像是不能強調投資性、業務不能自行製作銷售資料，從業人員更不能在網路上公開銷售與比較保險商品，只要違反規定，就會讓業務和業者一同受罰。

但房仲業呢？因為各地方政府的地政局，完全沒有一丁點管理房仲業行銷話術的措施，再加上連房仲總部及其發言人，都可以公

然在媒體上發表錯誤知識、胡說八道來帶風向，那麼下面的基層房仲，當然就更敢明目張膽地踩線、做狀況、空口說白話。我目前聽過最荒謬的銷售話術就是：「等中共統一臺灣，中國人就會來臺灣炒房，到時候你家的房價就會漲上去啦」。

更荒謬的是，還有不少消費者信了，難怪詐騙在臺灣永遠這麼猖獗，因為不但罰得輕，而且臺灣人就是這麼易騙難教。

既然地方政府的地政局無法比照金管會那樣，嚴格管理房仲業者的不實銷售與說謊行為，房仲業隨便信口開河對客戶畫大餅，還不需要提供任何書面證據就能輕鬆成交，那麼這種無政府的房仲業制度，當然就會促成更多愛說謊的房仲業者、更頻繁的消費糾紛，甚至有劣質的房仲敢對買方說：「現在是怎樣，不過就賺你2％服務費而已，我又沒有拿槍逼你買。沒關係，要告就去告」。

前面有強調過，房地產是食衣住行中金額最大的民生必需品，也是一般老百姓可能一輩子都做不了幾次的重大決定（有些人的結婚次數比買房次數還多），這麼重大的事情，法律制度不應放任房地產業者拿著「言論自由」的大旗，大搖大擺地對老百姓亂帶風向。

🏠 制度決定一切

從第二章，我們了解到貨幣政策導致的資金氾濫，會使得臺灣房價不健康飆漲，而本篇章也讓你明白房地產的制度漏洞，更是導致房價輕易被大幅推高的原因。

　　然而臺灣的氾濫資金，可能會隨著聯準會升息，讓資金流向利率更高的地方，或者透過市場經濟變好，讓央行升息來控制資金量，但制度面的問題如果遲遲不去面對，那麼臺灣房產仍然是適合資金停泊的炒作工具，房價不合理飆漲的情況捲土重來，也只是時間問題罷了。

　　只要改善房市制度，就能降低房價的上漲幅度、進而讓房價逐漸軟著陸；只要改善房仲制度，就能讓房產業者回歸顧問角色，不再靠說謊成交、減少消費者上當的糾紛。想改善這些陳腐老舊制度，還是要回歸到選民身上。

　　但很遺憾地，就我自己個人的不專業觀察，我發現臺灣市井小民雖然天天都在抱怨社會不好、抱怨制度有問題、抱怨社會不公平，可是只要全臺一進入選舉階段，大部分的人就失去了理性、無法好好溝通與對話，所有人都被一刀切成了兩三種顏色，而平時的不滿與抱怨，都在競選期間忘得一乾二淨，直到選戰結束後又繼續重複一樣的歷史、繼續過著日復一日的抱怨生活。

　　如果臺灣的選民素質不夠好，自然無法推出夠好的候選人，就無法選出夠好的民意代表來改善房市制度。假設上述問題無法從政治面改善，那麼我們老百姓就只能自立自強，靠自己獲得正確知識來避開房市交易地雷，這也是我花這麼多時間撰寫本書的最大目的（寫書真的是純靠燃燒一股中二、想助人的熱情，我相信我這輩子是沒動力再出第二本書了）。

　　我希望你能夠明白，買房不一定是人生成就的象徵、也不代表

著你從此高人一等，買房應該是讓你生活品質變更好的決定，萬一買房後，反而讓你過上長期苦哈哈的日子，成為你常常跟另一半爭吵的導火線，豈不是本末倒置？

你更不應該為了面子而買房，不要買了一個不適合又負擔不來的房子、只為了證明給某個你討厭的人看，更不要被帶風向的錯誤資訊洗腦，誤以為房價只漲不跌或只靠一間自住房就能翻身致富（因為自住的房子，並不是資產），害你得先撐完三十年省吃儉用的屋奴生活、再過上二十年省吃儉用的退休生活。

臺灣民眾更應該理性知道，高房價並不是單一政黨造成的問題或遺毒，央行低匯率政策與聯準會量化寬鬆長期的影響，更勝於任何黨派。也不該把高房價問題推給投機客或房產業者，雖然他們確實是推升高房價的因素之一、卻不是高房價的成因。政府更應該知道，高房價的結構性問題嚴重，不可能只靠調整幾個稅率數字就能立竿見影得到改善，我們需要更專業、更有魄力的執行者，將問題一一拆解、再個別擊破。

＊　＊　＊

恭喜在誠品已經累到坐下來，並且將本書看到這邊、卻還捨不得買回家的你，你現在已經了解臺灣房價漲跌的原因，以及臺灣房市為什麼在各種層面都這麼亂的正確知識，現在的你已經比 90% 的房產業務員更懂房地產了，所以下一個篇章我將教你學會辨別：房產業者與網路房蟲們，都是用哪些的迷思、話術與謊言來帶你的風向、害你做出錯誤的決定。

第四章

破解30大購屋陷阱

破解常見迷思與不實話術

　　你現在已經清楚了解近二十年的高房價成因、真正影響房價漲跌的因素、臺灣房產為什麼這麼容易炒作，以及房仲業制度令交易市場更混亂的真相，如今具備充分正確知識的你，只要掌握本書前段的正確知識，並且避開接下來業者為你設下的 30 大陷阱，再搭配上本書末章教你的「進場技巧」，就能輕易在適合的時機、找到適合的房子、買到合理的價格，還不用擔心買貴被當「盤子」，甚至有機會用實價登錄的八折、七折價，買到一個溫暖的家。

　　關於本篇章要講的購屋陷阱，主要會分成兩大類來說明，第一類是常見的經典迷思，這當中包含著一些似是而非、對錯參半的觀念，是消費者最常誤入的陷阱，第二類則是業者的不實話術，相較於第一類的常見迷思，第二類的不實話術幾乎就是不存在的事實，或者應該稱為謊言會更適合，是消費者一定要避開的低級失誤，終日辛苦工作、努力奔波、並且省吃儉用存錢的你，一定要具備能辨別購屋陷阱的能力，才不會被仲介或代銷牽著鼻子走。

　　此外，本篇章能夠完成，要誠摯地感謝在我 YouTube、臉書粉專、IG，分享這麼多業務常見話術與帶風向詐術的粉絲們，如果沒有他們的無私分享，這個篇章便不可能變得如此完善，希望匯集眾網友之力的本篇章，能夠幫助正在閱讀本書的你，從此在買賣房的道路上再也不會被地雷「詐」傷。

　　也期待閱讀完本篇章的你，未來能夠在能力範圍內，盡量幫助

身邊想買賣房的人們，讓我們一起改寫臺灣房地產的規則吧！

常見迷思 1：房價只漲不跌、房價從沒跌過？

如果要我挑選一個「臺灣人在房地產上的最大迷思」，無庸置疑的第一名，肯定就是這一點了，我相信你身邊的朋友、你的所見所聞，甚至包含你自己，應該也是這麼看的，對吧！

是時候，讓這個迷思跌落神壇了。

既然大家都認為房價只漲不跌，那麼最簡單的方法，就是拿出事實來破解這個假象、用證據來說話，我們根據下圖的臺灣房價指

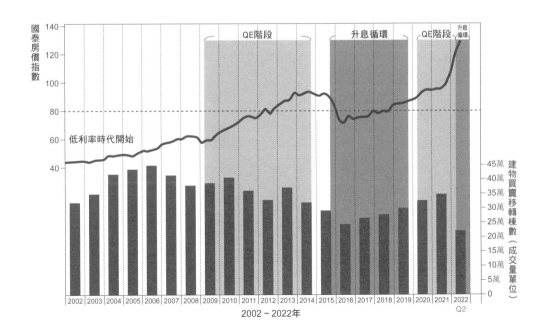

數與交易量來看，可以很明顯知道臺灣房價非但不是只漲不跌，乃至過去四十年來臺灣房價就已有多達六次的下跌的紀錄，怎麼會說臺灣房價不可能跌呢？

接下來，我們來一一回顧過去房價的下跌歷史，讓這個最大迷思從此再也找不到遮羞布。

第一次下跌：1989 年房市管制

近四十年來第一次房價下跌，就是出現在 1989 年，由於 80 年代初高度通膨，使得房屋爆發搶購潮，尤其是 1986 年臺幣開始漸漸氾濫，投資客與房仲業趁勢興起、土地價格飛漲，連帶著讓臺北房價迅速上升，提高了整體房價的水位，迫使 1989 年政府祭出了查稅、選擇性信用管制等措施去抑制房價，1990 年有媒體報導[1]，1988 至 1989 短短一年，臺北地區房價漲幅高達驚人的 2.2 倍，但交易量卻大幅下滑三成，買氣明顯鈍化，如同 2022 年第二季後的臺灣房市。

也因為 1990 年臺北房價過高，使得外縣市的建商紛紛打出「臺北 1/2 價」的口號來吸引投資者，讓資金慢慢進入雙北以外的地區，不過特別的是，之後台北的房價與交易量，雖然被管制措施打下來，出現了近四十年的第一次房價下跌，但全臺整體的預售屋推案量仍然持續擴大，原因就是政府在 1992 年宣布，將要在 1995

1　好房網 https://news.housefun.com.tw/news/article/19605052983.html

年開始進行容積率管制，導致建商瘋狂獵地推案以增加銷售面積，使得 90 年代的房市，為日後種下供給過剩的種子。

　　我還記得 90 年初期，受惠於投資客開始往外縣市找尋找投資標的，我父母當時在桃園市與大園區的房仲公司生意超好，幾乎每個月都帶員工唱歌喝酒或國內旅遊，相較於我們家族成員多為軍公教或工程師來說，我爸媽僅二十多歲，就能每三年換一輛新進口車、過上優渥生活，這些都是讓我父母在家族中相當有面子的成就。

第二次下跌：1996 年臺海危機

　　年紀較長一點的讀者，應該都對 1989 年六四天安門事件記憶猶新，也因為該事件，美國於 90 年代初期對中共實施武器禁運政策，讓美中兩國的關係日趨緊張，1995 年美國時任總統柯林頓，還邀請已故前總統李登輝到美國進行私人行程，打破臺灣多年來無最高層官員訪美的慣例，此舉更讓中共政府的不滿達到最高點，嚴重威脅中共「一個中國」的底線。

　　同時，1996 年又是臺灣第一次的民選總統，中共政府為了不讓李登輝連任，於 1995 年 7 月至 1996 年 3 月間，開始對臺灣海峽進行飛彈試射演習，並且出動大量艦艇與戰機進行海上的攻防演練，美國也派出航空母艦群來臺灣海峽，一觸即發的戰爭氣氛非常濃厚。最嚴重則是於 1996 年將要選舉的 3 月，已傳出中共要進攻馬祖的訊息，臺灣國軍與飛彈也進入最高緊戒狀態，美國戰力也紛紛往臺灣集結。

　　面對這種隨時開戰都不意外的局面，美國、日本、菲律賓和馬來西亞也準備從臺灣撤僑，讓臺灣大量的富人開始拋售在臺資產，進而讓當年度的房價迅速下跌，幾乎沒人敢在這時候買房，因此1996臺海危機，就是近四十年來臺灣第二次房價明顯下跌的證據，想像一下，如果你現在看到電視新聞報導，說著各國開始從臺灣撤僑、美軍戰艦都往臺灣集合準備，這將是多麼細思極恐的事情。

　　但當時的我才小學六年級，根本不明白臺灣的局勢，只記得開房仲公司的爸媽整天都在唉聲嘆氣，說市場越來越差、下個月又要火燒屁股了，開啟我家日後家道中落的序章。

　　當下超多網友都問說：「這次會不會像1996年那樣造成房價大跌？」從你現在還能悠哉地在誠品裡面看書來看，雖然中共這次的軍演讓各國非常緊張，但是已經連續被中共喊武統二、三十年的臺灣人已經漸漸習慣了，房價也絲毫沒有受到波及，連日常生活也看不出任何被影響的跡象，頂多就是大家會稍微留意一下住家附近哪裡有防空設施而已。

註：國際上認定的臺海危機共有四次，分別是 1955 年九三砲戰、1958 年八二三炮戰、1996 年海峽危機，以及 2022 年的眾議院長裴洛西訪臺，由於裴洛西訪臺觸動一中原則的敏感神經，因此中共連續數日在臺灣周遭進行大型軍演活動，規模與距離都更甚 1996 年。

第三次下跌：1999 年九二一大地震

當索羅斯（George Soros）於 1997 年狙擊泰銖，引發亞洲金融風暴後，兩年後的 1999 年 9 月 21 日凌晨 1 點 47 分，發生臺灣近年最嚴重的九二一大地震，當時國三的我，也是第一次遇到因地震而停課的情景（你知道桃園有多難停課嗎），而九二一大地震對我的影響，不只是多放了一天假那麼簡單，而是將我們家經濟狀況打入深淵的致命一擊，也是壓垮 90 年代房市的最後一根稻草。

回顧 90 年代的房市未爆彈：政府查稅、信用管制、炒作嚴重、供給過剩、6 萬戶國宅供給、臺海危機拋售、金融海嘯重貶臺幣，最後當大家看到地震後許多倒塌的房子，畢生心血一夜消失，讓民眾漸漸對房地產失去信心，再加上隔年的網路泡沫破裂，使得 2000 年的買賣移轉棟數驟減 6.4 萬戶、2001 年又再大減 6.2 萬戶。

也因為九二一重挫了臺灣房市，我們家原本開的兩間房仲公司也陸續收掉，父母這些年賺的錢，不但在 1999 年賠光，還因為沒有及時止血而欠了一屁股債，最後實在沒辦法再靠賣房子賺錢了，只好在 2000 年離開房仲業，轉型開當時很熱門的網咖。

第四次下跌：2003 年 SARS 爆發

對電腦系統、網咖生態和學生消費習慣完全外行的父母，開網咖不但沒賺到錢，反而還讓財務陷入更大的困難，使得我們家的網咖僅開了兩年就草草收掉，於是在 2002 年，我父母不得不又重拾

了房仲的老本行，期待重出江湖、東山再起。

　　然而 2002 年房市還沒康復，2003 年 SARS 又突然爆發，讓原本稍微回溫的房地產市場信心又縮了回去，買方又回到不敢買房的狀態、賣方也恐慌式地拋售，全臺房價在短短兩季就大跌 12%，比 2020 年新冠肺炎爆發時更為嚴重，以房地產的穩定性來說，兩季跌 12% 真的是超巨大的瞬間跌幅，相信有點年紀的長輩，對於當時 SARS 對房市的巨大影響，應該都還歷歷在目。

　　我到現在印象都還非常深刻，當時高三的我每天放學回到家，就看到爸媽坐在電腦前面玩線上遊戲《金庸群俠傳 Online》，問他們為什麼不用去上班，他們只會跟我說：「現在每天都沒有客戶上門，屋主也不讓人看房子，與其去公司玩電腦，不如就在家玩囉」，可想而知當時房市與我們家的經濟有多差，甚至家中一度連三餐都是靠親友接濟才有著落，我自己的高中畢業證書，也是到畢業典禮當天，因為我爸順利借到錢繳清學費才拿到的。

　　當年從事房仲業的人，一定還記得那段時期有多苦多茫然，再加上我父母兩人又都是房仲，所以那段苦日子我印象特別深刻，到 2003 下半年，我到淡水的真理大學就讀大一時，每週三餐吃飯加通勤回家的生活費，只有 600 元。

　　不過這個苦日子即將畫上休止符，因為彭淮南時代的央行，讓進入低利率時代的台灣房市，即將爆發了。

第五次下跌：2008 年金融海嘯

在第二章有提過，由於 SARS 後房市極度蕭條，於是 2004 年扁政府祭出了一系列刺激房市的措施，再加上低匯率與低利率讓新臺幣氾濫，使得氾濫資金大量進入房地產，讓房價一路上漲。我還記得家裡多年來的苦日子，到了 2004 年整個大翻轉，愛打籃球的我還得到人生中第一條籃球褲，我爸還送了我人生第一雙的喬丹籃球鞋（Air Jordan 12 代）。

我家能像暴發戶般瞬間翻身的唯一理由，就是要感謝政府大幅放寬的信用管制，使得任何人都能輕鬆買得起房，貸款八成、九成不算什麼，全額貸、超貸更是家常便飯，也讓當年的房仲都能日進斗金，房地產業欣欣向榮。

很快地到了 2007 年，美國次級房貸爆發，雷曼兄弟於 2008 年倒閉引發全球金融海嘯，這個事件相信你就有感覺了吧，關於次級房貸的問題成因及如何爆發的歷史，建議你有空可以參考《大賣空》這部經典電影，這部電影讓觀眾深入知道，如果房地產的信心與信用無限擴張，將會帶來自食惡果的泡沫衝擊，是我們臺灣的最佳借鏡。

也因為 2008 的金融海嘯衝擊全球，讓各國股市重跌，連帶讓市場趨於保守觀望，臺灣房價與房市都稍微降溫了下來。理論上，金融海嘯衝擊的是經濟的基本面，正常來說應該會讓臺灣房市傷筋見骨才對，例如美國各地平均房價，跌幅就在 20 至 30% 以上，國

際上不少國家的房市也損傷慘重。

　　不過這次的金融海嘯，臺灣卻是少數例外的地方，雖然初期確實讓市場因恐慌而導致短暫跌價與交易量萎靡，但這次跌價的空頭卻很快地被止血，理由你現在也已經知道了，就是低利率環境和聯準會資金派對，讓臺灣立刻開啟了下一波房市大多頭。

第六次下跌：2015 年聯準會縮表

　　你聽過股市這句經典名言嗎：「靠運氣賺來的，就憑實力輸回去。」

　　聯準會第一次 QE 替臺灣房市帶來的大多頭，卻在 2015 年聯準會進入升息循環後漸漸降溫，同時政府於 2016 年元旦，祭出取代奢侈稅的房地合一稅，讓投機客無法短期炒作，買方也對無法上升的房價失去信心，而北部過高的房價，也讓投資客將資金慢慢移往基期較低的南部與蛋白區，於是就迎來了離我們目前最近一次的房市空頭期，2016 年的交易量僅剩 24.5 萬戶，不但比 2003 年 SARS 時期的 34.9 萬戶更低，甚至比 2001 年的 25.9 萬戶的最低點還差。

　　2017 年有許多新聞都在報導，全臺房市買氣太差、預售案的餘屋庫存過高，使得許多建商暫停獵地與推案的計畫，處在「能不蓋就不蓋」的狀態，只能用最低度的推案量勉強維持公司運作，同時被餘屋與融資利息壓得喘不過氣的建商，為了能與中古屋競爭為數不多的買方，許多建商也在 2017 年紛紛降價讓利，前面的篇章

也有提過，當時有媒體報導，在臺北市中正區、新北市三峽區和淡水區，竟然有預售屋的開價比附近中古屋還低！

這時候的我已經出社會幾年了，並且在臺北的房仲公司擔任海外房產部經理，我永遠都記得 2016 到 2019 那些年，每次主管們跟老闆一起開會看業績時，我們海外部永遠都是砲聲隆隆、成交不斷，平均兩天收一筆訂單、四天成交一筆，但國內部主管卻永遠都在愁眉苦臉，不但想不到能解決業績問題的根本方法，還得一邊努力穩住部門士氣，不要讓國內部同仁離職或是跑去開 Uber 了。

同時我還記得 2016 年，有位海外房產的老客戶跟我說，他 2014 年在淡水新市鎮買了一間預售屋，成本是一坪 21 萬，現在希望透過我的關係找人賣賣看，雖然已經擺兩年了，他也不期待能賺多少錢，只要能夠平盤回本就好。

於是我請淡水的同仁幫忙查了一下，一個禮拜後，對方在電話中對我說：「Zack，跟你的客戶講，建議他還是不要賣比較好。」

我問他為什麼，他說：「你客戶買的那個社區，現在建商自己都還沒賣完，而且他的成本是一坪 21 萬，現在建商案場門口寫的開價是 16 萬，這要怎麼賣？」

＊　＊　＊

以上，就是近四十年來臺灣房價下跌過的證據、房市空頭期歷史，以及我這一路以來親眼見證與感受的變化，花這麼大篇幅向你說明，就是要幫你破解「房價不可能跌」的最大迷思，你才會在讀第六章時，了解進場時機有多重要，不會抱持錯誤的期待而變成追

高殺低的韭菜了。

先預告你一個好消息：最近一次讓你有機會進場撿便宜的空頭期，即將在 2023 年後到來，我預測第七次的房價下跌，而且極大機率是全臺六都一起跌的盛況，將要在 2023 年第二季發生了。

🏠 常見迷思 2：何必等，空頭期的價格也跌不多

一旦我們破解了「房價只漲不跌」這個最大迷思後，接下來業者肯定會拿著房價走勢的數據跟你說：「可是你看，空頭期的房價也沒跌多少啊，後來還不是又漲上來了，有什麼好等的，所以看到喜歡就不要想太多，買下去就對了」。

我相信，你肯定聽過很多人這樣對你說，沒錯吧！網路上還有很多帶風向的人會說：「三十年前的陽春麵才多少錢，你現在買得回三十年前的陽春麵嗎？」、「臺北二十年前的房價才多少錢，你有可能等到房價跌回二十年前嗎？」，用這種政治人物最愛用的「偷換概念」來轟炸你、誤導你。

重點不是成交價，而是成交量

既然房價上漲幅度遠比下跌更大，看起來房市熱絡期又比蕭條期更長，那我們到底在等什麼呢？你會抱持著這種觀念是理所當然的，正所謂內行人看門道、外行人看熱鬧，一般人都只關心表面的「價格」，所以只會聚焦在價格的變化上，但真正懂投資的人會告

訴你：「重點不是成交價，而是成交量」。

首先，看過本書之前的圖表就可以清楚知道，當市場變熱、買氣就會強，買氣強買方就會不理性追價、成交量也會增加，所以熱絡的多頭市場會「價量齊揚」。其次，當房市變冷、買氣變弱，有需求的買方就會更小心謹慎、價格也會砍得很狠，所以初期會是價量背離的「價漲量縮」，直到最後願意追高的買方慢慢消失，正式進入冰冷的房市空頭後，就會讓市場處於「價跌量縮」。

這就是「量先價行」。

例如 90 年代初，除了台北外的全臺房市大好，所以價格跟成交量都一起往上，但 1999 年至 2003 年的空頭，交易量就隨成交價一起降低。再看 2004 到 2007 這一波多頭、2008 到 2015 年下一波多頭，價格跟成交量也是一併增長的。2016 到 2018 年的房市空頭，價格與交易量又一同呈現低迷。我預計 2023 後五年的房市，除非又遇到 QE 或大降息，否則 2023 至 2027 年在價與量的修正幅度上，絕對比 2016 至 2018 年的空頭更大。

因此，在不考慮資金氾濫的因素下，通常價格要一直下降到交易量開始增加的階段，價格才會漸漸 V 型反轉，交易量大回升就代表著價格已經落底的證據、表示漸漸降下來的價格才是市場能認同的、是符合剛性供需的，而非被資金派對給哄抬的。

這就是「沒有量就沒有價」。

另一種相反的情況，例如 2015 下半年，與我正在化妝檯寫稿的 2022 年暑假，明明房市已經慢慢降溫、交易量也迅速減少，但

這兩個階段的房價卻還能微微上漲，為什麼會這樣呢？這就代表現在是前面說過的「價量背離」階段，只要你看到交易量大減，但價格卻還緩緩上漲，就代表著此時有行無市，價格不值得參考，是最典型的多頭末升段。

再講簡單一點，這就是房價最高峰的最高點，那麼接下來，必然會迎來價格的向下修正，只是修正的幅度是否強烈，就還要看整體利率環境而定。

在價量背離、價漲量縮的階段，除了剛性需求真的有超強的客群之外（例如不買房就無法讓岳母點頭、婆媳問題不得不搬出去），就只剩下一些搞不清楚狀況的消費者，還傻傻地以為價格會繼續漲而進場幫別人解套。

因此「量先價行」、「沒有量就沒有價」，這是最基礎的投資觀念，就算我們不看臺灣本土，放眼各國的房市也都完全相同，我們要觀察房市好不好、有沒有辦法趁火打劫，專業的你就不應該只看表面的房價變化，而是要看交易量的變化，只要量開始降、價要降也不遠了，萬一你拿著錯誤的尺丈量，就不可能得到正確長度。

沒有量的價，就是虛的

接下來讓我舉個具體案例，讓你知道空頭期的屋主有多弱勢。

相比 2021 年的房市大多頭，房子賣到不夠賣的火爆情況，2017 房市空頭那幾年，很多屋主在簽銷售委託給仲介後，掛售半年、一年都賣不掉的情況比比皆是，可能三個月連一個願意上門看

屋的買方都沒有，會發生這種狀況並不是因為屋主開了天價（大多數屋主的開價都非常合理）、也不是房子本身有任何問題，單純只是因為市場差、買方沒有信心罷了。

於是就常聽屋主跟仲介抱怨：「為什麼我的房子都賣不出去？你們到底有沒有認真在賣？」，那幾年的房仲真的很常這樣被屋主誤會，尤其是臺北市的房仲（我相信 2023 年後的房仲，也很難逃離此命運），而接下來，這些屋主還會這樣說：

「我賣得價格也沒有很過分吧，我兩年前買的成本就是這個價，我也不過是把這兩年的管理費再加上去而已，現在都擺了兩年，我也沒要求要賣多高，就只是要你們按行情賣而已，怎麼可能會賣不掉？明明實價登錄的價格就在那邊呀！」

請你理性對比一下：多頭時期，屋主開再高的天價都有買方願意接手，還願意替屋主繳房地合一稅；空頭時期，即使屋主開價接近實價登錄，還完全零獲利，明明這時候的價格合理多了，為何買方就是不願意進場，連實價登錄的售價都看不上眼呢？

理由很簡單：市場好、信心強，預期價格會更高，所以買方都是從實價登錄往上加價買，而且充滿信心的買方，加價也會加的很開心，這就是為什麼多頭市場屢屢創天價的原因；而市場差，買方信心弱，交易量快速減少，也因為預期價格會往下，所以買方都是往實價登錄以下砍，但屋主要割肉賠售就會很痛苦，因為屋主的成本是降不下來的，所以降價幅度非常有限，這就是空頭市場跌幅不大的原因，因為買方心中願意買單的合理價，肯定遠遠低於實價登

錄的數字。

買方購買意願低、看屋次數就會少、價格預期差，所以下斡旋的意願也不高，就算真的下也是給個芭樂斡旋，因為買方心態是：「有買到就當作撿便宜，沒買到就算了，說不定今年不買，明年更便宜」，導致空頭市場的屋主，都賣不到實價登錄的行情。

記著：沒有量去支撐的價，就是虛的。

這些道理其實都不難，你肯定能懂，就像我們都知道「危機入市」才能撿到便宜，但每當危機來臨時，真正敢危機入市的人又有幾個呢？2022年烏俄戰爭爆發、美股跌得一蹋糊塗，而你有進去摸底嗎？

也就是說買房想要省錢，只要選在交易量低的空頭進場，就會因為競爭對手少、屋主價格也較軟、業者服務態度又積極，我們就可以在空頭市場慢慢找到急售屋主，進而撿到趁火打劫幫自己省血汗錢的便宜物件，更進一步的完整做法，包含如何在正常情況下換屋，可以從一間房變兩間房的操盤方式，都會在第六章系統性地完整揭曉，這邊你只需要先了解「Timing」比「Location」更重要的觀念即可。

🏠 常見迷思3：房價長期都是往上漲的

即便我前面講了這麼多，房產業者、帶風向的無腦多，可能連你的父母都會這麼對你說：「臺灣房價這四五十年來，還不都是一

直往上漲嗎？」，你的叔叔伯伯也會跟你說：「你看我三十年前就買了房，現在都翻了四、五倍了，早點買就對了」，最後你的嬸嬸和表姊也補上一句：「大家也都是為你好」，於是在這麼多人的七嘴八舌、情緒勒索下，你的腦波又弱了。

　　關於「房價長期只會往上漲」這件事情，單看過去的歷史數據來說，雖然多空交替、漲漲跌跌，但長期都在漲的表面結果確實是如此，但我們真的能這麼樂觀地認為，因為過去房價長期都會漲，所以未來的房價也只會往上漲嗎？其實這個邏輯有很大的盲點，就像過去也從來沒有發生過知名大學私校，竟然也會有招生嚴重不足的情況。

一、房價漲幅是無限的？

　　另一派反對的無腦空會說：「既然房價會無限往上漲，那什麼時候會漲到一坪一億啊？」從這句話我們也可以大概明白，除非臺灣像委內瑞拉或辛巴威遇到崩潰的通貨膨脹，否則房價再怎麼漲，最後勢必會被一個隱形的天花板給擋住。

　　這個隱形的天花板，就是剛性需求，也就是我們先前提過的「供給」和「需求」，正常情況的房價，應該被住宅供給和買方剛需所決定，但氾濫資金與制度問題，導致過去二十年房價不合理地畸形上漲，讓房屋的價格慢慢脫離實際的價值，否則為何每當聯準會升息與縮表，房市就立刻 A 型反轉了呢？

　　我們可以從國泰房產指數觀察到，雖然 2020 年 QE 讓房市進

入大多頭，但全臺最精華、地段最好、就業機會最多、房屋最供不應求的「天龍國」臺北市，房價漲幅竟然落後給臺中、臺南、高雄等條件比臺北差的地區，背後的原因主要是兩點：

第一，外縣市（尤其是中南部蛋白區）的房價基期較低，所以只要稍微上漲一些就能讓上漲的比例（％數）變得很高，所以漲幅自然贏過臺北。例如同樣是一坪漲 10 萬，臺北從 100 萬漲到 110 萬只有 10% 漲幅，但臺中從一坪 50 萬漲到 60 萬就是 20% 漲幅，臺南的某個偏鄉從 10 萬漲到 20 萬就是 100% 漲幅、直接翻倍了，但一坪 20 萬相較於臺灣人的平均所得，其實也不是難以負擔的房價，就能吸引許多小資族買房圓夢了。

第二，即便臺北市居民所得較高，但誇張高房價仍然令臺北上班族絕望。舉個例子，在不犧牲生活品質的情況下，如果要在臺北市區買一間離捷運不要太遠、有電梯的兩房公寓，不需要車位，平均售價只要抓 3,000 萬臺幣就好，等於台北上班族要先拿出 600 萬的頭期款，並且在接下來三十年，平均每月承擔 9 萬元的房貸支出。

再看看臺北市民的平均所得，依據主計處於 109 年統計的家戶可支配所得[2]的數據，臺北市平均每一戶家庭的可支配收入是 142.3 萬元，以前面的情況來算，假設一對夫妻在臺北市要買一間像樣的兩房，不但要先一起省吃儉用十幾年才能存到 600 萬頭期款，接著每年收入的 75.8%，也就是四分之三都要拿去繳房貸，因此對比臺北市民的平均收入，臺北市的房價絕對不合理。

2　台北市政府主計處 https://reurl.cc/AyqMb3

　　因此我們才會看到，受限於薪資天花板的臺北房價，確實已經漲到接近天花板的程度，即便 QE 帶來的氾濫資金，也很難將臺北房價再往上推升多少，這就證明了房價不可能無條件地無限上漲，最終還是會遇到一個軟上限的天花板。

二、中南部與蛋白區的瘋狂飆漲？

　　對比臺北市近年疲弱的漲幅，中南部與蛋白區的房價可就來勢洶洶，這些地區房價漲幅較高的原因，除了因為原本的基期較低導致漲幅比例較大以外，也因為相較於全臺灣人的平均所得，對於基期低的房價負擔能力較輕鬆、房價所得比相對合理，所以也讓某些基本面較差的地區仍然能被資金炒起來。

　　這樣講可能有點抽象，讓我舉個例子：大家都知道淡水新市鎮是標準的蛋白區，而且還是腹地相當大、供過於求的蛋白區，不過輕軌與各種建設，對於改善當地空屋率的幫助仍然有限，假設當地一間三十坪帶車位的兩房，原先售價為 700 萬元，但是透過氾濫資金與不理性買方的雙重加持，讓這間兩房漲到售價 900 萬。

　　先不談生活機能與供需這些，單看 900 萬元的「價格」，只要拿出約 180 萬的頭期款，平均每月繳 27,000 元的房貸，這對於大多想要買房圓夢的年輕夫妻來說，900 萬還是負擔得起。於是很多急於擺脫 FOMO 焦慮的人，就會在大多頭時期不理性地簽了字，只為了讓自己買房圓夢、成為親友眼中的人生勝利組。

　　但是原價從 700 萬漲到 900 萬，這個漲幅高達 28.5% 之多！

雖然 900 萬看起來成本不高、只是 200 萬的價差，但因為房價的總金額低（基期低），所以讓你增加的成本與賠售風險是相當驚人，以短期炒房的投機客來說，如果在淡水炒房就能獲得 28.5% 的高獲利，那如果把這個量體放大，槓桿開下去的獲利會有多驚人！

沒錯，這就是為什麼 2019 年後中南部可以被炒翻天的原因，尤其是蛋白區的部分。

戴德梁行董事總經理顏炳立，2021 年多次對媒體表示：「市場把吳郭魚當石斑魚在賣，德不配位」，並且在 2022 年 7 月說[3]：「房市從今年第二季起，開始被打回原形，未來房價易跌難漲」，這些看法跟我如出一轍，我相信怎麼起來的房價、就會怎麼回去，我也認為中南部脫離基本面的價格，遲早在 2024 年後得面對價格修正，尤其是臺中新重劃區、高雄楠梓區和非六都的地區。

三、房價每隔幾年就會循環上去？

有許多人仍然樂觀地認為，就算 2022 年房價真的開始轉空，但沒有關係，反正房市跟經濟一樣，是會不斷循環的，總有循環回多頭市場的一天，不少人都認為房地產每 5 年、7 年、10 年就會循環一次，這也是一般民眾對於房市景氣的大迷思。

以經濟來說，降息刺激經濟導致通膨，讓政府等經濟回穩後再透過升息抑制通膨，這是景氣循環的必然常態，但房地產也是如此

3　udn 聯合新聞網 https://house.udn.com/house/story/11066/6493312

嗎？我們先回顧臺灣的例子，臺灣從 2004 年到 2015 年走了十二年的大多頭（中間只有 2008 年小跌了一陣子），而 2020 到 2022 只走了兩年的大多頭，這很明顯就證明了房價走勢，並不是單純地固定幾年就會循環。

再看看極端一點的澳洲房市，在 2020 年 Covid-19 爆發之前，澳洲房地產曾經創下連續三十年 [4] 房價連續上漲的記錄，即便 2008 金融海嘯與 2012 歐債危機，也只有讓澳洲房價稍微放緩。因此，用幾年必定會等得到一個循環，這就無法解釋為何澳洲房價 30 年不跌的事實，因此單純認為房價只要幾個幾年就能等到上漲循環，幾乎可說是無稽之談。

但話說回來，目前的數據看起來，臺灣房價的確長期以來都在往上，很多網路上的無腦多最愛在我的 YouTube 影片下留言說：「不管怎麼說，房價長期都是往上漲的，這就是事實」，沒錯，這一點我能夠同意，但過去房價不停上漲的情況，我們真的還能這麼樂觀地認為，在未來也一樣適用嗎？

比方說第一點：2000 年營造的低利率環境，當時房貸利率在短短一年多，從 7% 多降到了 2% 初，降了整整 5% 的巨大幅度，刺激了房價瘋狂上漲，可是 2022 年後升息壓力極大的臺灣，還能用更低的利率刺激房價往上衝嗎？現在利率這麼低，哪裡還有 5% 利率可以降？現在央行每次只升息半碼就已經讓屋主們偷笑了，更遑論瘋狂大降息，對吧。

4　財經 M 平方 https://reurl.cc/X56Ax7

　　再看看第二點，2015 年之前，台灣沒有有效的打房政策，但現在的房地合一稅 2.0 已經相當嚴格了，而且打房趨勢看起來只會越打越狠。過去臺灣歷史上，房地產持有成本異常的低，但 2022 年 7 月六都已經陸續要讓囤房稅上路了，只要高房價、少子化的問題不解決，台灣打房的趨勢不會永遠停下腳步，更不可能像 2004 年那樣大幅放鬆信用管制，目前只要符合台灣央行定義的豪宅標準（台北 7 千、新北 6 千、其他地區 4 千），貸款成數都被限制在四成。

　　最後是第三點，美國聯準會在 2008 年與 2020 年兩次黑天鵝事件，雖然都用 QE 來減緩經濟衝擊、替臺灣房價帶來飆漲，但也帶來了嚴重高通膨、甚至是停滯性通膨的副作用，產生美國與全球經濟面臨衰退風險的代價，然而 QE 對刺激經濟效果的越來越差，反而高通膨的副作用越來越強烈，未來美國、歐洲的央行，是否還會持續濫用 QE 救經濟，也需要打個問號。

＊　＊　＊

　　以上三點加總起來，就是過去二十年台灣房價能瘋狂飆漲的因素，但這三大因素，未來已經不可能再被複製了，不是嗎？央行已沒有空間大降息、打房趨勢無法停下、再度 QE 的機率渺茫，所以說，憑什麼認為過去房價長期都在漲，因此未來的房價也必然只會漲呢？就像男朋友都已經變心離開了，就別再妄想他今晚還會來接你下班吃消夜了。

　　至於很多人很愛提，五十年前到現在的房價漲多少，那我們就拿五十年前的時空背景來比較，五十年前的 1970 年代，是十大建

設的產業升級期，戰後嬰兒潮都搭上景氣順風車賺了大錢，大家還說臺灣錢淹腳目，但是現在臺灣，有什麼產業升級的方針嗎？沒有！而且年輕的七八年級身處在嚴重低薪與創業九死一生的年代，臺灣錢已不再淹腳目，乃至於亞洲四小虎的發展也慢慢超越臺灣。

更別說 1970 年代的上班族薪資，平均都在 1 萬至 1.3 萬起跳，當時光復北路和南京東路的預售屋單價一坪才 2.8 萬，出社會努力工作、存個兩三年錢，就能在臺北市區買到一間房了，而且還可以正常吃飯；現在臺北市的上班族，則至少要「不吃不喝」16 年才有機會買屋；2000 年初期的全台房價所得比才過了四年多，現在卻已超過九年半。

註：依據日本森紀念財團（Mori Memorial Foundation）旗下的城市策略研究所（Institute for Urban Strategies），每年針對全球城市根據六大功能、七十項指標的做出的實力指數排名，以 2021 年 11 月最新的報告來看，全球城市實力數據（GPCI）排名第一至第五名的城市分別為：倫敦、紐約、東京、巴黎和新加坡，臺北在名次上僅 38 名，輸給泰國的曼谷（35 名），勉強優於馬來西亞的吉隆坡（39 名）。

四、少子化的問題

我們再來看看《中華民國統計資訊網[5]》在 2021 年的人口結構統計：

5　中華民國統計資訊 https://reurl.cc/91ojrv

年齡區間	戶籍登記人口數	年齡區間	戶籍登記人口數
90～99 歲	151,404	40～49 歲	3,799,848
80～89 歲	718,877	30～39 歲	3,356,897
70～79 歲	1,598,554	20～29 歲	3,015,966
60～69 歲	3,148,856	10～19 歲	2,057,481
50～59 歲	3,592,532	0～9 歲	1,930,161

　　你可以看到目前 50 多歲的人口有 359 萬、40 多歲 379 萬，但是 30 多歲人口只有 335 萬人，20 多歲人口只剩 301 萬人，明顯能看出現在年輕人越來越少的趨勢，再看目前 10 到 19 歲的人口則出現極大的斷層，僅僅剩下 205 萬人，更可怕的是 9 歲以下的人口，僅僅剩下 193 萬人，只有目前 40 歲族群的一半。

　　我們看看二十年後，30 至 59 歲的這群購屋主力，你就會知道房地產為什麼未來很難樂觀看漲了。

　　以 30 到 59 歲的購屋主力來說，目前 2022 的總人口約 1,074 萬人，但二十年後的購屋主力人口（也就是 2022 年 10 到 39 歲的族群），總共只有 842 萬，等於二十年後，市場上最大的買房需求少了兩成，更別提我們還沒將死亡率、年年增加的住宅供給量，以及低薪、高物價等問題列入討論。

　　所以說，對比過去臺灣的情況，我們真的還能這麼樂觀地相信，未來房價絕對一樣能夠長期看漲嗎？這份信心，到底是怎麼來

的呢？記著：「what get you here, won't get you there」

因此拿「因為過去房價長期都在漲，所以未來房價也會繼續漲」的邏輯，來預估之後的房價發展，就是過於典型的倖存者偏差，也是嚴重外行的見解，如同過去的成功經驗，不代表能夠應用在新的時代上，已成為時代眼淚的 Nokia、百視達、柯達等，當年這些獨占鰲頭的全球霸主，不也都給我們上了很大的一課嗎？

常見迷思 4：房價漲幅真有那麼高嗎？

你一定聽過網路上的人跟你說：「房價小漲 50%、大跌 5%」，或者是：「房價漲十倍才跌一倍」這一類反諷的話吧。

這些人想表達的很簡單，就是房價漲幅始終遠大於跌幅，就算跌了一點點又怎樣，反正之後就會反漲更多回來，然後說著房價不可能跌、跌也跌不多、房價長期只會漲的經典迷思，最後結論又是告訴你：「既然這樣，什麼時候買有差嗎？」

聽起來好像很有道理，畢竟從數據上來看，確實也是如此。

不，等等，暫停一下，雖然房價長期都是往上沒錯，但是房價漲 50%、漲十倍？這是哪來的數據？有這回事嗎？

「怎麼沒有，這邊去年才成交 20 萬，現在實價登錄已經來到 28 萬了」

「有啊，我家這邊去年的房價才多少，現在已經整個翻倍了」

「我去年一坪 18 萬沒買到，現在預售屋都開到快 40 萬了」

「當初買這間房才花 150 萬，最近已經能賣到 1,200 萬了」

以上這些，你是不是常聽到呢？

我們先不談那些成交行情是不是真的，不談中古屋跟預售屋價格本來就不同，不談建案等級不同單價也會不一樣，也不談他媽媽當初的那間房是不是戒嚴時期買的，我們直接看臺灣最權威的國泰房地產指數的數據，因為數據才是最客觀、最全面的，你的個人經驗或感覺，只是特例、不能代表全部。我們應該參考具權威性的指數，而不是道聽塗說，或聽某個業務員的主觀感受。

對比那些人跟你說房價動不動漲 50%、漲 100%、漲十倍的說法，右圖的權威數據已經非常明顯地告訴我們事實，漲幅最高的 2021 年第一季到 2022 年第一季，也不過 27.19%，其次是 2009 第三季至 2010 年第三季，年漲幅也只有 16.11%，漲幅第三高是 2009 第一季至 2010 年第一季的 13.73%。

請問，哪來的一年漲 50%、100%，就算用 2000 年第一季的房價指數 49.54，算到今年 2022 第一季的指數 121.05，二十二年來的全臺房價也不過漲了 2.44 倍，其他六都的數據也差不多如此，請問「十倍漲幅」或「一年漲 50％」的說法是怎麼來的呢？

因此從權威數據就可以讓你明白，一般房價漲幅的「合理範圍」大概在什麼地方，而不會盲目期待幾年後能翻好幾倍。

換句話講，那些沒憑沒據就跟你說房價漲 50%、漲十倍的人，到底是不懂裝懂，還是別有居心呢？

2002 ～ 2022 歷年房價漲幅 [6]

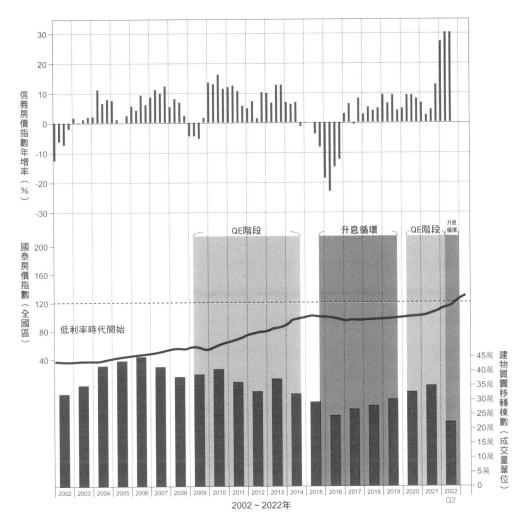

這就是為什麼我必須在本書的第一章，讓你先了解消費者根本無法辨認謊話的大前提，接著在第二章讓你明白臺灣高房價與漲跌的因素，在第三章讓你了解造成這一切亂象的成因，我們才能夠在本章游刃有餘地一一避開這些隱藏陷阱。

而講到推升房價的另一個常見迷思，我們就不能不提到下一個「房仲業者」最愛說的：實價登錄。

常見迷思 5：實價登錄推高了房價？

很多人都會說，都是因為實價登錄才導致了房價上漲，他們的理解非常單純：「你看到鄰居賣多少錢，你會想賣得比他低嗎？不可能嘛」，這當中又以房仲業務最愛拿這個論點出來說嘴，這也是房仲業的常見盲點，怎麼說呢？

我們站在房仲的立場來看一看。

假設你今天是一位房仲，知道有位屋主想要賣房子後，你約在屋主家裡聊出售房子的事情，你認真地說著自己和公司會怎麼努力幫屋主銷售，然後當你開始要跟屋主確認最關鍵的「售價」時，你們先打開了實價登錄網頁、查詢這一區的成交行情後，看到數字雖然有高有低，但大多都還在合理範圍內，那麼你眼前的屋主，會怎麼決定出售的售價呢？看著屋主自信的神情，你心裡也有個底了。

沒錯，這麼多的成交行情裡面，屋主又是挑成交價最高的來當底價，屋主不會在意是不是那一筆的景觀特別好、面向比較棒、裝

潢超高級，屋主只會認為：「既然對方都可以賣到那個價格了，為什麼我不行？」於是身為專業房仲的你，必需向屋主說明為什麼該戶成交特別高的理由，可是房仲講再多，所有屋主都會回一句：「又還沒試過，你怎麼知道賣不到？」

接著屋主還會補一句：「你不是說你們公司很厲害嗎？你不是說你會很努力嗎？那你就先努力看看嘛」

於是，在你不知道該怎麼圓回來的情況下，內心就會抱持著：「算了，反正就跟之前一樣，先把委託簽下來再說，價格之後再慢慢議就好」，就讓屋主寫了一個高於最新成交行情的售價、讓屋主有了很高的期待。

這就是房仲業的簽委託日常。

實價登錄在多頭是地板、在空頭是天花板

從上述這個經典範例你就能知道，由於屋主評估售價都會參考實價登錄，而屋主對自己的家肯定是有感情的，所以都認為自己的房屋價值比別人更高，再加上簽委託時，眼前的業務又是信心滿滿的狀態、無所不能的厲害，這些都是導致屋主想要挑戰創最高價的心態。

但是站在房仲的視角來看，就因為有實價登錄的行情作為參考，所以屋主才會貪婪地想往上加，於是就誤以為是實價登錄才推高了屋主的開價，把開價太高的問題都怪在實價登錄上，而不是怪自己一開始就給屋主過高的期待。

關於實價登錄究竟是否為推升房價的幫兇，還是要回歸當下的市場狀況而定。

以多頭市場來說，熱絡房市讓價格上升，屋主為了自己的利益而想賣更高，非常合乎人性，而在房價上升的趨勢中，屋主的售價必然會一點一滴被市場往上推，同時，因為買方信心強，看著價格一天一天上去，越晚進場勢必得付出更多成本，再加上看到一堆人爭著加價搶房，因此多頭市場不跟著加價就注定買不到房子。

相反地，空頭市場也是一樣的道理，因為冰冷房市讓行情失去支撐、實價登錄都是虛的，對空頭的買方來說，既然價格會一天一天降下去，那何必急著進場呢？為了避免自己現買現賠，出價當然只會比實價登錄更低，透過降低成本來避免自己的賠售風險。

對屋主來說，既然行情都是看得到卻賣不到，買方出價也一天比一天低，還妄想賣到實價登錄之上，房子勢必是無法成交的，說不定還越擺越便宜，還要擔心鄰居會不會撐不住就用破盤價賤價出售，連帶害自己家的行情也被拖下水，於是就會更傾向用接近或低於實價登錄的價格掛售。

所以簡單來說：實價登錄在多頭是地板、在空頭是天花板，沒有屋主會在多頭市場賣低於實價登錄的價格，也沒有買方會在空頭市場出高於實價登錄的斡旋。

實價登錄的重要性

很多專業不足的房仲，不但會將房價上漲的問題推給實價登

錄，還會大力抨擊實價登錄這個制度，認為實價登錄根本不該存在。關於這種論述，就明顯可以看出部分房仲在井底的視野了，實價登錄這個東西，不只在所有先進國家都存在，並且各國都致力讓實價登錄更透明、更精準、更細分。

以臺灣來講，2021 年的實價登錄 2.0，終於把行情的揭露從區段落實到個別門牌，才讓實價登錄稍微有點樣子，但是以美國的實價登錄來講，把價格揭露到門牌只是基本，還會將該區域的行情分為五個等級，除了平均值的中位價以外，還有前 50% 和後 50% 的房價平均值，前 25% 與後 25% 的房價平均值，讓消費者可以知道除了均價之外，較好或較差的物件行情大概是多少，避免大家將老舊公寓跟全新豪宅的行情混淆在一起評估。

就算不跟美國等先進國家相比，我們退一萬步來說，你有沒有想像過「萬一沒有實價登錄」，那是多麼恐怖的情況？不信的話，讓我說一個真實的故事給你聽，讓你親身體驗行情被仲介隨意操弄有多可怕。

第一個故事，在 2012 年 8 月 1 日之前，那個還沒有實價登錄的黑暗時代，你可能不太了解消費者該怎麼評估「行情」這件事。2011 年我在臺中的房仲公司任職時，有一天，一位業績頂尖的學長開心地對大家說：「耶！那個店面的委託我簽下來了，這個案子我 100% 一定冒泡」，於是我好奇地問學長為什麼能這麼肯定，學長對我說：「昌鵬，我這間店面開價 1,980 萬，如果你是買方，你會出多少錢來談？」

　　我說：「應該會先從 1,500 萬左右吧，這樣比較保守」。

　　學長興奮地說：「沒錯，就是這樣，我告訴你，就算你的幹旋出 1,400 萬我都會成交，你知道為什麼嗎？因為這個案子的底價是 1,200 萬，而且 1,200 萬就滿佣，所以買方只要有下幹旋，隨便出什麼價格我都能達底（達到底價）滿佣」。

　　這就是以前沒有實價登錄的房仲生態，再來看看第二個故事，也是在同一間台中的房仲公司遇到的。

　　當時，我有一個屋主委託簽不下來，於是店長就帶著我親自去找屋主洽談，而在洽談的過程中，當那位屋主問到最近的行情時，結果你猜，在沒有實價登錄可以參考的黑暗時代，那位店長是怎麼跟屋主報告行情呢？

　　他先是講了三個月前，該社區高樓層有一戶成交價格比較高的行情，然後又說了另一戶樓層較低的房子、半年前比較低的行情，接著又說了過去一年來，該社區其他三戶的成交行情是多少，好像這些行情都像電腦記錄一樣，被店長深深記在自己的大腦內，而當下的屋主也是聽得一愣一愣，最後選了較高的行情作為委託售價。

　　結束後，我在回程的車上問：「店長，你太厲害了吧，這麼多的成交行情你都背得起來耶，而且你連是多久之前、哪個樓層、哪個面向的都這麼清楚，請問店長，你都是怎麼背行情的啊？」

　　店長聽到後哈哈大笑，然後得意洋洋對我說：「別傻了，我怎麼可能記得起來，剛剛那些行情，都是我當下隨便瞎掰的」。

　　聽到這句話我整個大傻眼，於是我便問：「可是剛剛這些行

情，感覺你說的很清楚也很合理」，店長就跟我說：「其實很簡單，抓住一個邏輯就好，就是同一個社區你要先報一個比較高的行情，才能吸引屋主委託給我們，然後再報幾個一般行情的價格，讓屋主知道一般行情在哪裡，最後再報一個最低的行情，這樣我們之後才有殺屋主價的理由，才能跟屋主說：『我沒有說一定能賣得那麼高啊，我也讓你知道行情最低會在哪裡喔。』」

　　從以上真實故事你就可以知道，如果臺灣沒有實價登錄，那麼買賣雙方最重要的行情依據，就只會被仲介一張嘴牽著走，消費者缺乏真實行情可以參考、也沒有任何能查證的管道，於是仲介說行情是多少，消費者也只能買單。為了避免消費者在買賣房的人生大事上被房仲誆騙，所有先進國家都在積極優化實價登錄，才能讓市場行情變得更透明。

常見迷思 6：都是房仲和投資客把房價炒高了？

　　除了房仲會有實價登錄推高房價的迷思，一般消費者也會有「房仲和投資客，就是高房價的元凶」的迷思，關於這個迷思其實也不能說消費者錯了，因為房仲業確實普遍存在哄抬房價，以及讓買方誤判房市的帶風向行為，而大量投機客短進短出的市場炒作，確實也是推升房價的因素之一。

　　不過，房仲哄抬與投機客炒作，只是飆漲房價的錦上添花，並不是房價飆漲的本質主因，理由你也已經在第二章學過了，這邊我

就不再贅述。

　　因此，我想要顛覆你的刻板印象，讓房價都是被房仲或投資客炒高的迷思，可以輕而易舉地被破解，我們只需要具備一點點的基本邏輯就好。

　　先確認一個大前提，房價會漲才能令買方願意進場，進而讓需求推高房價形成多頭市場，而多頭市場的交易量才大、成交難度也低，房仲才有服務費可以賺、投資客才能讓房子順利賣出去。

　　既然會上漲的多頭房市對房仲和投資客都相當有利，那我應該反問一個問題：「為什麼 2016 和 2022 年，房仲跟投資客就不繼續炒高房價了呢？」畢竟房價漲對他們這麼有利，那應該持續炒高房價才對，不可能會停下來讓自己沒生意嘛，那為什麼 2016 那幾年的房價炒不上來，2022 第二季後的房價也炒不上來呢？

　　理由很簡單，絕對不是房仲跟投資客突然在同一個時間良心發現、一起決定收手不炒了，而是他們根本不具備影響房價漲跌的能力，就算他們至今仍然是努力用各種異想天開的話術炒作（後面「不實話術」的部分會提到），價格也還是炒不上去。

　　因此我才說，只要具備一點點的基本邏輯，從反例去觀察就可以輕易破解這個常見迷思，而且不只如此，我要再顛覆你的另一個迷思，那就是：「房仲不但不是高房價的原因，反而是社會上唯一認真打房的行業！」

　　嗯，你沒看錯，但是在你氣得把書丟回誠品書架上之前，先保持開放的心胸聽我娓娓道來。

房仲要的不是價，而是量

　　為什麼我說房仲非但不是高房價的原因，反而是唯一認真打房的行業呢？站在買方視角你肯定不會認同，因為你確實聽到房仲與代銷用各種炒作話術，一直誆騙你房價會繼續漲、一直幫屋主的價格說話，還不斷用趕鴨子上架的態度逼你趕快決定，對吧！

　　如果你今天站在屋主的角度，你的看法就會完全不一樣了。因為屋主都會覺得，為什麼已經把委託簽給仲介了、明明自己才是委託者，給的仲介費還比買方更高，仲介應該要捍衛屋主的價格才對，怎麼整天跑來幫買方殺價、一直幫買方說盡各種好話，天天轟炸就是要屋主趕快降價？

　　你看，買方覺得仲介一直要自己加價，屋主覺得仲介一直要自己降價，這到底是怎麼回事？邏輯很簡單，因為仲介要的只是成交的量，只要有成交就好，因為有成交才會有服務費進來，沒成交什麼都沒有，就是零，至於屋主賣得高還是買方買得便宜，仲介其實根本不在乎，能成交才是最重要的，對買方哄抬價格會漲也不見得是認同售價，只是單純希望提高自己的成交機率而已，那麼仲介該怎麼順利成交呢？

　　房地產界的經典名言：「沒有賣不出去的房子，只有賣不出去的價格」，屋主的售價高低，就是決定仲介成交率的高低，仲介當然希望屋主的價格越低越好，因為價格優勢就是最無腦的成交密碼，所以就會想方設法讓售價變得便宜，只要夠便宜，再差的市場

都找得到買方接手。

　　所以說，該怎麼讓屋主的價格降低呢？就是房仲透過不斷地跟屋主議價來達成，有經驗的房仲，會在第一次跟屋主碰面簽委託時，就先進行第一次殺價，讓屋主的預期心態不要那麼高，因為所謂的議價，其實議的不是價格，而是屋主的預期心態，同時避免屋主開了個天價嚇跑買方。委託簽進來以後，每週也會依據買方的帶看情況，讓屋主知道目前的開價偏高，所以買方都沒有意願出價來談，等到買方下斡旋時，也會讓屋主知道市場只願意出這個價格的理由在哪裡，再次建議屋主把價格降下來。

　　你看，從簽委託開始，房仲連續幾個月都在想辦法透過各種機會，甚至找屋主殺價殺到三更半夜才下班，長時間不斷去磨光屋主的預期心態，目的就是希望讓屋主的價格往下降，才能幫助買方在上門時，立刻就能看到價格夠合理的物件，請問，臺灣哪個政黨比房仲業更努力打房殺價呢？

　　順帶一提，如果你今天是買方而且成交非常順利時，不要懷疑是自己價格出太高，或是覺得房仲賺得太輕鬆，就沒 Sense 地反悔出價或是回殺仲介服務費，有時候（尤其是在空頭市場）你可以馬上遇到價格划算的房子，不是你運氣好、更不是你眼光佳，而是仲介已經先花了好幾個月、甚至半年以上的時間努力殺價，才讓屋主的售價降到你現在看到的合理數字，雖然你感覺自己是馬上就買到，但在此之前房仲已經花費大量的心力跟時間，只是你都沒看到而已，所以明明撿到便宜的你，才會以為是自己吃虧了。

　　請記得，價格超便宜的物件，從來都不是天上掉下來的，而是房仲犧牲陪伴家人與子女的時光，替你換來的。

常見迷思 7：原物料上漲與通膨，導致房價飆漲

　　這一點，算是 2020 到 2022 這三年來，幾乎成為業界跟消費者的最大公約數了，業者幾乎都是發自真心認為這兩年房價高漲的真實原因，就是供應鏈問題導致的原物料上漲和通貨膨脹，而消費者對這樣的說法也高度買單。

　　基本上，我並不反對原物料上漲與通膨嚴重導致房價上漲的看法，但把這兩年的房價飆漲全部歸咎於原物料與通膨上，並不準確且以偏概全，是個被業者們過於誇大影響力的「話術」。

原物料漲，干中古屋什麼事？

　　回到本質性的問題，請問原物料上漲，到底跟中古屋有什麼關係呢？中古屋並沒有用到任何新的原物料，你們家的房子也不可能住一住就自己長大了八坪，更不可能一覺醒來，你家的老屋就變成全新大樓了，所以回歸到本質性來講，既然中古屋不會用到任何的原物料，那原物料上漲關中古屋房價什麼事呢？

　　這時你一定會說：「不對啊，就算不影響中古屋，可是原物料上漲會讓預售屋的價格上升，預售屋價格上漲當然會帶動中古屋的價格啊」，沒錯，你說的完全正確，但原物料的上漲，真的能讓漲

幅這麼誇張嗎？

原物料與通膨，能讓預售屋漲翻天？

代銷最喜歡對你說：「如果麵粉漲價了，麵包當然也會變貴」，所以原物料大漲三成，房價當然也要上漲 30%，用這個聽起來毫無瑕疵的邏輯來說服你，於是你也就信了、對上漲的售價買單了，並且還認為這樣的調漲非常合理。

錯！這就是典型的「以偏概全」，才讓全臺灣這麼多人在 2020 至 2022 年買貴還卻自以為賺到，接下來要向你揭曉的內容，會大大地顛覆你的認知，還會讓這兩年剛買預售屋的屋主受到嚴重的打擊，如果你還沒有做好面對這個真相的心理準備，建議你可以先跳到第 157 頁看下一個關於政府帶頭炒房的迷思，以免你接下來會有好幾天都睡不著覺。

業者都不願意說的真相

準備好了嗎？那我要繼續往下講了，這個業者都不願意告訴你的真相是：「建商的利潤率」。

用麵粉漲價所以麵包變貴，這也是前面說過的「偷換概念」技巧，以原物料上漲所以預售屋價格當然也要漲來說，大家都以為原物料上漲三成，所以房價跟著漲 30％很合理，但你曉得原物料占建商的「總銷」多少比例嗎？

這邊我必須初步講一下「總銷」的概念，所謂的總銷，就是整

個預售案全部售價加起來的金額，比方說臺南市有一個預售案，總共蓋了 200 戶，平均每一戶總價一千萬元、每坪單價 25 萬，所以 200 戶乘上一千萬的售價，這個預售案的總銷就是二十億元，只要建商把這 200 戶都按照一千萬的售價賣光光，建商就可以收到二十億的營收，到這邊都非常簡單，小學生都會算。

接下來你需要知道的重點是，這一戶一千萬、一坪 25 萬的售價，是怎麼訂出來的？簡單講，主要是由三大要素組成：

(1) 土地成本

(2) 原物料與其他成本

(3) 建商利潤

建商的最終營收，必須將總銷的二十億扣掉土地成本與原物料等相關成本，最終才是建商能夠拿到的利潤，因此這三大要素各自占的「比例」就非常關鍵了，以平均來說，通常土地成本是最高的，大概占總銷的 40 ～ 50% 左右，也就是我們每花一百塊錢買預售屋，當中有將近一半的費用是支付在土地成本上。

而建商的利潤率，則是依照景氣浮動的，如果空頭市場就賺得少一點，可能落在 20 ～ 25% 左右，但如果像 2021 年這種瘋狂大多頭，民眾必須要用搶的、用拜託的、用塞紅包的方式來買預售屋，換作你是建商，你也會把利潤率拉更高吧！因此大多頭市場的建商利潤率，可能會落在 25 ～ 40% 左右，也就是你每花一百塊錢買的房子，大概有三分之一到四成是建商賺取的利潤，畢竟殺頭生

意有人做，賠錢生意建商是不可能做的。

　　這樣我們就可以大概知道，以 2021 年這種大多頭時期來說，建商從政府那邊取得的土地成本肯定不會低（因為太多建商在搶地，所以地方政府為了自己的利益也會盡量把土地售價拉高），假設土地成本占總銷 40%、建商的利潤抓 35% 就好，那麼原物料、工人之類的相關成本，僅僅只占總銷的 25% 左右而已。

　　這樣你突破盲點了嗎？

　　以上面的例子來算，明明原物料等相關成本只占總銷的 25% 左右，但代銷跟你說的原物料大漲三成，其實頂多就是這 25% 的比例的成本漲三成，也就是約總銷的 7.5% 而已，沒錯吧！

　　也就是說，如果原物料上漲三成，那麼你的房價成本多增加7.5%，這很合理，但是現在的實際情況卻是業者稱原物料漲三成，建商就把房價順勢調漲三成，而你卻因為相信「麵粉漲價所以麵包等比例變貴」的說法，而願意額外支付 22.5% 的房價，那麼多的這 22.5% 的錢，你覺得會是到哪裡了呢？有可能回饋給實際在工地內辛苦勞動的工人口袋嗎？

　　聰明又有邏輯的你，這下明白「原物料上漲」和「通貨膨脹」這個話術的陷阱在哪了吧！

　　業者們會如此愛用這個話術的原因，就是因為不但表面上看似非常合邏輯，很容易讓一般消費者完全接受以外，另一個好處，就是會讓消費者誤以為房價上漲趨勢，就跟通貨膨脹一樣是「不可逆」的。

　　比方說，我們都知道現金放在銀行不做投資，就會被每年約 2% 的通貨膨脹給吃掉，十年下來就會讓你的現金減損 20% 的價值，相反地，資產卻會隨著通貨膨脹一點一點上升。假設一間房子不靠供需或資金所推升，光是靠低度的 2% 通膨，十年後也能讓這間房上漲 20%，再加上因為低度通膨才能讓經濟穩定發展，所以低度通膨也是各國央行努力的目標，並且極力避免通縮（例如不斷印鈔的日本），所以通貨膨脹就是一個不可逆的趨勢。

　　只要將通膨的不可逆趨勢，套進原物料上漲的情況，再將這個概念塞進預售屋內、放進中古屋裡，再加上這時候業者的一句「買房可以抗通膨」的話術，很容易就會讓消費者也以為房價上漲也是不可逆的趨勢，就會在 2022 年先買到 2032 年的售價，都還沒抗到通膨就立刻現賠了，畢竟一般消費者也很難想像預售屋的價格會跌，因為大家都認為建商價格絕對很硬，也有時間跟消費者耗，可是，預售屋真的有降價讓利的可能嗎？

　　答案是 100% 肯定的。

　　建商會降價的理由也很單純，那就是建商本身營運的巨大管銷，如果建商不蓋房、不賣房，就無法有營收進來。如果在空頭市場，預售屋的售價不吸引買方導致賣不出去的話怎麼辦，難道建商真的那麼有本錢去跟市場耗個五年十年嗎？

　　別高估建商的資金鏈了，尤其是必須對股東交待的上市公司，以及財力薄弱的地方中小建商，如果銷量太差會讓建商被空轉的成本壓垮，因此降價促銷就勢在必行了，可是就算想要降價，土地成

本跟原物料等成本又卡在那邊動不了，於是建商就只能靠降低自己的「利潤率」，用「讓利」的方式來壓低售價，才能跟中古屋市場競爭為數不多的空頭期買方。

想像一下，如果建商的利潤率從 40% 降到 25%，讓總價下跌15% 的話，建商一樣能夠賺到錢，但中間省下來的這 15% 的成本，不就是你能省下來的辛苦錢嗎？以一間一千萬的房屋來算，如果建商願意讓利 15% 的利潤空間，你就直接省了 150 萬的購屋成本，以月薪 5 萬元的你來算，等於白白額外多賺了兩年半的薪水！假設只要晚兩年半進場，就能讓你現省 150 萬、少受公司與主管兩年半的氣，那你還會這麼急著買嗎？

這樣子你就能明白，為什麼要等空頭期再進場買房的理由了。

不要懷疑建商不會降價，就在 2022 年 7 月下旬，臺北市北投區的預售案「天綺」，從原本平均開價 88 萬下降至每坪 81 萬，降價的幅度高達 7.9%，打響這波空頭預售屋降價的第一槍，該建案距離捷運奇岩站僅 500 公尺，其實地點並不差，而天綺率先降價的原因，業者對媒體的說法竟然是：「不希望讓年輕人負擔太重」。

嗯，你相信臺灣的建商，會擔心年輕人負擔太重嗎？

我們先不談買得起每坪八十萬起跳的客群，算不算年輕人，也不談開價大降 7.9% 還能賺錢的情況（因為預售屋也有往下殺的空間），我只是希望你能知道，現在這些預售屋降價或讓利的案例，都還只是多頭市場末升段的開始，我相信在 2023、2024 年以後，靠降價、靠讓利、靠削價競爭來搶買方的預售案只會越來越多，我

們也會有機會再度像 2017 年那樣，看到部分預售屋的開價竟然比周遭中古屋低的情況。

經典迷思 8：政府帶頭炒房，房價怎麼可能掉

每次只要聊到這個話題，我就很擔心一個不小心，就被政治狂熱的臺灣人民貼上標籤，畢竟臺灣絕大多數選民的眼中只有藍綠、沒有黑白。

除了我在前一個篇章提到過，許多政治人物本身持有較多不動產，再加上政黨背後的金主也都是大量不動產的持有者，所以讓政治人物目前的打房政策往往治標不治本以外，還有以下兩個讓消費者認為政府不可能認真打房的理由。

一、政府為了賺錢，所以帶頭炒房？

這個說法快要變成全民共識了，最明顯的例子，就是地方政府不斷釋出土地給建商，而且釋出的土地價格也非常高，昂貴的土地成本自然使得建商的價格無法往下降，讓預售屋只能越賣越貴，所以認定政府也是帶頭炒房的幫兇之一。

這就是一個相當大的迷思，因為你完全忽略了「房價行情」這個重點。

什麼意思呢？以我們前面提到的範例，假設今天建商在多頭市場蓋房子，土地成本抓 40%、原物料成本抓 30%、利潤率也抓

30%，那麼當政府或是地主釋出土地時，建商會怎麼評估這個土地售價合不合理呢？答案很簡單，就是從該地區的房價行情去回推。

比方說，這一區預售案的行情大概是 90 萬一坪，而建商認為現在市場正熱，定價 100 萬一坪也能夠賣得出去，於是建商就會算，這樣每坪蓋起來的成本，如果每坪原物料成本必須花 30 萬、多頭市場建商自己至少要 30 萬利潤才願意做，那麼剩下 40 萬就是能拿來買土地的預算了。

接著就會去看土地的售價，如果土地售價高於 40 萬太多，建商願意購入的意願就會降低，因為利潤被壓縮就會讓建商不划算，或者得提高售價來維持利潤，但過高的定價會導致銷售困難。相反地，如果土地售價在 40 萬或者之下，那麼建商當然就很樂意把這塊地搶下來。

但你也不要太開心，因為建商從地價省下的成本，不會完全回饋給消費者，反而是回到建商自己的利潤上，比方說土地最後釋出的成本每坪 30 萬，建商不會因為成本降低了 10 萬，就將同樣的東西從定價 100 萬變成 90 萬來回饋消費者，而是繼續用 100 萬為定價，然後將利潤率從 30 萬拉高到 40 萬，頂多就是消費者的殺價空間多了一點，或者建商可能多送個冷氣或冰箱等。

也就是說，從土地成本上面省下的每坪 10 萬成本，就是建商額外增加的 10 萬利潤，沒辦法，畢竟多頭市場就是有很多買方開開心心地追高。

懂得這個道理後，我們再回到政府的角度來看看，假設你今天

是地方政府，當然也懂建商的成本計算方式和如意算盤，政府也不會相信將土地售價降低，建商就會乖乖地回饋給消費者，既然市場能夠接受一坪 100 萬的預售屋、也知道一坪 40 萬的土地建商願意買單，那政府當然會提高售價來增加稅收，非常合情合理，畢竟現在各地的地方政府都負債累累，賣土地就是地方政府相當重要的收入來源。

如果你還是不能接受的話，再換個角度思考，假設今天政府將土地用超低廉的價格賣給建商，難道人民不會懷疑這是圖利建商、官商勾結嗎？

其實以我來看，無論是地方政府賣土地給建商，以及建商賣住宅給消費者，在多頭市場都是一層一層的割韭菜關係而已，因為消費者過於樂觀而不理性追住宅的價，所以被建商割，市場熱也讓建商非常樂觀願意追土地的價，那麼地方政府當然也會用售價更高的土地去割建商，不是嗎？差別只是在於，誰是最底層的老鼠罷了。

二、怕房市崩盤拖累金融體系

「怕房市崩盤拖累金融體系」，這一點無庸置疑是正確的，任何面對高房價問題的政府，都會思考如何將房價慢慢壓下去、讓房價軟著陸，降低房價上漲力道過猛的風險，但絕對不可能有任何國家會用「戳破泡泡」的方式來打房，因為萬一真的房市泡沫破裂，衝擊的絕對不是只有房市，而是整個國家的體質都會被改變，我相信日本的前車之鑑，已經讓我們知道房地產泡沫破裂有多可怕，美

國也因為次貸風暴使得房價崩盤，讓全世界一起付出了巨大代價。

而 2000 年以來房價飆升相當驚人的中國，也面臨著極高的泡沫化風險。我們都知道中國人愛炒房，他們本土的房地產被炒翻天也是不意外的事情，2010 年後中國房價持續高漲、使得大多中國百姓更擔心未來買不起房，於是幾乎所有中國人都爭先恐後地將資金投入房地產內，例如在 2018 年就有所謂「六個錢包理論」，意思就是說現代年輕人要買房，必須要老公、老婆、老公的爸媽、老婆的爸媽、老公的爺爺奶奶、老婆的爺爺奶奶，這六組人一起湊錢才有辦法買得起一間房，顯見中國當時高房價與炒房問題有多嚴重。

為了避免房地產泡沫破裂衝擊中國經濟，中共領導人習近平於 2017 年提出「房住不炒」政策，靠各種嚴厲打房政策將過熱的房市打下去，使得即便 2020 全球資金氾濫，中國也因為嚴格的打房措施使得房價漲幅低迷，2021 年還爆發出龍頭建商恆大破產事件、2022 國內出現大量爛尾樓，讓不少中國民眾寧可賠錢都不願意履約續繳工程款。

我們可以從日本、美國的泡沫經驗，以及中國控制房市的方向知道，沒有任何政府願意讓自己國家的房地產泡沫破滅，這點無庸置疑，但我們要思考的重點是：「臺灣的房價，會泡沫破裂嗎？」

雖然我本身也是屬於看空派，但從我自己的觀察，臺灣的房地產其實並沒有任何泡沫化風險，就算是現在房價有泡沫現象，也只能算是中等程度的泡泡，離泡泡大到失去表面張力而破裂的情況來說，臺灣房價泡沫破裂的風險並不嚴重，如果用我太太最愛喝的

「臺啤 18 天」比喻，臺灣房價就像是她在酒吧點了一大杯 18 天的生啤酒，結果上桌時，有 1/4 都是泡沫的感覺，讓人感到很不划算，而 90 年代初期的日本，就像是一杯 2/3 都是泡沫的啤酒，讓人直呼被坑了。

因此，我雖然相當同意政府不會讓房價泡沫化，但也請你放心，臺灣的房地產確實沒有什麼泡沫風險，雖然做的不是很到位，但我們政府還是有祭出各種手段來管控投機炒作，例如實價登錄 2.0、房地合一稅 2.0、信用管制、土地融資限制和升息等等，因此房價泡沫破裂這個風險，至少你可以先拋在腦後不用在意。

但假設真的硬要指出，臺灣最可能發生泡沫破裂風險的地區，我會說，是偏鄉之類的「蛋殼區」。

所謂的蛋黃、蛋白與蛋殼區，並沒有標準的定義，而比較像是一個相對的概念，甚至是有點主觀的，比方說以新莊來講，對臺北人來說新莊肯定算蛋白區，但是以新莊的在地人來說，新莊的市中心在生活機能、交通便利性和就業機會等各方面，其實是非常齊全的，完全具備一個蛋黃區該有的機能。

而我這邊提到「可能有泡沫風險」的蛋殼區，就是那種真的很鄉下、居民以老人為主，幾乎沒有年輕人會留下來，甚至連外送平台都沒有服務的地方，不然就是一大塊重劃得很漂亮、但是點燈率始終不到 3 成的重劃區，說不定還因為住戶太少，使得社區連走道燈都要關掉省錢的那種地區，這種「剛性需求」薄弱、又欠缺基本機能和工作機會的地方，如果被 2020 這兩年的 QE 炒高太多房價，

那麼有很高的機率，未來將因少子化問題而使得房價泡沫、腰斬，讓這些屋主連法拍後的金額都不足以償還房貸。

這就是為什麼在 YouTube 留言區，了解我看法的網友都會說：「不要看價格，要看價值」，不要看到房子一年內從每坪 3 萬漲到 12 萬，就以為這邊的房子能持續飆漲，因為只看價格而不看背後價值的人，必然淪為追高殺低的韭菜，例如之前妄想台積電股價會破 700 而進場的股民們。

常見迷思 9：便宜物件都被投資客搶走了

就算不是想買房子投資，很多自住客也常常會在網路上抱怨：「別傻了，那些便宜的好房子，仲介都先報給投資客了，哪輪得到我們一般人買」，使得很多自住客便放棄等待空頭進場機會，順著自己的焦慮和衝動進場買房，然後不斷地騙自己：「沒關係，反正房價長期都會漲，就算沒有漲，至少我還有一個家」。

關於這個迷思，我只能說對一半，因為在多頭市場確實是如此，但空頭市場就完全不是這樣了，怎麼說呢？

多頭市場──投資客強勢

我們必須承認，多頭市場在找便宜物件，幾乎不太可能有搶贏投資客的機會，理由有三點，第一點就是多頭市場的投資客（尤其是投機客）非常多，當有一個非常便宜的 Apple 物件進房仲公司

時，仲介找投資客來成交的速度，絕對比一般 A 級買方的消費者更快。

再來是最關鍵的第二點，投資客的決定速度非常快，投資客對於市場狀況很熟、購買動機也非常清楚，只要仲介報給投資客的物件適合、價格夠低，許多投資客連看屋都不需要，就能直接出價決定，下斡旋也不會囉嗦、更不會死命地亂砍仲介的服務費。

以第二點來講，自住客真的不能怪仲介，因為自住客做決定的速度實在太慢了，不但要先約到適合的時間來看第一次，然後要再約老婆看第二次、約爸媽來看第三次，再約風水師或某個曾做過三個月仲介的朋友看第四次，更讓仲介不爽的是，明明就已經是有投資價值的 Apple 物件了，自住客還在那邊嫌貴，老婆來殺一次價、爸媽來嫌一次房、風水師再加碼幾個風水瑕疵等等，然後殺完屋主的價，就開始殺仲介的服務費，一下子說房價那麼貴、一下子說自己賺錢很辛苦、一下子又酸房仲那麼好賺……。

所以，摸著良心問自己：「換作你是房仲，你會把這麼好的 Apple 物件報給自住客還是投資客？」，房仲出來上班是為了賺錢養家的，不是來做公益的。

最後是第三點，報給投資客有機會賺兩次錢，怎麼說呢？因為當房仲把 Apple 物件報給投資客時，投資客買下去就可以賺一次買方服務費，接著當投資客把房子整理好，三個月後再拿出來市場上賣時，假如這次又是自己經手，就可以收到投資客第二次的賣方服務費，而且大多數有 Sense 的投資客都不會亂砍仲介服務費。

所以，再摸著良心問自己一次：「換作你是仲介，你會把 Apple 物件報給誰呢？」

空頭市場──投資客消失

但是到了蕭條的空頭房市，就完全逆轉過來了。

由於空頭市場房價漲不動，投機客失去短進短出來的獲利機會，因此空頭市場幾乎找不到能立刻成交的投資客，既然便宜好案件出現時，仲介找不到可以接手的投資客，那麼仲介唯一能做的，就只能先找購買誠意度最高、最有可能立刻決定的 A 級買方，問問看他們會不會因為價格夠便宜而願意衝著價格優勢買單。

你可能會反駁：「怎麼可能，這麼便宜的房子就算找不到投資客買，仲介也會自己吃下來啊」，這也是一般消費者常有的迷思，但實際上這種情況在空頭期極為罕見，因為仲介的模式跟投機客是一樣的短進短出、拼短時間內獲利出場，一旦當下市場無法這樣操作的話，仲介買來投資的意願會極低。

而且更現實的情況，是當房市進入空頭導致交易量大萎縮時，不但自己業績與收入會銳減，此時的房仲在業績上會非常弱勢，特別是零底薪的高專，因此在接近成交的最後階段，買賣雙方習慣會衝著仲介「有比沒有好」的心態，一起聯手回殺服務費。這樣的情況下，只要價格稍微有點接近，房仲高專為了趕快有薪水入帳，第一反應就會想透過「自降服務費」來換取成交機會，有時候可能買賣雙方加起來的服務費只有 3%、2% 也願意成交，因此房仲在空

頭期的收入會非常非常地低，跟努不努力沒什麼關聯。

　　既然收入很低、口袋淺，而且便宜房子吃下來轉售也不保證會獲利，因此一般消費者不用擔心空頭期便宜的好房子會被投資客或是仲介搶走的問題，你只要好好跟仲介保持關係，並且讓仲介知道你是 A 級客戶、不要浪費仲介時間、對仲介保持尊重與禮貌，你肯定能在空頭期優先得知急售物件資訊，然後買到遠低於實價登錄的物件。

　　這時候你可能會問：「我該怎麼跟仲介打好關係、該怎麼讓仲介知道我是 A 級客戶？我三年後要買房子，我需要現在就去跟仲介交朋友嗎？」

　　要怎麼跟仲介打好關係、讓仲介把急售物件線報給你呢？其實也沒有你想像的那麼困難，就像是追求另一半一樣，你只要站在仲介的立場來思考就會知道答案了，而你知道仲介最在意、最想要的是什麼嗎？

　　沒錯，就是賺錢。

　　我相信沒有人這麼偉大，是為了做公益才來做仲介的，甚至有不少仲介就是因為經濟條件不好，所以才進這行拼一個翻身的機會，因此賺錢、成交、冒泡，就是仲介願意每天 9 點進公司打卡、願意被屋主罵得狗血淋頭、願意忍受買方的出爾反爾，還做著這種普遍社會觀感不佳的工作的動力。

　　既然你都知道仲介都是為了「錢」，那麼身為消費者要做的事情就很簡單，就是將你調整到 A 級買方的狀態，讓仲介知道你可

以隨時、立刻、獨自做決定，而且需求很明確、預算範圍很具體，最好你還能先做過功課，了解市場行情才不會讓你說出很沒 Sense 的預算、很離譜的住宅需求、很芭樂的斡旋價，避免仲介誤以為你是來亂的 C 級客戶。

比方說，如果你是預計三年後才要買房，你就等時間到再去找仲介就好，不要聽信一些無良假專家說什麼「房子要看超過 100 間才能做決定」的說法，因為這種行為直接大踩房仲的地雷，不但無法讓房仲立刻賺到錢，還會浪費時間，害他們錯過更多開發其他好客戶的機會，況且看一百間房也不見得真的對你好，例如仲介早期就已經先把超 A 級物件推薦給你，你卻為了硬要看完一百間房而錯過，然後被仲介帶去看一百間賣相差的房子，浪費你也浪費仲介的時間，這不是本末倒置嗎？

當你跟仲介接觸時，也要清楚說明你的預算範圍，以及什麼情況願意出高一點點，同時也要先將你對於購屋的必要條件、次要條件、額外加分條件，這三點需求先整理出來，這樣房仲才能具體地針對你的需求去配對最適合的房子，就算手頭上沒有適合的物件，只要你是需求夠清楚的 A 級買方，仲介也會積極地替你去把適合的物件給開發回來或踩回來。

又或者是說，假設你買房子一定要讓爸媽看過、讓風水師點頭的話，也要先讓房仲知道這些情況，並且事先讓爸媽知道你看過哪些房、以及最終挑選這間房的原因，不要妄想靠爸媽來挑毛病殺價，因為這一招「真的不管用」，仲介絕對比你爸媽更清楚這間房

子的毛病在哪，沒理由、沒根據、沒邏輯的瞎砍價，只會讓仲介判斷你們很外行，或者認為你們就是不該積極經營的 C 級客戶。

你要知道，該從哪些瑕疵去跟屋主殺價，這些平常就在跟屋主議價的仲介，絕對比你父母試過更多次了，因為透過回報讓屋主降價，是每個仲介的日常工作，如果真的要請爸媽來殺價，場合也不應該是第二、第三次複看房子的時候，而應該是你們最後直接跟屋主碰面談的階段（因為此階段一旦價格談成，當下就會立刻被仲介安排簽約）。

總之，只要你別對房仲說謊、不要浪費仲介時間，並且將你自己調整到「只要房子適合、價格合理，就能馬上購買」的 A 級買方狀態，絕對沒有仲介會在空頭市場錯過這麼 A 級的你。因此想要充分發揮「買方市場」優勢的你，應該要學會怎麼善用買方市場的優勢。

🏠常見迷思 10：臺灣人過於依賴感覺看房市

我們想知道餐廳評價，會上網 Google；我們生病不舒服，也會上網查看看這是怎麼回事，我們生活中大大小小的事情都會上網查資訊，但我非常訝異的是，在買賣房子這種人生大事上，許多人反而不會查證，而是選擇相信感覺、直覺、業者的一面之詞，或是聽信於網路上那些從不露臉、又拿不出證據的投資專家。

讓我做個小測驗：「請問你們家那個地區，過去一年的房價漲

幅是多少呢？」

　　思考一下這個問題，數字是多少放在心裡就可以了，但我的重點不在於這個「漲幅數字」是多少，而是你找出這個數字的方式。

　　以這個小測驗來說，如果想知道自己家的房價漲幅，我們應該是上網去 Google、去查詢房價數據才能得到正確的答案，沒錯吧？但不少人在這個問題上，通常都是先回憶自己最近看到的售屋廣告的金額、回憶房仲代銷跟你說的漲幅、回憶網路新聞或網友講的數字，或者是聽親友鄰居在餐桌間提到別人買了多少錢的房子等等，都是相當不精確又薄弱的資訊來源。

　　比方說，售屋廣告看到的金額，因為都是「開價」，通常會高於實價登錄 10% 起跳，房仲與代銷跟你報的房價也多是如此。網路新聞講的地區漲幅也不見得正確，因為這類數據大多都是出自房仲總部的，更別說網友在討論區說的漲幅數據就更虛了。而親友鄰居講到別人買了多少錢的房子，也可能因為屋況、地點、坪數、樓層或裝潢等原因不同，讓你誤判了正確的成交價格，說不定你的親戚連成交金額都有可能記錯，不是嗎？

　　臺灣人諸如此類的購屋壞習慣很多，比方說 2022 年第二季的房市明顯降溫，竟然還是有不少網友覺得市場很熱，我反問對方為什麼覺得很熱，對方就會說是房仲和代銷說的。又或者是 2022 年第二季住宅供給量開始變多，但很多消費者卻以為現在供給量在萎縮，理由就是網路上一堆人帶風向說現在是「量縮價漲」，於是就誤以為房價還會很有漲幅，但是搞不清楚所謂的「量縮」一般指的

是「供給量萎縮」，偶而才是「成交量萎縮」。還有如前面提過的，誤以為房價會跟經濟一樣幾年就一個循環，認為遲早等得到房價再度上漲，於是就抱著「在戲棚下站久了，就是你的了」的心態，把買貴的房子當美股的 ETF 持有。

慎選資訊來源

而加深這些壞習慣的，就是你接觸的同溫層，也就是這些資訊的來源。

比方說，假設你每天都泡在 PTT 的 Home-sales（以下簡稱房板）裡面，PTT 房板是一個充斥著房仲、代銷、投資客的標準一言堂，他們就是要大家「看多」才對自己有利，所以你覺得這些人會允許你提出看空的反面觀點嗎？肯定不會，如果不信的話，你可以試試看在房板發表一些關於房價太貴、房價不會再漲、房地產不值得進場購買之類的文章，你吸引來的絕對不是對立面的觀點討論，而是鋪天蓋地的嘲諷、抹黑、謾罵，他們最愛用諷刺的口氣說：「你就是買不起房的魯蛇，所以才會看空、所以你才這麼窮，你這麼魯蛇就是你自己失敗、你自己不夠努力，所以活該只能當看空仔」。

真的相當可惜，我自己也是 PTT 長年以來的重度用戶，我目前的登入次數已經將近六千五百次（截至 2022 年 8 月），可是 PTT 房板因為欠缺管理再加上滿滿的推銷味，讓這個有充分條件能夠成為臺灣第一的房產討論區，如今卻沒落到人氣只是數百人的

小版，還遠不如我一部新影片在一天內的點閱次數。然而，如果你主要獲取房地產資訊與觀念的管道，就是來自於像 PTT 房板這種只有「看多」這一種聲音的地方，那麼近墨者黑的你，當然會對未來房價過度樂觀、完全看不到風險在哪。

相較於早已沒落多年的 PTT 房板，近年臉書社團的《買房知識家》是現代大多消費者獲取資訊的來源，比起都是業者與房蟲的 PTT 房板，買房知識家大多都是消費者之間的分享經驗，提供的看法與建議就遠比 PTT 房板客觀中立多了，我也建議有買房需求的人，可以在這裡尋求其他「消費者的建議」。

但買房知識家也不是沒有缺點的，這個社團目前是全臺最大的房地產論壇，自然就會吸引大量的房仲業者進駐，社團也有採取收費的會員制度，讓有付費的房仲可以直接獲得「社團專家」這個頭銜，而缺點在於當消費者聊到「未來房市前景」時，往往就會有大量的房仲業者在貼文下方帶風向，分享著過於樂觀看多的觀點，談著誤導消費者判斷房價趨勢的觀念，可是你知道嗎：「其實房仲人員，並不懂房地產」。

其實很多房仲並不懂房地產

對，你沒聽錯，其實房仲人員並不懂房地產，這又是一個再度顛覆你刻板印象的事實，這部分的細節我會在下一章深入說明。可是消費者並不明白這個道理，認為天天都在處理房產買賣的第一線房仲，理所當然就是最懂房市的專家才對。

　　很多消費者還有另一個迷思，就是：「業績越好的房仲，就越懂房市」，許多第一次買房的年輕人，很容易被那些業績好的房仲唬得一愣一愣的，仲介只要拿出一些房價上漲的新聞標題，然後隨手拿幾個最近成交偏高的特殊行情，再搭配上一些似是而非的看多觀點，缺乏經驗的首購族就會老實買單了。

　　因此，誤以為房仲很懂房地產，也是導致你做出錯誤決策的常見陷阱之一，我們要看的是房地產的價值而非價格。

　　只看表面的價格，你就會被表面的假象給誤導，會以為去年漲 20% 的房價，之後每年都會持續漲 20%，最終只會害你接投資客倒的貨，或者幫其他韭菜解套。

　　但已經把本書看到這邊的你，現在不太需要擔心自己因為被誤導而成為韭菜，你需要的只是把這本書看完、反覆看個幾次，吸收我分享的正確知識並且內化，遇到問題就把本書當工具書拿出來複習一下、查證一下，就能避免未來可能賠售數百萬損失。

　　也建議想查詢正確房價漲跌的你，可以到內政部的「不動產資訊平臺」裡面，住宅統計分類下的「價格指標」，參考「國泰房價指數（可能成交價指數）」，來看全臺或是各縣市的房價變化與漲跌情形，本書的臺灣房價數據都是引用於此。

　　想要查詢交易量，則是在住宅統計下的「統計資訊整合查詢」的分類中，從在資料類型中選擇「交易課稅」，再從中選取「建物買賣移轉登記棟數」，你就可以查到全國或各地區的交易量了，掌握了量的變化，就能看清市場趨勢、掌握進場撿便宜的時間。

　　至於查詢正確行情就更容易了，直接 Google「實價登錄 2.0」，就可以在內政部的「不動產交易實價查詢服務網」裡面，查到中古屋買賣的行情、預售屋買賣的行情，以及租賃市場的租金行情。

　　只要掌握了本書的正確知識與觀念，再搭配上內政部統計的漲跌、交易量、行情工具，就能讓你不再害怕與房仲或代銷打交道，甚至還會讓他們害怕比自己更加專業的你。

常見迷思 11：首購族的羊群效應

　　除了前段講到臺灣人評估房市的壞習慣外，另一個就是購屋的心態，不少人寧可用到信貸都要立刻買房，或者為了名下有一間房，不惜放棄一切搬到不熟悉的郊區從頭來過，往往並不是真的有什麼必要的自用需求，只是因為內心的恐慌，或者為了面子罷了。

因恐慌而買房

　　以因「恐慌」而買房的心態來說，會導致一般買方恐慌的原因，是因為看著房價不斷快速上漲，擔心自己的收入追不上房價的漲幅，導致未來會更買不起，老了就會因租賃市場歧視老人的緣故，晚年只能睡路邊，才讓很多年輕人不管怎麼樣，都想要趕快入手一間房才安心。例如我有一位在臺北打拼的朋友說，因為自己的夢想就是要有一間自己的房，所以打算之後去高雄買房定居，工作

也要到那邊再重找，即便他從來沒有在高雄生活過、也沒有任何高雄的親友，只是因為高雄房價比較便宜。

這個恐慌焦慮，我們可以拆成兩個部分來看，首先是薪水永遠追不上房價漲幅的部分，現在的你已經在第二章了解了臺灣房價的漲跌成因，所以你可以清楚知道，空頭期因為交易量低、供給大於需求，所以我們有機會可以撿到便宜或破盤價。

但一般人會有這種恐慌感，則是因為在 2020 這兩年大多頭，看到價格不斷上漲、業者不斷用恐嚇式行銷、你的家人也一直洗腦你趕快買房，網路房蟲也持續跟你宣揚錯誤觀念，再加上新聞媒體聳動的標題，就會加深你對於未來買不起房的恐慌感，以至於購屋時連屋主的房地合一稅都願意代付，完全忘記就在三、四年前，臺灣房子多到根本沒人想買的歷史。

其次是擔心老了租不到房的恐慌，目前臺灣的租賃市場確實非常歧視老年人，如果你看過老人家租屋困難或被惡意終止租約的情況，肯定會讓這種恐慌感被放大，不過我想讓你思考的是——

「沒錯，現在老人家租屋確實非常困難，難道這個情況未來不會改善嗎？」

如果你今年才二、三十幾歲，現在就開始擔心三、四十年後因為太老而租不到房，你會不會想得太早了點？先別說三、四十年後你租不到房子，你連一年後還會不會在現在這間公司都不確定了，現在就在擔心數十年後的租屋問題，真的是杞人憂天。

同時，再看看臺灣目前少子化的狀態，前面的篇章有說過，根

據聯合國經濟及社會部人口司[7]在 2017 年的分析，臺灣在 2050 年時，65 歲以上的老年人約有 800 萬人，再加上前面提過國發會的統計，屆時的臺灣人口大概只剩 2,000 萬人左右。

以 1984 年出生、今年 38 歲的我來算，三十年後我已經 68 歲了，到時臺灣預計有 40% 的人口都超過 65 歲，老人比年輕人更多，租賃市場的主力肯定是我們這些老年人家，如果房東不把房子租給我們這些老人，那還能租給誰呢？說不定現在這些私立大學旁的學生套房，十年後根本沒人入住了。

也因為 40% 人口超過 65 歲，屆時老人過多肯定會造成社會問題，因此我相信三十年內，政府一定會提出更多針對老人照護的相關法規，不合理的歧視老人租屋問題肯定也會隨時代進步而得到改善，例如日本政府早在 1992 年就已經提出《借地借家法》，解決老人租不到房的問題，雖然在這方面臺灣已經落後日本三十年，但沒關係，我相信下個三十年內肯定會追上日本的腳步，避免讓老人居住成為另一個重大國安問題。

再退一萬步，我們現在來直球對決你最擔心的恐懼，就是老了租不到房得睡路邊這個迷思。

根據衛福部社會救助及社工司於 2019 年的統計，全臺有受理或查報遊民的人數是 2,776 人，為了避免誤差，我們悲觀一點，先抓全臺無家可歸得睡路邊的遊民有 5,000 人好了，再對比內政部 2021 年統計，全臺 65 歲以上的長者總計有 380.4 萬人。

7　udn 聯合新聞網 https://opinion.udn.com/opinion/story/12638/3515099

　　接下來極端一點來計算：假設這 5,000 位遊民全都是老了買不起房的長者，都沒有人是 65 歲以下，我們將全部 5,000 位遊民除以全部 65 歲以上的 380 萬人口，也不過只有千分之 1.3 的比例屬於遊民。

　　所以冷靜看一看，你內心最恐慌的事情，用極端數字計算也不過千分之 1.3 的機率罷了，因此全臺灣 65 歲以上的人口中，超過 99% 都沒有成為你擔心的、得睡路邊的下流老人，以至於有關沒有趁早買房，老了就得去睡路邊這個說法，單純就只是房產業者一貫的恐嚇式行銷罷了，你實在沒必要被嚇壞了。

因面子而買房

　　還有不少人買房子，是基於攀比或炫富的心態，這就更要不得了。例如說，看著身邊的同事一個個在大多頭買了房，看著大家午餐時交談買房心得、聊著自己家最近又漲了多少，這時候還沒買房的你便會顯得格格不入，聽著眾人一直推坑你買房、不斷教育你房價只漲不跌的論點，使得還是租屋仔的你，瞬間就在同事圈中矮了一截，好像自己就是能力比較差的那一群，回到家後，聽到太太跟你說姊妹們的老公買了房，然後房價一直漲有多好賺，於是太太就一直跟你嚷嚷著要不要也趕快買房……。

　　以上不是胡謅的故事，而是大量網友常在我 YouTube 頻道留言的真實故事，真的有非常多人並不是有實際的買房需求，只是因為：「因為別人有，所以我不想輸」的攀比心態，讓自己寧可天天

省吃儉用，也要買一間明明負擔不起、超出自己經濟能力的房來炫耀，將未來三十年的現金流與機會都卡死，就為了在 IG 上 PO 一則正在簽約買房的限時動態，在這短短的 24 小時內，向討厭的人證明自己。

你知道嗎，對於從事行銷工作的女生來說，鑽石就是個被過度包裝的廉價石頭，求婚收到鑽石不但不會感到驚喜，反而覺得很膚淺；對於經手過上百件房產交易的我來說，如果看到一般受薪階級的朋友買了房，還是買了一個偏遠的小房，我不但不會羨慕他們成為有殼一族，我心裡面想的反而是：「唉，真可惜，他們要開始過 30 年的苦日子、而且從此就會錯過各種致富發財的機會了」。

話說回來，如果你真的想買房炫富，就更不該傻傻地跟著大眾一起在多頭進場，而是要在大家都說：「只有傻子才會買房」的空頭市場危機入市，將當初朋友買的社區，用八折價入手，紮紮實實贏下攀比這場競賽，你才會在面子跟裡子都贏過他們，認同吧！

既然懂這個觀念，你現在要做的就很簡單：先透過租屋好好存錢，並且去試住你想要購買的地區或社區，然後這段期間，就在自己熟悉的領域去學習投資理財、放大你的本金，最後在萬事具備、東風來臨、銀彈充足時，狠狠進場撿便宜吧。

常見迷思 12：買過很多間房的人，比較懂房市？

這個迷思很常見，也很好破解。

很多年輕人在第一次買房時，都會去請教已經買過兩三間房的長輩，請他們分享對於房市的看法以及跟仲介交手的經驗，一般人的邏輯很簡單：「因為他買過比較多間房，所以至少比零經驗的我更懂」，這也是一般人常常會掉入陷阱的盲點。

你一定要記得這個超重要的觀念：「一知半解，比不知不解更可怕」、「在瞎子的國度，獨眼龍就是國王」。

講個題外話，我們在房仲業看過很多年輕人想帶著爸媽來殺價，結果這些爸媽永遠一貫的伎倆就是嫌東嫌西，SOP 就是先嫌房子貴、再嫌房子小，最後就說回去再想想，這種沒 Sense 亂殺價的方式，只會讓你們被仲介看破手腳，甚至覺得父母是來亂的，因為正確的殺價並不是這樣殺的，菜市場亂喊價那套在房地產上完全行不通，反而只會讓仲介知道眼前的年輕買方沒有議價能力，就會從你身上下手拉價。

而回到剛剛的迷思：「買過比較多間房的人，真的比較懂房市嗎？」，答案真的不見得，如果你是專業投資客、本身又有多年的房地產從業經驗，那麼你肯定比一般消費者更懂，但很多情況卻只是某位長輩早期買了兩三間房，接著又因為孩子要買房而跟去看前看後，乍看就好像有買過好幾間房的經驗，再加上第二章講過的過往房價上漲原因，就會讓你更佩服買幾間房都賺錢的長輩了。

可是這些長輩真的很懂房地產嗎？他們也只是剛好搭上低利率環境與聯準會 QE 的順風車罷了，去比較一下其他同時期也買過房的任何一位長輩，他們不也是傻傻地買了一間房，然後就莫名其妙

翻三倍了嗎？因此你就能知道，只是早期多買了幾次房，並不代表這些人多懂房地產投資。

以我自己來看，真正的房地產投資高手，不但要能買到比一般市價還低，重點應該是「進出場的時機點」要非常精準，這樣才是我會佩服的投資高手，而不是僥倖的倖存者偏差。

或者我們可以再換個角度來看，常常買股票的人，就真的懂股市嗎？很多人天天都在盯盤做當沖，但績效卻還遠遠輸給大盤；也有些人買了股票就擺到忘記，二十年後回過頭看，收益率反而還比那些天天盯盤的人更好，但我們也不認為這些擺到忘記卻在股市賺錢的人，能有多懂股票吧。

臺灣現在更亂的地方是，網路上有很多匿名者，從來都拿不出任何證據，但是卻一直吹噓自己多懂房地產投資，並且靠帶風向的方式倒貨給粉絲，最誇張的是有些老師會收學生的錢，幫學生代操房地產的投資，實際上卻只是讓學生去接自己倒的貨，關於利用臺灣人崇拜炒房者而產生的糾紛，我也會在下個章節一併向大家揭露他們的惡質手法。

常見迷思 13：買房抗通膨

另一個常聽到網友分享的迷思就是：「買房可以抗通膨」。

理論上，因為現金會隨著通膨慢慢變薄，因此透過持有房屋之類的資產去抗通膨，本身確實是一個正確的觀念，這一點並沒有問

題，但問題是臺灣的買方，會拿買房抗通膨這個理由來騙自己，怎麼說呢？

所謂的買房抗通膨，是因為通膨會讓現金慢慢變薄，使得大量資金追逐有限的資產，進而讓資產價格慢慢推升的一個現象，例如臺灣低利率釋放出來的新臺幣，或者聯準會 QE 放出來的美元，都會進入市場內購買債券、股票、黃金或加密貨幣等等，讓資產價格被現金推高，現金卻因為過度發行而貶損價值。

同樣的道理，因為氾濫資金很愛追逐屬性最穩定、又有現金流效益的不動產，因此房地產價格慢慢自然上升，很多富人都會為了避免通膨而把錢拿去買房置產，這就是標準的買房抗通膨。

但為什麼我卻說，有些買方卻用這個理由欺騙自己呢？這邊你就必須要注意到一個盲點，那就是購買的資產：價格必須合理。

以臺灣人最熟悉的護國神山「台積電」股票為例：台積電是不是好公司？是；它是不是技術領先全球的好公司？是；它是不是有獲利，是；他是不是能影響全球產業的企業，是；短期內全球也看不到任何積體電路公司有能力超越台積電，對吧！

既然台積電這麼完美，請問你願意花多少錢去買它的股票呢？如果你購入台積電股票的成本是 100 元，那台積電在你手上就是一個傳家寶，但如果你購入的成本是 688 元，現在就是你的燙手山芋了。明明都是台積電這家公司的股票、明明都是一模一樣的東西，之所以一個是傳家寶、一個是燙手山芋，差別就在於你的購入「成本」，沒錯吧！

　　明白這個道理後，我們再來看買房抗通膨這個迷思，理論上並沒有錯，但假設 2022 年這個社區的合理房價約莫是每坪 50 萬元，但因為剛好遇上房市大多頭，你用買一坪 52 萬、55 萬取得也許還算合理，畢竟價格正在上漲中。但萬一市場一直炒作，使得該社區的售價賣超過一坪 75 萬，一年內整整高了 50% 的成本，這時候，你覺得一坪 75 萬的價格還是合理的嗎？

　　萬一這時候，業者或身邊的人不斷地用錯誤觀念影響你，讓你誤以為房價只漲不跌，你就會期待房價明年還會續漲 50%，並且騙自己說：「因為買房可以抗通膨，所以只要長期抱著它，肯定會跟著通膨一起變更貴」。結果三年後你要賣房時，一旦價格慢慢修正回每坪 55 萬左右，你當初 75 萬購入的房子，不但沒有在這三年因為通膨而變得更貴，反而馬上讓你立刻嚐到當初溢價購屋的巨大苦果。

　　所以買房抗通膨的大前提是，「購入成本」必須合理、不能溢價，否則你還沒靠買房抗通膨，當下就直接現買現賠了。

　　在 2022 年 3 月 10 日，央行總裁楊金龍在接受立委質詢時，被問到對買房抗通膨這件事情的看法，楊金龍直接表示：「直覺上沒有錯，但我覺得是建商的行銷口號」，連央行總裁都這麼說了，你還真的認為買房 100% 能抗通膨嗎？

🏠 常見迷思 14：建商那麼聰明，怎麼會讓自己賠錢

每當我在 YouTube 上談到聯準會升息縮表，會衝擊臺灣房市並讓預售屋有價格下修壓力時，不少網友都會跳出來反駁說：「如果建商知道房價之後會跌，怎麼可能還會一直蓋房子，那些蓋幾十年房子的建商難道沒有你聰明嗎？」

嗯，這個邏輯聽起來很合理，畢竟如果知道未來價格會往下掉，建商怎麼可能還會一直推案呢？但我現在想讓你用眼見為憑的證據，破解大家高估建商對於房市預測準確度的迷思。

根據 2017 年財訊雜誌[8]的報導：《十大建商庫存賣壓超過三千億，房市恐盤整五到十年》，報導中針對建商「代售量」與「在售量」做出統計，你可以看到全臺庫存量排名前十的建商，清一色全都是知名的上市公司，我相信這些經驗老到、蓋房經驗充足、又有智囊團的上市建商，他們對於房市的走勢預測，肯定比我這個基層房仲更專業吧。

既然如此，為什麼這些聰明的建商，沒有在 2015 年就預測到隔年房市會由多轉空？為什麼他們會搞到自己在 2017 年賣壓這麼重？還讓建商最苦惱的餘屋量衝到歷史新高，搞到自己不敢推案、不敢買地，直到 2020 年才因為疫情、因為 QE 而幸運地解套呢？

8　今日新聞 https://www.nownews.com/news/2627516

十大建商庫存量

單位：億元

排名	存貨	2017 6/30	存貨加總	2016 6/30	存貨加總
1 興富發	待售房地	260.90	) = 701.07	303.10	) = 717.21
	在建房地	440.17		414.11	
2 遠雄	待售房地	148.31	) = 456.42	198.67	) = 418.37
	在建房地	308.11		219.70	
3 華固	待售房地	86.38	) = 257.57	33.36	) = 252.50
	在建房地	171.19		219.14	
4 冠德	待售房地	30.62	) = 219.58	37.80	) = 205.50
	在建房地	188.96		167.70	
5 長虹	待售房地	121.56	) = 200.37	44.44	) = 173.87
	在建房地	78.81		129.43	
6 國建	待售房地	27.85	) = 198.98	37.67	) = 260.48
	在建房地	171.13		222.81	
7 皇翔	待售房地	157.29	) = 193.71	105.81	) = 195.75
	在建房地	36.42		89.94	
8 京城	待售房地	78.78	) = 179.00	61.53	) = 166.36
	在建房地	100.22		104.83	
9 太子	待售房地	64.40	) = 111.21	52.67	) = 82.60
	在建房地	46.81		29.93	
10 鄉林	待售房地	27.66	) = 78.10	29.75	) = 94.02
	在建房地	50.44		64.27	

註：存貨是指財報上「待售房地」加上「在建房地」的成本。

資料來源：2017 年財訊雜誌

答案就是：「其實建商對於房市的預測，真的沒有你想像的那麼厲害」。

你必須先明白，建商有多討厭「餘屋」這件事情，所謂的餘屋，就是預售案賣到完工都還沒賣出的房子，消費者可能會覺得沒差、建商就慢慢賣嘛，反正房子越擺越值錢，這是一般人對於屋主賣房的邏輯，但建商的思維完全不是這樣，房子賣到交屋還沒賣完，會有很多麻煩事產生。

首先遇到的是：「你的樣品屋要不要拆？代銷團隊要不要撤？」樣品屋是給買方參考室內空間的重要工具，可是通常都會占到建案的空間，不拆掉就會妨礙公設空間的興建與後續點交，也會影響到即將入住的屋主權益。

代銷團隊也是一個大成本，讓代銷團隊在案場裡面繼續賣餘屋，水電費和人事費用就要繼續支出（代銷大多都有底薪），因此繼續讓代銷在案場賣餘屋的成本很不划算，要是餘屋不多的話，大多建商就會讓代銷結束銷售，然後請房仲業者來出售剩下的餘屋，這樣能省錢也省麻煩，但萬一餘屋太多，建商就不得不把代銷團隊留在案場繼續賣。

一旦餘屋過多時，又遇到央行「升息」，就會是建商最頭痛的事情。

以前面 2017 年賣壓第一的興富發來算，2017 年有 700 億的庫存總銷卡住，以土地融資來計算，粗略假設這 700 億有八成的金額是靠土地融資，那就有 560 億的融資金額，而你算一下喔，假設

2023 年央行突然在三月份升息一碼 0.25%，等於興富發每年就要因為這個升息一碼，額外增加 1 億 4,000 萬的利息成本，平均每個月要多支出 1,166 萬的利息。

而你看，560 億的土地融資，原本要繳的利息跟本金就已經超高了，只是稍微升息個一碼，每月就要額外增加 1,166 萬支出，那如果升息兩碼、四碼、六碼呢？不要以為建商隨便賣一間房子就回來了，另一方面，會導致賣壓這麼沉重的狀態，肯定是買氣很差的空頭期，也是建商必須降價讓利才能吸引買方的階段，別高估建商的資金鏈，就算上市建商再怎麼有錢，在銷量很差又要降價讓利的空頭，光是每個月營運管銷就很苦了，再加上因利息提升而增加的幾千萬利息支出，絕對是非常沉重的巨大壓力。

這個知識也順便幫眾多網友解答一個常見問題，就是「央行升息是否會讓預售屋降價」，從上面的論述，答案也已經顯而易見了，因此建商讓利的幅度、就是你能省下的血汗錢，而央行升息的幅度，也是迫使建商降價的力度。

反過來說，既然空頭期的價格只會越來越差，那為什麼上次空頭期還是有建商在推案呢？這樣根本不划算吧！難道是建商已經料到馬上就有黑天鵝導致 QE 嗎？

我們現在都知道 2020 這兩年會漲，主要是因為聯準會 QE 帶來的資金派對，而聯準會執行 QE 的原因是 Covid-19 疫情爆發，這是一個黑天鵝事件，你覺得臺灣的建商會那麼厲害，在 2017 年就能預料到 2020 會有黑天鵝嗎？當然不可能，但為什麼還是有建

商願意在 2017 那幾年推案，原因就是為了「公司營運」。

以建商來講，建商獲利的主要模式就是購入土地、興建房屋、售出賺取價差，如果市場火熱，建商就會提高推案量與利潤率；如果市場差，通常大建商也無法完全不推案，只會盡量在最低範圍內推案、並且勉強維持基本利潤率，這樣才能讓建商繼續有營收進來養員工，絕對不是從星象預測到了下一次黑天鵝。

因此，我們不要再天真地以為：「因為建商懂房市，所以房子越蓋越多，就是未來房市肯定上漲的風向球」，這個天大迷思只要從歷史經驗來看，就不會再高估建商對於市場走向的預測能力了。

＊　＊　＊

以上的常見迷思，都還是基於一些正確資訊，卻因為被扭曲或穿鑿附會所產生的錯誤觀念，基本上還算是可以被體諒的說法，但接下來要破解的「不實話術」，則是接近完全「胡說八道」的謊話，如果有房仲或代銷對你說出下列的觀點，那麼這種業務員——不是很外行，就是很壞。

🏠不實話術 1：現在不買，以後就買不起了

「現在不買，以後就買不起了」，只要跟仲介或代銷打過交道的人，基本上肯定聽過這句話，其他還有像是「今年不買，明年更貴」、「現在不買，永遠都是高點」、「薪水永遠跟不上房價」諸如此類的，都是房產業者經典的恐嚇式行銷話術，尤其是在多頭市

場對買方販售恐懼，真的是業績的萬靈丹，買方會因為陷入焦慮而慌張進場，就算不合理的加價也願意追高、還會覺得自己賺到，所以這類恐嚇話術始終能在房市多頭無往不利。

這種「喊多」、「看漲」的行銷訴求之所以有用，也是因為人人都希望買了房子價格會漲，誤以為自己的財富可以跟著自住房起飛翻倍，因此業者便看中了這樣的心態，在銷售時不斷地對買方宣揚房價只漲不跌的論點，尤其相當多老業務會對房仲菜鳥說：「我賣房子二、三十年了，從來沒看過房價有跌過」，完全隱瞞我們在本篇開頭講過的六次下跌紀錄，這種睜眼說瞎話還理直氣壯的老油條房仲，就是為什麼消費者會對房仲印象越來越糟糕的原因之一。

不過，這邊也要先恭喜你，因為像這種「現在不買、以後就買不起」、「未來房價長期還是漲」等不實話術，你現在不但能輕易破解，還可以清清楚楚地說出反駁理由，讓這個對大多數人都有效的恐嚇話術，再也無法在你身上起作用了。同時，這種不實話術最近也慢慢變得不再管用了。

一方面是 2022 年第二季市場降溫後，對房價失去信心的買方，不但對喊多喊漲的論調感到麻木，也會對無腦喊多的業者感到反感，因為就算業者再怎麼看好房價上漲，但眼前的現況就是交易量萎縮，因此房價進入空頭開始全面下跌，也只是時間的問題。

二方面則是現在網路資訊實在太透明了，除了很多證據都可以Google 到以外，我也盡量在自己 YouTube 頻道內，幫消費者破解大量常見的、最新的不實話術，幫助粉絲掌握正確知識、預防買高

賣低，也讓房地產市場慢慢回到正軌，讓那些素質較差、只會無腦喊漲的房仲與代銷，漸漸被更識貨的消費者淘汰。

🏠不實話術 2：房價只會越打越高

不只是房仲和代銷，你可以在 PTT 的房板、房仲臉書社團，或者任何銷售房子的 LINE 群組內，看到「房蟲」最愛大聲講：「打房沒用啦，打房只會越打越高啦」。

房蟲的理由是：「就算打房造成稅務成本增加，再灌回售價裡面就好，最終還不是轉嫁給買方和租客吸收」，接著他們就會拿 2021 這種大多頭為例，說房地合一稅也是買方去繳，買方為了買房也樂意吸收，接著再舉租屋的例子，說如果租約要公證的話，導致額外增加的稅務成本都會回到房租內，所以租客都會選擇不公證來省房租。

雖然聽起來覺得哪裡怪怪的，但這個邏輯加上眼見看到的事實，好像確實也是如此，於是缺乏正確知識的消費者大多就只能相信，以為成本都可以無腦灌給買方和租客吸收，實際上，這就是井底之蛙的淺見。

全世界的先進國家，都在極力避免高房價帶來社會問題與泡沫風險，因此會用法規和稅賦來限制短期炒作的投機客，並鼓勵屋主長期持有房產來節省出售的稅務成本。比方說，日本的房子只要持有超過五年，出售的稅率直接減半，連房市制度還不健全的泰國，

只要持有五年就能大幅減少 3.3% 的特別營業稅，馬來西亞也是持有超過五年，就能大幅降低售屋的資本利得稅，臺灣卻直到 2016 年才實施房地合一稅，已經落後國際很久很遠了。

以事實來看，先進國家都會靠打房來抑制投機炒作行為，這已經是國際共識了，難道這些國家的立法者都這麼笨、這麼外行，都沒有臺灣的房產業者或網路房蟲那麼聰明嗎？

要是打房只會讓房價越來越貴，那為什麼 2016 年實施房地合一稅時，臺灣房價沒有一飛衝天反而大跌呢？為什麼 2022 下半年開始，房價也沒有因為打房政策越來越貴呢？如果打房能讓房價上漲、讓市場變熱、讓更多買方願意進場，那業者應該要鼓勵政府多多打房才對，為什麼業者們從當初的奢侈稅、房地合一稅，到近年的囤房稅、預售屋紅單禁止轉讓，一路都在反對？為什麼鄉林集團的董事長兼全國商總主席賴正鎰，一天到晚都在拜託政府高抬貴手、別再打房了呢？

再看看眼前的事實，既然那些房蟲告訴你，任何成本都可以灌回售價讓買方吸收，為什麼現在的屋主已經無法要求買方吸收房地合一稅？因為買方在空頭市場會變得相當理性，自然不可能接受不合理的購買條件。

沒有任何國家希望房市被炒作到泡沫，因為房市泡沫的衝擊太大了，全世界前三大的經濟體都是我們的前車之鑑，然而臺灣人近年對於房價的心態，像不像八〇年代的日本人、千禧年後的美國人與 2010 年後的中國人呢？

　　掌握一個大方向，如果政府祭出各種優惠措施來鼓勵民眾買房，通常就代表當下的房價要起漲了（例如 2004 年的臺灣），而當政府開始祭出打房政策，而且打房政策越來越多、越來越兇、越來越強硬，那很明顯代表著房價將要反轉了，不要小看政府的打房決心，只要執政者和主流民意都支持大力打房、且願意犧牲一些被牽連到的產業，房價是不可能打不下來的，例如過去三十年都在炒房的中國就是最佳的例子。

　　總之，打房絕對是房市的利空因素，無庸置疑，但卻也有很多房蟲，將「升息」這種利空因素當成利多在騙消費者、帶風向。

不實話術 3：降息讓房價漲，升息也能讓房價漲？

　　之前 PTT 房板上流傳一張名為《臺灣經濟學》的圖，內容說：

　　「升息→臺幣升值→國外資金進場炒作→房市上漲，漲幅恐超出預期」

　　「降息→購屋成本下降→房市上漲，漲幅恐超出預期」

　　「打仗→通膨上升→房市上漲，漲幅恐超出預期」

　　「不打仗→局勢安穩投資人安心進場→房市上漲，漲幅恐超出預期」

　　「通膨→買房抗通膨→房市上漲，漲幅恐超出預期」

　　「通縮→股市不景氣遭提款→房市上漲，漲幅恐超出預期」

「科學園區→科技新貴大賺→房市上漲，漲幅恐超出預期」

「郊區→交通逐漸發達、大眾運輸方便→房市上漲，漲幅恐超出預期」

「結論：趕快貸八成買房，不買的話明年又要漲了」

這段內容就能清楚知道，那些業者與房蟲，是用什麼花招在帶風向，先不講別的，「升息」絕對是房市利空因素，跟加稅打房是一樣的，但卻有很多有心人士敢睜眼說瞎話，而且會講出上述這種荒謬論點的人，不少還是檯面上知名的「房產專家」。

在 2022 年 4 月，有一位非常知名的房產專家，在 YouTube 的財經節目上談升息對房市的影響時，就直接表示：「一千萬的房貸就算升息一碼，每個月才多一千多塊利息而已，你就少吃幾餐外食、然後少看幾場電影，或是看電影不要點爆米花，應該就可以 Cover 了」，然後說：「要治本的話，就是多賺錢把本金還一還，本金還掉了利息就不會滾了嘛」。

然而，這兩年有多少首購屋主，都因業者的恐嚇式行銷陷入 FOMO 情緒，在經濟能力不允許的情況下勉強硬買房，不少人還動用到信貸才湊足頭期款，就是期待未來房價能跟業者說的一樣：「只漲不跌」，卻完全沒有提醒這類 All in 的屋主：「利息是會變動的」。

在極低利率環境，都已經被房貸壓得喘不過氣的屋主，現在遇到升息循環的趨勢，業者卻只會事不關己地說：「就是開銷多省一點，不然就是多賺錢提早還本金」，還說買得起房的人，會差這一

點點錢嗎？講這種何不食肉糜的鬼話專家，真的讓我超級憤怒。

　　雖然以一千萬房貸來說，升息一碼，每個月多個一千多塊利息好像影響不大，但這絕對不代表升息這個利空因素不會影響房市。試想一下，萬一央行升息兩碼、五碼、八碼呢？萬一你的房貸不只一千萬，而是兩千萬、三千萬以上呢？假如遇到接下來幾年的升息循環，那麼你原本省吃儉用的苦日子，就要再省一點、再苦一點，尤其是 2021 這兩年用信貸買房的屋主，這並不合理吧！

　　高房價時代買房，一般民眾本來就已經很苦很省了，到底還要我們省到哪裡去，難道接下來三十年都不能吃頓飽飯、都不能有點娛樂、都不能出國旅遊了嗎？買房，應該是讓我們的生活品質變好才對，但搞到自己變成屋奴，已經本末倒置了！

　　再來看看事實，無論是聯準會或各國大降息時，因為資金大量進入房市所以讓房價上漲，因此降息絕對是房市利多，但 2015、2022 聯準會升息，或者任何國家進入升息循環後，房市馬上就明顯降溫，例如美國在 2022 下半年，因為房貸利率瞬間拉到 5 ～ 6%，使得買方都不敢買房、屋主也賣不出去、房仲業開始歇業，因此「升息」無庸置疑就是房市利空，是根本不需要花一秒鐘時間去爭論的真理。

　　換句話說，會告訴你「升息」是房市利多的人，同樣不是很外行、就是很黑心。

　　附帶一提，很多人會故意將聯準會與央行的升息概念混為一談來誤導你，例如 2022 年初，聯準會升息的消息甚囂塵上時，很多

業者會用「央行升息對於房貸壓力影響不大」這一點，然後故意下一個「所以聯準會升息」也沒什麼影響的結論，用這種穿鑿附會的方式，讓許多消費者低估了聯準會升息與縮表的影響，進而做出導致慘賠數百數千萬的購屋決定。

🏠不實話術 4：沒有人會想賠售房子

超多的無腦多在網路上說：「沒有人會想賠售房子，是你，你會想賠售嗎？不會嘛，因為大家都不想賠售，所以房價當然不可能跌」，即便這個話術非常可笑，但確實有相當多的消費者上鉤。

你只要思考一個邏輯：「如果沒有人願意賠售房子，那要怎麼解釋法拍屋的情況呢？」

臺灣近十年法拍建物移轉量

年份	法拍建物移轉量 （棟）	年份	法拍建物移轉量 （棟）
2010	22,178	2016	4,630
2011	14,422	2017	4,899
2012	9,547	2018	5,234
2013	8,093	2019	5,117
2014	5,922	2020	5,269
2015	4,669	2021	4,248

法拍建物移轉量曲線圖

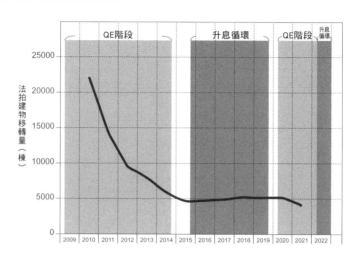

　　我們可以從上面的數據看到，從金融海嘯那幾年有破萬戶的法拍物件，連創下法拍量新低的 2021 年也至少有 4,248 戶的法拍移轉棟數，代表著即便大多頭的 2021 年，也還是有四千多位屋主的房子遭到賠售（低於當下市價出售）。

　　我常常說「事實勝於雄辯」，光是每年就有數千人遭法拍賠售，更別說某些是在仲介手上就先處理掉的賠售物件，因此，沒有人會想賠售房子這一點，心態上是對的，但會不會賠售，並不是你能決定的。

　　會賠售或法拍的原因百百種，有些人是因裁員而失業、有人是遇到長期無薪假、有人是需要籌錢治病、有人是投資斷頭必須補

錢，也有人是公司周轉出問題，不得不賣掉房子來補上資金缺口，說不定你身邊的朋友或你自己，也有遇過不得不「急售導致賠售」的情況，因為只要幾件倒楣的事情同時發生，那麼經濟較脆弱的人，一回頭就會發現自己已經破產了，所以你即便不想賠售，但現實情況卻往往不是你能控制的，沒錯吧！

很多人在不得急售時，剛好又遇到蕭條空頭期，那麼越急就會讓賠售幅度越大、越會被僅存的誠意買方予取予求，因為沒辦法，市場就是沒有買方、買方購屋意願就是這麼低、買方就是會擔心價格會越跌越低。因此我們就要思考，你是想成為空頭期的急售屋主，還是能予取予求的稀有買方呢？

除了五花八門可能導致我們不得不賠售的情況外，市場趨勢就是希望透過提高持有稅，來將閒置的房屋逼到租賃和買賣市場上，現階段臺灣正努力推動的就是「囤房稅」，希望藉由提高閒置房子的成本，來達到增加供給的目的。而討論多年的囤房稅，除臺北市較早實施外，其餘六都的囤房稅皆於 2022 年 7 月起準備上路，讓我們可以確定，利用提高持有稅來逼出供給量的大方向，絕對是任何政黨都擋不下的時代巨輪。

但我比較擔心的是「囤房稅流於形式」的問題，畢竟抽象的空屋定義、稽查方面的困難，以及仍然低廉的稅基，是否真的能讓囤房稅在打房這件事上玩真的，還是成為政客能對財團交差了事的藉口，只能依賴正在閱讀本書的你，持續監督我們的民意代表了。

🏠 不實話術 5：因為家戶數在增加，所以少子化根本不影響

　　臺灣首府大學（前身為致理管理學院），於 2022 年 7 月接獲教育部全面停止招生的公文，根據統計，光是至 2022 年 8 月就已經有四所大學停招或停辦，八年內已有 12 所大專院校停招或停辦。根據全國私校工會理事長尤榮輝[9]分析，預計未來八年將有超過四十所學校倒閉、六千名教師失業，並且尤榮輝還特別強調：「這只是保守估計」。

　　連我的母校「真理大學」淡水校區，也是近十年學生人數減少最多的私立普通大學，以真理大學部、夜間部、進修部、碩士班和在職專班等加總來看，我於 2003 年入學時的學生數高達 7,749 位，到了 2021 年，只剩下 5,010 個學生，衰退超過三分之一。而真理大學於 1996 年成立的麻豆校區，最高峰時曾經有將近三千名學生，近年也因為少子化與招生策略失當[10]，在 2019 年停招時僅剩44 位畢業生。

　　1994 年，當政府提出「全臺廣設大學」的政策時，沒有人擔心少子化問題。2008 年出現了平均 7.69 分都可以考上大學時，見獵心喜的民眾也只關心是哪些學店大學，當時還有一句「到德國真遠」，也就是稻江、立德、興國、真理、致遠這五所大學，被貼上

9　中時新聞網 https://reurl.cc/oZz0zq
10 Yahoo 新聞 https://reurl.cc/VRp8XR

學店的標籤（現除真理大學仍正常營運、興國在財團進駐成功轉型為中信金融管理學院外，其他三校都已停辦或被合併），卻沒有人注意到大學與大學生供需嚴重失衡的天秤。直到 2022 年，同時有四間大學停辦停招，社會才注意到少子化的可怕。

家戶數年年增加

極度依賴人口的大專院校，已經用血淋淋的例子給我們警訊了，偏偏房地產業者，卻還用高傲又輕蔑的態度看待少子化議題，甚至竟然有專業的房產業者在媒體上對消費者說：「少子化不影響房市需求，因為雖然總人口減少，但家戶數的數量是增加的，代表著市場還是需要更多的住宅」。

一聽到這樣的說法，消費者就會覺得：「嗯？聽起來挺有道理的，畢竟房子是需要人住的，既然家戶數在提升，那表示住宅數的需求也在增加，那少子化好像真的對房市沒什麼影響，難怪房價會一直漲不停」，於是，就把少子化這種國安問題拋在腦後，開開心心地貸款買房了。

我會將「因為家戶數增加，所以少子化沒影響」的話術，不是放在有對有錯的「常見迷思」分類，而是放在完全胡扯的「不實話術」內，其實是有原因的，因為這個把消費者當笨蛋的話術，單純只是個數學問題而已。

怎麼說呢？首先，我們先從「需求面」來看，也就是家戶數增加的部分，臺灣過去五十年來，每一年的家戶數都在提升、沒有任

何一年有減少過，這段期間當然也包含了前面提到過的房價六次空頭下跌紀錄，也就是說：如果家戶數增加，就代表需求持續增加、就代表房價不會跌的話，那為什麼過去四十年卻跌過六次呢？連跌幅最大的 2016 年，家戶數的數字也是在增加的，不是嗎？

看完了利多的需求面，我們當然也要看看對立的「供給面」，就像是今天你要做任何投資，不可能只看獲利卻不看風險。

我們可以從下頁圖近十年的供給數據清楚看到，臺灣每一年的住宅供給量，都遠遠大於家戶數的增加數字，甚至大家常常講：「臺灣土地就那麼點，住宅的供給當然是很有限的」，但數據上卻清楚表明從 2016 年開始，臺灣的住宅供給量就是一年比一年高，完全沒有停下來的趨勢。

最好的例子就是 2021 年，依據國泰房價指數的統計，該年度的平均年漲幅是 27.19%，是漲幅的歷史新高，然而就在這一年，代表需求面的家戶數增加數量，卻是近五十年歷史新低的 7.27 萬；同時，代表供給面的建築發照量，創下 26 年來新高的 17 萬戶。

需求量創下新低、供給量創下新高，代表著嚴重的「供過於求」，然而嚴重供過於求的市場，卻能創下歷史新高的房價漲幅，難道你不覺得這樣的房價是有問題的嗎？

原因你現在也知道了，2021 年這麼誇張的漲幅，並非靠臺灣本身的剛性需求，單純就是被氾濫資金和不理性追價的買方給墊高了而已，2021 年創下八年新高的 34.8 萬戶買賣移轉棟數，就是最佳證據。

臺灣近十年家戶數 vs. 住宅建照核發數量

年份	家戶增加量	住宅建照執照總宅數
2009 年	150,062	51,143
2010 年	131,190	84,462
2011 年	120,737	97,603
2012 年	128,671	98,512
2013 年	99,828	121,794
2014 年	96,439	123,866
2015 年	86,279	106,752
2016 年	92,405	79,490
2017 年	87,617	91,978
2018 年	85,477	121,689
2019 年	98,268	148,566
2020 年	101,069	160,039
2021 年	72,766	170,465

資料來源：內政部不動產資訊平台

臺灣歷史家戶數增長變化

時間	家戶平均增長數量	時間	家戶平均增長數量
1960 年代	67,328/ 年	2000 年代	127,337/ 年
1970 年代	106,259/ 年	2010 年代	102,691/ 年
1980 年代	135,990/ 年	2021 年	72,766/ 年
1990 年代	156,813/ 年		

資料來源：信義房屋不動產企研室 [11]

全臺住宅供給量

年份	住宅供給量	年份	住宅供給量
2009 年	7,805,834	2016 年	8,602,802
2010 年	7,903,525	2017 年	8,696,020
2011 年	8,150,203	2018 年	8,834,494
2012 年	8,275,457	2019 年	8,924,934
2013 年	8,318,823	2020 年	9,022,066
2014 年	8,409,079	2021 年	9,123,305
2015 年	8,493,852		

資料來源：內政部不動產資訊平台

11 工商時報 https://ctee.com.tw/news/real-estate/588113.html

驚人的空屋率

還沒完喔，我們再來推估一下未來的情況。

我們以 2011 至 2021 年的平均數據來看，過去十年平均家戶數增加的需求量約 10 萬戶，平均建照核准的年供給量約 13.3 萬戶來算，我們先不考慮因嚴重少子化而快速放緩的家戶數增加量，單用過去最樂觀的數字相減後來計算，實際上臺灣每年供給都會比需求超出 3 萬多戶，累積十年就會有多出 30 萬戶，當你繳完貸款的二十年後、三十年後，就會多出 60 萬戶、90 萬戶的住宅供給。

我們再看看目前既存的供給，依據內政部於 2021 年統計的數據，全臺灣總共有 890 萬戶的住宅，當中有 81.2 萬戶的住宅是屬於低度用電的空屋，空屋率占整體比例的 9.13%。

以空屋率 9.13% 來說，目前還並不算是嚴重的數字，但如果按照我們前面的數字去「樂觀一點推算」，一旦十年後空屋量額外增加了 30 萬戶，也就是來到了 110 萬戶，就等於空屋率為 11.9%、二十年後增加 60 萬戶的空屋率就是 14.7%、三十年後增加 90 萬戶則是 17.3%，再搭配上國發會推估三十年後臺灣人口將銳減三百萬人，以及近年家戶數增加明顯放緩來看，屆時臺灣空屋率可能會超過 20% 以上，也就是每五間房就有一間房找不到人住，這個空屋率就有點驚人了吧，首當其衝的就是蛋白區的房價，蛋殼區房價甚至有腰斬或滅村的風險。

這時很多業者都會反駁：「不能這麼說，雖然每年蓋十幾萬間

的房子出來，但每年也有很多老房子被淘汰掉，這樣會讓供給量減少很多啊」，OK，那我們就要查一查每年被淘汰或無法貸款的老房數量到底有沒有那麼多。

先從目前查得到的數據來看，以「老到被淘汰」的房子來觀察，主要可以分為兩大類，第一類是老舊到進入都更或危老改建的數量，第二類是雖然沒有進入都更或危老，但卻老到沒人住也無法被貸款的數量。

以第一類來說，被都更與危老改建的房子，我們就以拆除量占22 年來新高的 2021 年來看，2021 年總共有 4,148 戶的住宅被拆掉，但我們不能將這類的住宅列入消失的供給量，因為我們都知道：「改建後的老房子，戶數只會比原來更多」，也就是第一類被拆的數據如果越多，就代表未來的供給量必然只會更大。

而第二類，老到無法被貸款的房子，我查了很久，實在查不到「最終被淘汰的老屋數量」有多少，那些在媒體上不斷強調這個觀念的知名業者，也講不出這個數據到底有多少，只會用聳動卻毫無根據的口吻，說全臺屋齡四、五十年以上的老房子都要被淘汰掉了、都很難貸款了，但是以內政部於 2020 年的住宅概況 [12] 統計數據來看，全臺超過 40 ～ 50 年屋齡的房子，有 166 萬戶（占19.29%），屋齡超過 50 年的則有 84.6 萬戶（占 9.6%），等於全臺40 年以上屋齡的房屋，就占了全臺總數的 28.89%（約 254 萬戶）。

但我們不可能直接將超過四、五十年屋齡的房子，直接認定無

12 內政部統計通報 https://reurl.cc/dez7qM

法貸款與使用，畢竟全臺灣仍有超多人口都住在屋齡介於這區間的房子（例如我現在租的房子，也已經快 40 年屋齡了），可是依照業者曖昧不明的說法，再對比每年僅數千戶住宅的拆除數量，聲稱兩百多萬間老房子隨時要被拆除或不可能得到貸款的話術，這真的是會大大誤導消費者的觀念，不該是專業房產機構會發表的觀點。

　　附帶一提，當大家都還期待現在買的房子，可以讓未來的年輕人來接手時，前面提過急遽減少的年輕人口先不談，現在多少年輕人都因為低薪、工時長與高房價問題，對於買房這件事選擇直接「躺平」，比起辛苦打拼一輩子去買一間房的夢想，等待未來繼承自家的房子還更實際。

　　以近年平均每年有 5 萬戶的繼承移轉棟數來說，假設未來年輕人帶來的家戶數增加量，就跟 2021 年一樣是 7 萬多戶，那麼每年 7 萬多戶的家戶數需求，又遇到 5 萬多戶的繼承供給，肯定只會讓未來年輕人的購屋需求更加鈍化。

　　然而，當那些專家臉不紅氣不喘地跟你說著「家戶數在提升，所以需求正在增加，少子化不影響」的同時，他們為什麼不告訴你家戶增加量正在快速萎縮、不告訴你每年供給量遠大於家戶數增加、不告訴你未來空屋率的可怕，也不告訴你未來的市場需求將會被繼承數量消化掉購買需求呢？

　　那些業者只講好的、不講壞的，只跟你說利多、卻不告訴你隱藏風險，抱持這種居心的業者，你真的能安心將買賣房子的人生大事，託付給這種極力誤導你的人嗎？

🏠不實話術 6：臺灣土地少，所以供給只會越來越少

　　很多人都會這樣告訴你：「因為臺灣地狹人稠，土地就只有那麼一點點，所以能夠供給的土地有限、能夠蓋的房子也只會越來越有限，那麼在供給越來越小的情況下，價格當然只會往上漲。」

　　這個邏輯，跟我們小時候在社會課本上學到的觀念一致，再加上這些年來不斷攀升的房價，於是這個話術就被消費者認同了，然而，事實真的是如此嗎？為什麼我會把這一點歸類為不實話術呢？

全臺住宅建照供給宅數

年份	住宅建照執照總宅數	年份	住宅建照執照總宅數
2009 年	51,143	2016 年	79,490
2010 年	84,462	2017 年	91,978
2011 年	97,603	2018 年	121,689
2012 年	98,512	2019 年	148,566
2013 年	121,794	2020 年	160,039
2014 年	123,866	2021 年	170,465
2015 年	106,752		

資料來源：內政部不動產資訊平台

　　因為我們只要 Google 一下近年的建照供給量就好，以近兩次的房市多頭期來看，第一波只有 2009 年的供給量 51,104 戶較低以外，接下來五年的住宅供給都是一年比一年高，一直到 2016 年的房市低點，供給量降低至 79,490 戶；接著，又是連續五年供給越來越大，最誇張的是 2021 年竟然核發了 17 萬戶的建照，等於以過去這十二年來看，臺灣的住宅供給量幾乎都是呈「沒有最多、只有更多」的供給狀態，供給增加幅度一點都不輸房價漲幅。

　　你可能好奇，明明土地就這麼一點點，為什麼卻能越蓋越多，好像永遠有用不完的土地？這個也跟如今的高房價時代有關。

　　由於房價越來越高，買房變成一般人遙不可及的夢，市場為了能滿足更多想買房圓夢的人，於是建案開始往腹地較大的郊區、重劃區移動，而且房子也蓋得比過去更小（例如二十年前流行蓋三、四房，近十年卻開始流行套房與兩房），相同房型的房子也比過去縮水不少，但因為面積變小的關係，所以即便每坪單價越來越高，但因為總金額仍在可勉強負擔的範圍內，因此還是能吸引想買房圓夢的客群。

　　這個概念，就像是原本 6 吋的披薩切成 4 片來吃，每片售價 50 元，現在開始推 8 吋的披薩但是切成 16 片，每片售價 40 元，雖然片數確實變多了，但大家拿到的分量卻更少了、購買價格也變得更貴了，等於花了更多錢卻更吃不飽。

　　除了數據清楚地說明住宅供給量越蓋越多的趨勢外，前面有提

過，因為過於老舊而被都更或危老改建的房子，更新後的社區也會比原本的戶數更多，讓供給量進一步推高，再加上前面提過的少子化問題、人口結構問題等等。

因此，你應該要擔心的並不是房子越蓋越少、導致價格越來越貴的問題，而是房子越來越多、將來因供給過剩導致價格難以保值的風險，尤其是買在蛋白區、蛋殼區的屋主。

🏠不實話術 7：租房子，就是在幫房東繳房貸

我看到有一篇文案是這樣寫的：「打拼十年最有成就感的事，是幫房東繳完剩下的房貸」，很多人好心勸你買房的理由之一是：「房租繳出去都是給房東的，既然都要繳，為什麼不買間房繳給自己？」這個說法聽起來實在是再合理不過了，因此很多人就是衝著這點而進場購屋。

但這個說法是真的嗎？一般消費者可能不知道的是：「房租支出，遠遠小於房貸支出」。

讓我舉個離我最近的例子，大家都知道我是租屋族，我的租屋處在臺北市中山區，算是相當市中心的地段，這邊捷運附近的電梯大樓，每坪售價大約是 90 萬新臺幣左右，以一間不含車位的三房 40 坪來算，總價差不多是 3,600 萬上下。

假設今天我決定不租房了，為了有「根的感覺」、為了讓自己更有面子，我決定買房了，那麼 3,600 萬的房子，如果分三十年來

繳房貸的話（利率抓 1.6% 就好），我至少得先拿出 720 萬的頭期款與 72 萬的仲介費，再加上其他稅務，總共差不多要花掉我 800 萬的自備款，並且每個月要支出約 11 萬的房貸（本金加利息），這 800 萬與每月 11 萬的支出，就是我使用這一間三房的代價。

但如果今天我是用租的，情況就大不相同了。

以這裡三房的租金行情來看，平均租金大概落在 35,000 元至 40,000 元左右，我們以 38,000 元來計算，今天同樣是要使用這一間三房的房子，一旦改用「租的」方式，只需要每月 38,000 元的房租成本就能使用，相較於用「買的」的月支出則是 11 萬，兩者每個月就相差了 72,000 元的現金流，非常驚人吧！

更別說用買的，我身上辛苦積攢十多年的 800 萬存款就這樣 All in 了，遇到更好的投資機會我也沒錢去把握，也別想創業或出國進修了。但選擇用租的，我口袋不但保有這 800 萬的存款，壓力輕了不少、抗風險的能力也不會脆弱，我也有機會靠這 800 萬賺到更多的本金。

請你試著想像一個情況，假設今天 A 與 B 都住在這個社區內，A 選擇在 2022 年房價最高峰進場 All in 買了這間三房，而 B 選擇繼續當個被笑傻的租屋族，結果十年後房價掉了 15%（平均一年僅跌 1.5%，算是相當保守的估計了吧），A 購買的 3,600 萬房子，價值只剩下 3,060 萬，而 B 卻在十年後才選擇進場（自備款還從十年前的 800 萬，變成只需 673 萬）。

光是房屋總價，一來一回就省了 540 萬的購屋成本，等於你多

少年的薪水呢？

　　再對比每月 38,000 元，累積的十年總租金 456 萬支出，你還多省了 84 萬，相當於省了 22 個月的房租（這十年中間你拿 800 萬自備款的投資收益都還沒算），更別說如果十年後的修正跌幅更大，B 能省的錢就更驚人，對吧！

　　講完了身為使用者的角度，我們再來看看房東的角度吧。

　　站在房東的角度，房東得先投入 800 萬的現金，每個月再支出 11 萬元的房貸，最多卻只能從租客身上回收 38,000 元，等於為了收租客這筆租金，自己不但先砸了 800 萬現金出去，每個月還得再額外「倒貼 72,000 元」，因此房東出租這間三房的現金流，完全是「負的」，典型的負資產。

　　除此之外，每個月幾千塊的管理費，也都是房東在繳交，每年房屋稅、地價稅，也是房東負擔，使用過程如果遇到房屋設備自然耗損，修繕也是房東的責任，因此房東實際進口袋的錢，也許每個月也僅剩 3 萬多塊而已了。

　　透過理性的數學計算，這樣一來你應該看懂了吧，租屋不但不是在幫房東繳房貸，實際上還是「房東貼錢讓你使用這間房」，房東這麼做的唯一目的，只是希望透過你的租金稍微補貼一點，讓自己有期待未來房價上漲的機會罷了。

　　看到房東先花 800 萬、每個月得再倒貼 72,000 元給租客使用房子，租客卻只需要支付約房貸三分之一的成本、還不需要 All in 全部的存款，就能享用這間三房的房子，到底誰比較划算呢？而且

這種情況，在租金投報率越低的地區就越明顯，以臺北市這種租金效益在全球數一數二低的城市，當然就是最不適合當房東，而是最適合當租客的地方。

因此，現在你必須要有的正確觀念是：「租屋不但不是在幫房東繳房貸，反而是一種低成本的投資」，因為我們只需要支付少少的房租，就能一邊存錢、一邊靠投資放大本金、一邊等待空頭期危機入市撿便宜的機會，讓你能保持最大的經濟彈性，掌握進場購屋的主動權，而不是早早就把所有資金卡死在一間又小又舊的房子內，然後看著各種大好機會在三十年間，從自己手中流逝掉。

註：強烈建議你可以加入我的偶像《老高與小茉》的 YouTube 付費會員，付費影片區有一部 2020 年 8 月 22 日上傳，名為《這輩子千萬不要買這個東西，小心買了毀一生》的短片，老高在裡面就有提到年輕人如果在經濟不允許的情況下，過早勉強買了一間房會帶來哪些長遠壞處，很推薦你可以參考看看。

不實話術 8：為什麼結婚生子，就一定要有房子？

我聽過非常非常多的網友說：「因為要結婚了、因為要生小孩了，所以必須得有間房子」，有這種想法的人絕對不在少數，因為我們華人都有成家立業、五子登科的傳統思維，總覺得到結婚這個關卡，理所當然就該給老婆一個自己的家，才能對岳父岳母有交待，即便結婚當下還年輕、還在存錢，但是等到孩子誕生了以後，

這時候名下還沒有一間屬於自己的房子，好像就說不過去了。

就算你看得很開，你並不認為結婚生子就應該砸錢買房，但你可能還是會面臨到另一半、另一半的父母或你自己的父母，給你「結婚生子就該買房」的壓力，尤其是身為一名華人男性，買房似乎就成了我們的原罪，好像沒買房就是個魯蛇，人生就是失敗的、不圓滿的。

都快要 2023 年了，是時候質疑這些老觀念了，我們先思考一個問題：「為什麼結婚或生孩子，就一定要買房呢？」，你能不能說個實際理由？

一般人能夠想到的各種說法，大概都脫離不了「安全感」這個關鍵字，感覺有一間自己的房，才會有家的感覺、根的感覺、歸屬的感覺，似乎只要名下有了一間屬於自己的不動產，生活自然變得幸福起來，好像買房不需要存頭期款、不需要繳房貸，以後也不需要吃飯了。

當然，只要你的財力雄厚，買間房就像買支新 iPhone，完全不會對你造成任何經濟上的負擔，那的確可以為了安全感而買下去，畢竟所有權還是比使用權顯得尊爵不凡。但萬一你並不是這類財力雄厚的族群，就建議你得多多思考了。

比方說，口袋存了十幾年的頭期款瞬間沒了，突然沒有現金的你，肯定也會失去安全感，因為萬一臨時出了什麼狀況，房子也沒辦法像股票那樣瞬間變現；如果每個月房貸支出占你家庭所得40% 以上，那麼你和另一半會很明顯感受到生活品質下降了，萬

一房貸占收入 50% 以上，那就真的得勒緊褲腰帶過苦日子了。

　　尤其是剛生小孩的屋主，由於孩子剛出生的開銷會變更大，還有很多新手爸媽完全想不到的意外支出，要是你 All in 身家去買房、每月房貸又跟收入卡的剛剛好，那麼突然爆出來的額外開銷，你和另一半就得低頭去跟父母借錢了。萬一你跟我的情況一樣，自己和另一半的父母都不是財力充裕，甚至還是經濟實力較差的族群，那你該怎麼辦？你有辦法低頭去跟身邊的朋友借奶粉錢嗎？

　　附帶一提，這時也別想找銀行辦信貸，因為你的收入都被房貸卡死了，而且你的房子有 80% 是屬於銀行的，你的安全感實際上僅僅只有 20% 而已。

　　也就是說：勉強買房的新婚夫妻，就會陷入貧賤夫妻百事哀的局面，使得生活變得更糟更脆弱，讓金錢成為婚後你們吵架的話題，急著賣房變現也只會賠售，所以我會建議年輕人不要被傳統觀念綁住，買房應該是提升生活品質、讓家庭生活可以變得更好，而不是變得更差、更不該成為你們爭吵的根源，一旦你在不適當的時機勉強買房，就會讓買房初衷本末倒置。

　　也不要被長輩的老舊迷思或情緒勒索影響了，因為你必須要清楚知道：最終買房的人是你、繳房貸的是你、生活過得苦哈哈的也是你，所有的後果都是你和另一半得一起承擔。假設之後因為什麼意外，導致你必須急售房子而虧錢，你能責怪當初這些推坑買房的長輩嗎？當然不行，因為決定是你這個成年人自己做出的。

　　而他們，也只是「為你好」而已。

🏠不實話術 9：只要一直轉貸，就能一直都在寬限期

不知道從什麼時候開始，網路上偶爾會出現這樣的說法：「買房子幹嘛管房貸，申請寬限期就好啦，只要等寬限期到的時候，你就去找下一間銀行轉貸，持續這個循環就永遠只繳利息、不會繳到本金啦」。

本來我只是把這種說法當作網友反串的爛笑話，沒想到卻有不少網友私訊我這個作法是否可行，我才發現有這麼多人竟然被這個爛話術給騙了。

認為這個模式會有效的大前提，是建立在「房價永遠只會往上漲，所以房子只會越來越值錢」，以及「自己本身的收入也會同步上升」的極度樂觀基礎上，房價只漲不跌的迷思就不再多談了，光談這個手法是否可行就好，首先你需要先大概了解「寬限期」與「轉貸」是什麼東西。

「寬限期」很簡單，就是通常在一開始繳房貸時，銀行會給你約 1 ～ 3 年的時間，繳房貸時只需要先繳微薄的利息（銀行的收益），不需要去繳本金，因為我們每月房貸裡有大部分的比例，都是在清償借款的本金，因此只繳利息不繳本金的寬限期，可以讓屋主變得超輕鬆，我也極力推薦你善用寬限期的優惠。

至於所謂的「轉貸」，就是我們偶爾會聽到的「借新還舊」，例如你今天欠了利息 3% 的信用貸款 100 萬、2.8% 的汽車貸款 200

萬、1.7% 的房屋貸款 300 萬，通常就會建議有房子的你，直接找一家新銀行幫你清償舊銀行的 600 萬貸款，然後將你的房子做為這 600 萬貸款的抵押品，並且用房貸行情的利率（例如 1.6 ～ 1.9%）作為利息，這樣你的實際還款金額就會輕很多。

而房地產上的轉貸，常常是房子在 A 銀行那邊設定了一筆利息較高的房貸，然後屋主可以選擇利息較低的 B 銀行幫忙清償，讓屋主改繳比較便宜的 B 銀行房貸利息，於是那些異想天開的人就認為：「由於每一次辦房貸時，頭幾年都可以爭取到寬限期的優惠，所以只要自己不斷地找新的銀行轉貸、不斷借新還舊，那麼用這套模式就可以終身都只繳利息，即便利率變高也沒差」。

然而這套模式最大的盲點，就在於銀行並非笨蛋，任何銀行只要打開「聯徵紀錄」就會知道你在搞什麼花樣，只要看到你一直在玩躲避繳本金的花招，那麼銀行就會認為你的財力有問題、感覺風險很高，當然不敢批准寬限期給你，所以這種花招你能用幾次呢？

更別說，你怎麼能確認房價永遠只會往上漲呢？萬一接下來連續五到十年都漲不上去甚至還下跌，那你該怎麼辦？而且在商業模式快速更迭的現代，你又要怎麼保證自己的收入可以一直提升，讓銀行可以一直提高你的還款能力，萬一這套轉貸模式不管用了，你又剛好落入無薪假或被裁員的風險，結果繳不起房貸的你，不就要馬上被法拍賠售了嗎？

尤其你得知道，銀行在評估貸款成數時，除了目前的房屋價值增減以外，還會考量到你的「財力」，例如今天陶朱隱園打對折賣

給你，要是你的月收只有 6 萬元，那麼就算你信用狀況再好，銀行也不可能放貸給你。

同樣的道理，就算你真的很幸運，一直遇到一些銀行敢冒險給你寬限期，等你六十五歲、七十歲退休時，你已經沒有收入、沒有薪轉、沒有財力證明時，名下只有一間沒繳過任何本金的房子，你覺得銀行敢冒險貸款給一個沒收入的老人嗎？

因此「不斷轉貸就能不繳本金」的這套話術，你就當作笑話聽一聽就好，萬一有房仲跟代銷敢用這個話術來說服你買房，那麼恭喜你，你又避開一個地雷業務囉。

不實話術 10：等中共接收臺灣，房價就會暴漲

每當房市變差的時候，房地產界就會跑出這個荒謬的話術：「只要等中共統一臺灣後，就會有很多中國人來臺灣炒房，到時候你家的房價就會被炒高，所以你現在當然要趕快買」。不要覺得很好笑，原本我真的以為這是什麼梗圖笑話，沒想到竟然有超多房仲拿這個當作銷售訴求，更讓人傻眼的是還有不少民眾信了。

你就知道為什麼我常在粉專說，臺灣人「易騙難教」了吧，不過沒關係，我一樣來詳細向你說明，為什麼期待「中共接收臺灣，讓你家房價漲」，不該是你認為房價會上漲的購屋理由。

首先，我們先談談中國人如何到臺灣炒房吧，依照目前臺灣現行法律，如果中國人要來臺灣買房，是完全合法的，我們並沒有禁

止中國人來臺購屋，但你卻看不太到有物件是中國屋主持有，原因是中國人來臺灣購屋會受限於知名的「五四三條款」。

這個五四三條款規範的是：

1. 貸款不能超過五成

2. 每年在臺不能停留超過四個月

3. 三年內不得轉售

有這麼嚴苛的條件，以及 2015 年 7 月規定，一個社區內不能超過 10% 的戶數賣給中國人，再加上臺灣高房價和超低租金的環境，使得中國人一直沒有來臺灣炒房的意願，否則按照中國人過去十幾年在全球炒房的經驗，臺灣房價怎麼可能不被他們炒爆呢？（每當我問到各國房仲：「哪個國家的人，去你們那買房買最多」，無論是美國、英國、澳洲、泰國、日本或葡萄牙，所有國家的房仲給我的答案都是同一個：「中國人」。）

如果期待中共要統一臺灣，然後讓自己家房價上漲，首先第一步，一定會先經歷武力戰爭的階段，很多 PTT 房板的網友都說：「打仗會讓通膨飆漲，所以房價就會飆升」，這種無腦多說法也不用我多做解釋了，看看 2022 年烏俄戰爭爆發後的烏克蘭首都基輔，房價在俄羅斯入侵之後，是漲翻天還是大崩盤呢？

而且以現實層面來看，當戰爭爆發時，你心裡面想的肯定不是怎麼「摸底買房」，而是如何讓自己與家人活下去，對吧！更別說戰爭期間，你要去哪裡找房仲帶你看房、找代書幫你辦過戶、找銀

行幫你辦貸款？說不定等你拿鑰匙交屋的那一天，你買的新家都被炸成廢墟了，因此戰爭爆發的當下還要炒房，是不切實際的事情。

2022 年 3 月 1 日有新聞報導，一位中國浙江的投資客傑森，開戰前曾說：「基輔房價會大跌三、四成，可以抄底」，結果戰爭爆發後，他在直播上崩潰痛哭地說，局勢發展出乎意料，現在擔心自己跟女友的安危，完全不知道未來該怎麼辦。

至於講到臺海戰爭爆發這件事，其實臺灣是否會被一面倒壓著打，也許事實出乎我們的意料，甚至依據 2022 年 8 月美國的軍推中，在美軍支援下的臺灣是有戰勝的可能性。但我不是這方面的專家，所以以下是我收集網路資訊後，整理出的個人觀點給你參考，希望讓臺灣人不要被一些迷思給嚇壞，導致我們未戰先敗。

中共開戰率極低

首先第一點，中共開戰的機率極低：先以最近俄羅斯侵略烏克蘭作為例子，俄羅斯是無庸置疑的全球第二軍事強國、烏克蘭也是無庸置疑的小國，連軍事大國從路面進攻都無法直接輾壓烏克蘭了（根據報導，俄羅斯原定 15 天結束戰爭），更別說中共進攻臺灣，還得先跨過臺灣海峽這道天然屏障。再看看俄羅斯開戰後，承受西方社會強烈經濟制裁的代價，最注重「維穩」、但近年內憂外患不斷的中共政府，真的敢在全球反中情緒下，承受經濟制裁武統臺灣嗎？習近平需要冒這個風險嗎？

多年來文攻武嚇的中共曾經說出：「只要美國軍機降落臺灣之

日，就是武統臺灣之時」，但 2021 年 6 月 8 日，美國軍機帶著三名美方參議員降落松山機場時，中共官方僅一再重申一中原則，對美國軍機之事卻隻字不提。當我將本書寫到這邊的時候，剛好前幾天就是美國眾院議長裴洛西（Nancy Pelosi）訪台的日子，中共先前也說裴洛西訪臺，將讓美方付出慘烈的代價，但是當裴洛西搭乘的班機降落臺灣時，微博上的直播影片也立即被中斷，想要藉軍事演習來恫嚇臺灣的解放軍，也是等到裴洛西離臺之後才進行，請問美方後來有付出什麼代價了嗎？

上述種種情況，也讓中國網友揶揄說：「如果誰敢踩到咱們中國的紅線，我們就把紅線挪一挪」。

從過往種種跡象都看得出來，中共對臺發動戰爭並不是那麼簡單的事情，同時，要跨越臺灣海峽打下臺灣，對中共而言也並非十拿九穩。

中共並非無敵的

其次第二點，很多我們刻板印象認為中共打臺灣的手法，例如用飛彈飽和攻擊臺灣重要設施、在海上封鎖臺灣、解放軍靠人海戰術占領臺灣，其實都沒有想像中那麼簡單。

以飛彈飽和攻擊來說，雖然中共有上千枚適合攻擊臺灣的中短程飛彈，但飛彈的發射器卻只有數百座，等於每次發射的數量是有限的，而臺灣重要的軍事設施、機場、港口與重要設施非常多，平均每個需要攻擊的地點只有不到 10 枚飛彈能用，這些地點也不是

一兩顆飛彈就能搞定，更別提飛彈還有精準度的問題，如果中共在開戰沒有第一波就癱瘓臺灣重要設施，就會失去先發制人的優勢。

同時不要忘記，臺灣的防空飛彈密度僅次於以色列，排名全球第二，因此當中共的飛彈進入防禦範圍內，很快地就會被密集的防空飛彈攔下，也可以讓我們有同步反擊的機會，因此想靠飛彈的飽和攻擊炸爛臺灣，並不切實際。

另一個常見的迷思，就是以大量軍艦或戰機在海上包圍來餓死臺灣，這一點就更不可能了，因為海洋是非常大的，海洋航道是不可能像路面那樣封鎖交通要道，況且臺灣周遭每天都有許多商船經過，這會大大影響各國商船的利益，加上周遭也有其他鄰國的領海，其他國家有什麼理由要配合中共讓自己增加航運成本呢？

也有人會說：「就算無法在海上封鎖臺灣，只要封鎖臺灣幾個港口、在港口布點水雷就能阻止臺灣貿易」，這個說法就更不可行了，因為解放軍軍艦進入臺灣領海就會被我國海軍反擊，更別說海軍怎麼可能讓敵軍在我們的港口慢慢佈水雷，解放軍在港口佈水雷的時候，老早就被我國海軍當成靶子在射了，就像是你在玩傳說對決時，對手都在點你家的高地塔了，難道你還會繼續農野嗎？

再談到很多臺灣民眾懼怕的「人海戰術」，認為解放軍的軍人相當多，雖然無法單靠軍艦就裝載這麼多士兵，但是只要用武裝後的漁船，就能夠將大量士兵運來臺灣了。

聽起來似乎很有道理，但這一點卻忽略了，漁船只能裝輕裝士兵、無法乘載坦克之類的重型武器，再加上臺灣能停靠的港口就那

麼些，因此當執行難度高的搶灘行動時只有輕裝士兵，很容易在上岸過程就被我國陸軍像塔防遊戲那樣擊潰，更別說中國與臺灣之間隔著海象這麼差的臺灣海峽，有搭船去過外島的人就能體會暈船的痛苦，幾個小時的暈船，將會導致解放軍的戰力被大幅弱化。

同時，如果解放軍用漁船裝載軍人進攻臺灣，那以後國際社會上，還有多少國家敢跟中共做生意？

再加上近年全球的「反中」情緒高漲，中國不但跟日本、韓國、印度等鄰國關係惡劣，已故的日本前首相安倍晉三更說過：「臺灣有事，就是日本有事」，連之前許多與中國合作建設的小國家們，也陸續因身陷一帶一路的債務風暴而與中國產生隔閡，種種因素都是中國無法輕易開戰的潛在風險。

另一方面，美國為了自身利益，一定也會在軍事上給予臺灣協助，否則臺灣的第一島鏈位置被中共占領，未來就可以從臺灣直接開核子潛艇進入美國領海、抵達夏威夷，美國人不可能放任敵國在自家門口集結軍隊，更不可能忘記當年珍珠港的教訓。

所以說，只要我們不要一開始就被恐懼給嚇壞，抱持信心團結一致抵抗侵略者，我相信有如聖盃谷的臺灣，戰勝機會相當高，如同當年所向無敵的拿破崙與希特勒，都無法打下擁有海峽地理優勢的英國，否則就會如英國前首相邱吉爾的名言：「在戰爭與屈辱面前，你選擇了屈辱。可是，屈辱過後，你仍得面對戰爭。」

就算中共成功統一臺灣

假設中共寧為玉碎不為瓦全地打下臺灣了，你為什麼這麼確定，中共會放任中國人來臺炒房，讓你成為炒房的得利者呢？我們再看看香港的情況。

1997 年香港回歸中國時，中共的「五十年不變」承諾還走不到一半，一國兩制下的香港就經歷了雨傘革命、魚蛋革命、反送中運動，也在 2020 年被美國撤銷香港特殊地位與相關商業優惠措施，也就是說，你怎麼能期待戰勝的中共政府，會繼續讓你用現行的制度炒房？別忘記，2017 年「房住不炒」是習近平的重要政策，這項政策也讓中國接下來幾年的房市冰冷，連 QE 都炒不起來。

因此更可能發生的情況反而是：為了抑制高到不合理的臺灣房價，中共祭出各種嚴厲的打房措施讓房價硬著陸，同時將所有屋主的不動產收編為國有，只給你 50 年、75 年之類的地上權。

這個時候，如果你覺得不公平、不合理，請問你又能怎麼辦呢？我們可是戰敗的一方，我們跟民主政府都很難去談權利了，你怎麼能奢望跟極權政府談公平呢？

回歸原點，以上向你分析這麼多可能的發展，只是就是希望你能夠明白，想要靠著「中共統一臺灣讓你家房價上漲」，是多麼機率渺茫、遙遙無期、變數極大的想像，你絕不該被業者異想天開的話術給騙了。

🏠不實話術 11：開放外國人來臺購屋，房價就會炒上去了

除了前面提到中共統一臺灣，會讓中國人來臺炒房造成房價大漲之外，現在許多在網路上帶風向的房蟲還不斷宣稱：「只要等臺灣開放外國人購屋，房價就會被炒上去了」，關於這個論點，大概主要分為三種情形。

一、一般外國投資客來炒房

首先第一個就是「開放外國人來臺置產，就會讓房價飆漲」的這個迷思，其實一戳就破了，因為臺灣一直以來都有開放外國人可前來購屋，針對外國人來臺購屋的法規，是依據土地法第 18 條，俗稱《平等互惠原則》，也就是對方國家給臺灣人什麼樣的購屋條件，那麼我們也會給對方同樣的購屋條件。

不過這邊我們不討論土地的情況，因為購買土地會牽涉到的法律比較複雜，所以我們以單純的「住宅」來談論。

舉個例子，美國開放臺灣人可以合法到美國購買房子，而且一樣是擁有 100% 的房屋與土地所有權，並沒有其他特別限制，因此美國人來臺灣買房子，也一樣可以合法購買並 100% 擁有房屋與土地所有權。

再舉另一個例子，泰國房子不允許外國人持有超過 49% 土地面積的不動產，因此臺灣人去泰國置產，只能買土地持分比例小的

電梯大樓（而且外國人總共持有社區土地的比例，不能超過全部49%），也就是說像透天別墅這種直接持有 100% 土地的類型，因為我們臺灣人不能購買，所以當泰國人要來臺灣購屋時，依據平等互惠原則，泰國人雖然可以合法購買臺灣的電梯大樓，但不能購買透天別墅。

　　以上，就是簡單說明平等互惠的初步架構，實際細節還有非常多的情況與特例，因為我不是這方面的專家，所以就不敢賣弄太多，如果你有此需求，建議請教該領域的專家才會適合。

　　但是從以上法規我們能看得出來，臺灣不但沒有禁止外國人來臺購屋，甚至平等互惠原則早在民國 35 年就頒布，還經過民國 44年與 64 年兩次修正，代表著外國人早就可以來臺購屋或炒房了，但為何這麼多年來卻沒有外國富豪或外國投資客來炒房呢？

　　理由相當簡單：「臺灣的房地產，對外國人來說一點價值都沒有！」

二、只有臺灣人愛炒的臺灣房產

　　真的不是外國的月亮比較圓，我們可以根據國際房地產的權威機構《全球房地產指南》（Global Property Guide）[13]，他們對於全球各國房產的購入評比來觀察，觀察方式也很簡單，該機構會將各方面評比完的結果，像是米其林的星級評比一樣，給予每個國家

---

13 Global Property Guide https://www.globalpropertyguide.com

是否值得購入的評價，星星越多就代表越值得購入、反之就是越不值得購入。

我們可以先看下圖，以亞洲區來看，目前亞洲區得到四顆星高評價的國家是馬來西亞、蒙古和泰國，我們臺灣則是只有獲得一顆星的超低評價，跟近年房市慘澹的中國、2022年破產的斯里蘭卡同等級。

我們再看該機構統計的毛租金投報率（幾乎所有媒體引用的租金投報率，都是出自該網站），你可以看到亞洲租金效益最高的前三名分別是：印尼7.09%、菲律賓6.13%、柬埔寨5.33%，而臺灣的毛租金投報率只有2.06%。

亞洲國家毛租金與評比

國家	毛租金%	評比
1. 柬埔寨（Cambodia）	5.33	★★★
2. 中國（China）	2.1	★
3. 喬治亞（Georgia）	-	-
4. 香港（Hong Kong）	2.35	★★
5. 印度（India）	2.32	★★
6. 印尼（Indonesia）	7.69	★★★
7. 日本（Japan）	2.66	★★
8. 澳門（Macau）	-	★★

9. 馬來西亞（Malaysia）	3.72	★★★★
10. 蒙古（Mongolia）	-	★★★★
11. 巴基斯坦（Pakistan）	-	★★★
12. 菲律賓（Philippines）	6.13	★★★
13. 新加坡（Singapore）	3.3	★★
14. 南韓（South Korea）	-	★★★
15. 斯里蘭卡（Sri Lanka）	-	★
16. 臺灣（Taiwan）	2.06	★
17. 泰國（Thailand）	5.13	★★★★
18. 越南（Vietnam）	4.33	★★★

　　也許你會覺得，可能是亞洲其他國家太強、新興國家太多，臺灣只是剛好在亞洲區相形見絀，說不定跟全世界其他國家比，臺灣就不算太差。沒關係，那我們就來看接下來的圖表。

　　接下來，我們把《全球房地產指南》統計的亞洲、歐洲、非洲、加勒比海、太平洋區、中東與南北美洲全部拿進來跟臺灣相比。

【歐洲國家】毛租金與評比

　　歐洲 38 個國家中，僅 8 個國家拿到 1 顆星，只有 1 個國家土耳其的租金效益比臺灣低。

國家	毛租金%	評比
1. 安道爾（Andorra）	3.16	★
2. 奧地利（Austria）	2.25	★★
3. 比利時（Belgium）	4.56	★★
4. 保加利亞（Bulgaria）	5.12	★★
5. 克羅埃西亞（Croatia）	5.43	★★★
6. 賽普勒斯（Cyprus）	4.74	★
7. 捷克（Czech Republic）	3.14	★★
8. 丹麥（Denmark）	4.84	-
9. 愛沙尼亞（Estonia）	4.89	★★★
10. 芬蘭（Finland）	3.37	★★
11. 法國（France）	2.79	★★
12. 德國（Germany）	2.95	★★★
13. 希臘（Greece）	3.97	★
14. 匈牙利（Hungary）	5.24	★★★★★
15. 冰島（Iceland）	-	★
16. 愛爾蘭（Ireland）	7.09	★★
17. 義大利（Italy）	3.92	★★★
18. 拉脫維亞（Latvia）	4.06	★★★

19. 立陶宛（Lithuania）	5.39	★★
20. 盧森堡（Luxembourg）	4.4	★
21. 馬其頓（Macedonia）	4.98	★★★★
22. 馬爾他（Malta）	3.37	★
23. 蒙特內哥羅 （Montenegro）	7.53	★★★★
24. 荷蘭（Netherlands）	3.72	★★★★
25. 挪威（Norway）	3.09	★
26. 波蘭（Poland）	5.5	★★★
27. 葡萄牙（Portugal）	5.45	★★
28. 羅馬尼亞（Romania）	5.88	★★★
29. 俄羅斯（Russia）	4.54	★★
30. 塞爾維亞（Serbia）	4.44	★★
31. 斯洛伐克 （Slovak Republic）	4.53	★★★
32. 斯洛維尼亞（Slovenia）	4.69	★★★
33. 西班牙（Spain）	4	★
34. 瑞典（Sweden）	-	★★★
35. 瑞士（Switzerland）	3.1	★★
36. 土耳其（Turkey）	1.93	★★★★
37. 烏克蘭（Ukraine）	9.09	★★
38. 英國（United Kingdom）	2.76	★★

【非洲國家】毛租金與評比

非洲 12 個國家中，僅 1 個國家拿到一顆星，沒有國家租金效益低於臺灣。

國家	毛租金%	評比
1. 波札那（Botswana）	-	★★★★
2. 維德角共和國（Cape Verde）	-	★
3. 迦納（Ghana）	8.81	★★★
4. 肯亞（Kenya）	6.66	★★★
5. 模里西斯（Mauritius）	-	★★
6. 納米比亞（Namibia）	-	★★★
7. 奈及利亞（Nigeria）	-	★★
8. 塞內加爾（Senegal）	-	★★★
9. 塞席爾（Seychelles）	-	★★
10. 南非（South Africa）	3.88	★★
11. 坦尚尼亞（Tanzania）	8.57	★★
12. 烏干達（Uganda）	-	★★★★

【加勒比海國家】毛租金與評比

加勒比海區 21 國中，僅 3 個國家拿到一顆星，沒有任何國家租金效益低於臺灣。

國家	毛租金%	評比
1. 安奎拉（Anguilla）	-	★★★★
2. 安地卡及巴布達（Antigua and Barbuda）	-	★★
3. 阿魯巴（Aruba）	7.32	★★
4. 巴哈馬（Bahamas）	8.16	★★★★
5. 巴貝多（Barbados）	-	★★
6. 貝里斯（Belize）	-	★★
7. 百慕達（Bermuda）	4.76	★★
8. 英屬維京群島（British Virgin Is.）	2.85	★★★
9. 開曼群島（Cayman Is.）	7.25	★★★★
10. 多米尼克（Dominica）	-	★★
11. 多明尼加共和國（Dominican Republic）	-	★
12. 格瑞那達（Grenada）	-	★★★
13. 瓜地洛普（Guadeloupe）	5.71	★★★
14. 牙買加（Jamaica）	9.75	★★★

15. 馬丁尼克（Martinique）	5.12	★★
16. 波多黎各（Puerto Rico）	7.12	★★
17. 聖克里斯多福及尼維斯 （St. Kitts & Nevis）	4.9	★
18. 聖露西亞（St. Lucia）	3.57	★★
19. 千里達及托巴哥 （Trinidad and Tobago）	6.88	★★★
20. 土克斯及開科斯群島 （Turks & Caicos Is.）	-	★★★
21. 美屬維京群島 （US Virgin Is.）	-	★

【太平洋區＆中東】毛租金與評比

太平洋區 3 國與中東 10 個國家，沒有任何國家拿到一顆星、也沒有任何國家租金效益低於臺灣。

	國家	毛租金％	評比
太平洋區	1. 澳洲（Australia）	2.85	★★
	2. 關島（Guam）	-	-
	3. 紐西蘭（New Zealand）	3.41	★★★★
中東	1. 埃及（Egypt）	9.4	★★★
	2. 以色列（Israel）	2.68	★★
	3. 約旦（Jordan）	8.82	★★★★★
	4. 黎巴嫩（Lebanon）	4.51	★★
	5. 摩洛哥（Morocco）	5.52	★★★★
	6. 阿曼（Oman）	-	-
	7. 卡達（Qatar）	-	★★★
	8. 沙烏地阿拉伯（Saudi Arabia）	-	★★★★
	9. 突尼西亞（Tunisia）	-	★★
	10.阿拉伯聯合大公國（United Arab Emirates）	5.19	★★

【北美＆南美】毛租金與評比

南北美洲加起來 17 個國家，僅 1 個國家拿到一顆星，同樣沒有任何國家的租金效益低於臺灣。

	國家	毛租金%	評比
北美	1. 加拿大（Canada）	3.91	★★★
	2. 美國（United States）	2.91	★★★
南美	1. 阿根廷（Argentina）	2.45	★★
	2. 巴西（Brazil）	3.26	★★★★
	3. 智利（Chile）	4.1	★★★★
	4. 哥倫比亞（Colombia）	6.3	★★★★★
	5. 哥斯大黎加（Costa Rica）	7.48	★★★
	6. 厄瓜多（Ecuador）	6.75	★★★
	7. 薩爾瓦多（El Salvador）	8.49	★★★
	8. 瓜地馬拉（Guatemala）	-	★★★
	9. 宏都拉斯（Honduras）	-	★★★
	10. 墨西哥（Mexico）	4.18	-
	11. 尼加拉瓜（Nicaragua）	7.7	★★★★
	12. 巴拿馬（Panama）	5.75	★★★★★
	13. 巴拉圭（Paraguay）	-	★
	14. 秘魯（Peru）	4.8	★★★★★
	15. 烏拉圭（Uruguay）	4.96	★★★★★

　　也就是說，放眼全世界來看，臺灣房產的購入價值與租金效益，都是世界級的差、世界級的糟，如果國外的投資客要前往海外投資房地產時，有這麼多表現優於臺灣的國家，外國投資客憑什麼要選擇臺灣呢？因此以投資角度來看，臺灣的投資價值對外國人來說是「毫無價值」可言，更別提兩岸的政治局勢與軍事風險，更是大幅降低外國人來臺置產的意願。

　　這就是為什麼你幾乎從沒看過，有人向外國籍的屋主買房的情況，資深房仲簽了二、三十年的屋主委託，可能也從來沒遇過哪個屋主是外國來的投資客，而且不但外國富豪沒有來臺炒房，連我們臺灣自己的金融業與壽險業，也都將資金拿去投資到海外房地產，種種事實都再次證明了一件不爭的事實：「臺灣的房子，真的就只有臺灣人自己愛炒而已！」

　　不過呢，還是有很多房蟲會反對這個看法，這些房蟲永遠的說法就是：「臺灣有臺灣自己的玩法」，這就是夜郎自大、井底之蛙的視角，你想像一下，萬一 2008 年沒有金融海嘯、2020 年沒有疫情爆發，那麼少了這兩次 QE 帶來的資金派對，你覺得近十四年來的房價走勢，會變成如何呢？以我自己來看，臺灣人自己投資臺灣房產的實際優勢只有一個，就是可以貸款，以及利率很低而已。

三、香港人定居臺灣

　　除了幻想外國人來炒高房價外，近年也有很多業者會用「因為香港政治動盪，所以會有大量香港人來臺定居，因而造成房價上

漲」的話術，關於這一個不實話術，其實比外國人來臺炒房更容易
破解。

香港人來臺居留與定居許可

年份	居留許可（人）	定居許可（人）
2016	4,057	1,086
2017	4,015	1,074
2018	4,148	1,090
2019	5,858	1,474
2020	10,813	1,576
2021	11,173	1,085

資料來源：移民署

　　由於香港經歷了雨傘革命、反送中等事件，讓近年申請來臺居
留與定居的香港人越來越多，而來的人變多、住屋需求被香港人提
升，再加上香港人所得又較高，因此香港人大量移入臺灣讓臺灣房
價上漲，似乎是一個很合理的銷售話術。

　　但為什麼我說這個話術非常容易被戳破呢？我們直接看到移民
署於 2022 年的統計，雖然港人來臺居住的人數逐年增加，而且到
了 2020 年甚至直接翻倍，可是成功申請到「定居許可」的總人
數，平均每年也才一千至一千五百人左右而已。

　　我們把數字再抓高一點，就算未來每年有兩千名香港人成功申請到定居許可，而且這兩千名香港人都非常有錢、全部都是現金買房、沒有任何一個人選擇租屋，那也不過占每年購屋需求的兩千戶罷了，以臺灣近五年加總平均的買賣移轉棟數 30 萬戶來說，這兩千戶也不過占總交易量千分之 6.6，連交易量的 1% 都不到，更遑論這麼小的需求能夠影響市場價格了，就像是今天你賣出十張台積電的股票，也不可能因此讓台積電大跌。

四、外勞入籍臺灣

　　相較於外國人炒房或香港人定居，近年臺灣政府為了改善少子化問題，而考慮讓外籍勞工入籍臺灣的方向，看起來就比前面的話術可行多了，以 2021 年國發會統計，目前在臺的東南亞產業移工約有 44.1 萬人，社福移工約有 22.5 萬人，等於加起來有 66.6 萬人的東南亞移工，如果能夠順利入籍臺灣，並且在臺灣買房置產，確實能帶來極為龐大的購屋需求，進而真正以需求推動房價。

　　但實際上，真的有這麼簡單嗎？

　　回顧剛剛我們聊到的兩個重點：（1）平等互惠原則、（2）臺灣糟糕的投資價值，其實這些東南亞移工，除了印尼和越南受限於平等互惠原則而無法買房外，其他東南亞國家老早就可以合法購買臺灣房產，而且幾乎沒什麼限制，但為什麼他們一直不想買，原因也很簡單，同樣是因為臺灣房子沒有投資價值。

　　我們不要一直站在「臺灣人的視角」，試著站在東南亞移工的

角度來看，假設今天存到 100 萬現金，貸款八成就可以買到 500 萬的房子，但 500 萬現在在臺灣六都能買到什麼？臺灣的房子又舊又貴、租金效益差，公共設施不但老舊，而且公設面積還算在購買面積內，不划算又不合理。

但如果在曼谷、馬尼拉、胡志明市和雅加達，他們拿著這 100 萬的現金又能買到什麼呢？我們先不提東南亞本地人很容易貸款九成或全額的事情，也不提近年東南亞隨著東協（ASEAN）與未來 RCEP，讓東南亞發展越來越好、大型建設越來越多，就光看 2022 年的現在就好。

他們以同樣貸款八成、買 500 萬臺幣的房子來看，500 萬可以在自己國家的首都，買到市區內全新的高級套房，租金效益至少是臺北的 2 ～ 4 倍起跳，附贈的公共設施又新又多又齊全，幾乎都有高樓層的無邊際泳池，購買的還是紮紮實實的淨面積（也就是只有主建物加陽臺），因為公設面積全部都是免費贈送的。因此，東南亞移工怎麼會有理由，將血汗錢拿來買又貴、又舊、又沒投資價值的臺灣房產呢？

我們再以更現實的「收入面」來破解這個話術。

我相信東南亞的產業移工平均薪資，肯定是不如臺灣本國人的平均薪資（這就是我們會請外籍勞工的原因），更別說薪資長期低於臺灣基本所得的社福類移工（根據 2022 年統計，家務類移工平均薪資僅 17,000 元，比勞基法的最低薪資 25,250 元低了 8,250 元）。

東南亞【產業移工】人數＆比例　東南亞【社福移工】人數＆比例

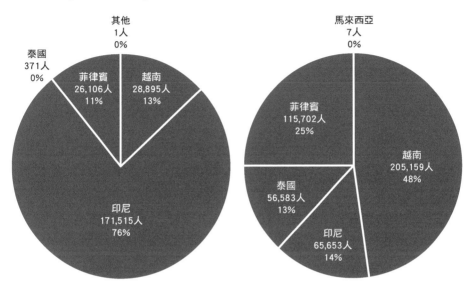

如果連我們平均所得較高的臺灣人、軍公教人員，要在臺灣買房都如此困難了，你怎麼會期待薪資輸給我們一大截的東南亞移工，能夠成為巨大的購屋需求呢？

資料來源：國家發展委員會

不實話術 12：每個房子都是獨特的，所以價格當然不同

接下來這個話術我就完全看不懂了，只要有網友在《買房知識家》談到自己疑似買貴時，或者談到某地區平均房價下跌時，往往就會有許多業者跳出來護航說：「每個房子都是獨特的，所以價格

當然不一樣」，嗯？只要這麼一講，就好像任何不合理的房價，又能瞬間變得很合理了。

錯，這又是一個非常硬拗的偷換概念，買房子又不是挑老婆，因為每個女人都是獨特的，所以你選擇跟哪個女人結婚、過什麼樣的生活等，會因選擇的對象而大不相同。但買房會是一樣的邏輯嗎？同一個社區，雖然不同的戶型會有些差異，但重點在於這一點點的差異，就可以無限上綱、去合理化不合理的售價嗎？

比方說，今天你購買了 A 社區位於 20 樓、三房 50 坪的物件，因為這個房子有裝潢、採光好、無風水瑕疵，讓你非常喜歡，因此你以總價四千萬、每坪 80 萬購入了這個房子。

到了簽約當晚，你突然發現自己好像從沒去查詢過實價登錄，於是趕快查了一下，赫然發現就在兩個月前，同社區 15 樓同樣三房的房子，每坪成交的單價是 40 萬，只有你的一半，於是你隔天氣呼呼地跑去找房仲理論。

可是房仲卻跟你說，因為 15 樓的房子樓層比你低、面積比你的小、格局比你差、採光面向也沒你好、房屋也沒裝潢，還有壁刀的風水瑕疵等等，再加上這兩個月的房價又有往上漲，然後再跟你說：「畢竟每個房子都是獨特的，你家各方面又比較好，所以價格自然比較高嘛」。

聽到這邊的你，能夠接受這樣的說法嗎？僅僅是高了五層樓、大了 10 坪、採光面向好了點、裝潢多了些，然後晚了兩個月買，就值得你要付出兩倍的成本嗎？這顯然是不合理的，因為優點多，

所以高個 5%、10% 成本，我相信大多數人是可以接受的，但是整整多了一倍，然後用「獨特」這個說詞要你買單，完全不合理。

　　這樣你明白了嗎，雖然裝潢、遮蔽物、視野、風水瑕疵、加壓馬達、樓層等，雖然都是影響房屋價格增減的額外因素，但因為房屋的同質性相當高，因此這些因素能夠影響的價格只會在「一定範圍」內，專業的房仲應該要提供完整行情，讓買方知道一般行情範圍大概在哪，現在這間房特別貴或特別便宜的理由又是什麼，無論這個理由是否合理，仲介都應該基於「平均狀況」向買方分析清楚，才不會讓消費者權益受損，而不是什麼都只想靠話術哄騙過去。

　　房仲人員應該是專業的顧問職，賣的是資訊而不是房子，既然是賣資訊，就應該將房子所有情況與優缺點毫無保留地誠實告知，而不是抱持著：「反正你問的我都講了，剩下就是你自己的事」的不負責任心態，將所有風險丟給資訊弱勢的消費者承擔。

不實話術 13：只要買賣雙方同意的價格，就是合理價格

　　關於最後這一點，究竟該分類在半對半錯的常見迷思，還是完全胡扯的不實話術，我想了很久，最終還是將這個話術選擇放在不實話術這個分類裡面，因為我不希望業者將這個話術，作為合理化自己使用詐術銷售的擋箭牌。

不只是《買房知識家》或各大房產論壇，99％的房仲店長、代銷專案，都會不斷灌輸：「只要買賣雙房同意的價格，就是行情，就是合理的價格」的觀念，才能避免讓底下的業務員有罪惡感，而這個話術背後的意思就是：「反正你們買賣雙方都同意這個價了，那就是你們自己的責任了！」

一旦這個扭曲觀念深植於房仲與代銷，就會讓第一線業務員在銷售上什麼話都敢講，因為成交行情合不合理的是消費者認定，跟自己沒有關係，房仲只需要能讓買賣雙方在價格上達成一致、簽下白紙黑字，那麼用什麼手段也就不重要了，反正出現的新行情就是消費者自己的責任，業者先前用的任何誤導行情的伎倆，也在簽約當下瞬間變得合理。

比方說，業者用炒作的話術，讓弱勢的買方誤以為房子不但便宜、而且後續樂觀看漲，使得買方就在房市高點，用信貸湊足頭款，買了一間半年內被加價 50％ 的房子，這個成交價合不合理並不重要，重要的是已經讓買方簽下去、已經創造出新的行情了，責任就在消費者身上了。

另一個更常見的例子，就是仲介不斷用各種房市末日之類的危言聳聽、刻意提供最低的行情數字、惡意放大房屋的瑕疵，或者故意用擺爛不帶人去看屋的方式，讓屋主誤以為自己房子很差很貴、誤判房市要崩盤了，於是便急急忙忙用遠低於市價的價格，讓房子被仲介轉售給黑心投機客，或者是被仲介自己的家人吃了下來。

想像一下，如果當你被業者給騙了，害你嚴重買貴或賣低，你

怒氣沖沖要找業者討公道時，對方卻對你說：「只要買賣雙方都同意的價格就是行情，所以你同意的價格，就是合理行情啊」，將因為資訊不對稱而吃虧上當的詐術，轉變成「誰叫你自己笨」的結論。

就像是你去餐廳吃飯，結果菜色難吃到無法下嚥，店家卻對你說：「不管喔，你都有吃到了，吃一口也是要付全部的錢，牌子上都寫了『有吃過就不能退』」，請問你的感受是如何呢？

就像上一點提過的，我相信真正專業的房仲和代銷，應該要基於顧問職的專業，拿出客觀數據告知行情範圍、分析市場處於多頭還是空頭，讓消費者是基於充足正確資訊而做出的買賣決定才對。

很多買方可以接受買貴，但業者也必須客觀地說出為什麼買貴的理由；很多屋主也可以接受降價，但也必須說明為何建議降價的原因，只要房仲業者願意誠實地做生意、具備足夠的專業知識，不要為了業績而說謊，就能避免每年高達兩千件的房產糾紛。

註：根據內政部統計 [14]，近五年平均每年有 1,555 件的房地產消費糾紛，雖然這些糾紛有些是消費者自己的問題，但不可否認糾紛會這麼多的原因之一，就在於業者希望趕快成交的心態，才導致許多細節並沒有充分讓消費者明白，進而讓消費者有找消保官申訴的理由。

14 內政部不動產資訊平台 https://pip.moi.gov.tw/V3/G/scrg0502.aspx

🏠其他常見話術陷阱

除了前面介紹的 27 個常見帶風向話術以外，還有很多是房仲與代銷在日常就會講的「說法」，目的就是希望你不要思考、趕快買房、無腦追價，接下來這三大類常見話術，我相信你肯定多少也聽過幾個。

一、否定房價會跌的話術類

‧「薪水都不會跌了，房子怎麼會跌」

→但他們無法解釋為什麼會有人被法拍、被裁員。

‧「房子再不買，越晚買越貴」

→卻不告訴你有些屋主在 2022 年的售價，比 2014 年還差。

‧「你看隔壁棟剛蓋好就 3 字頭了，趁現在 2 字頭的就快下手」

→可是隔壁是全新預售案，你看的這間是 20 年中古屋。

‧「現在大型建設公司在建，你覺得他們會讓房價掉下來嗎？」

→會，空頭期很常看到建商降價。

‧「原料這麼貴，他們有可能賠錢賣嗎？慢慢等吧！」

→不至於賠錢賣，但空頭期的建商會讓利給買方，而且原物料的價格也是會波動、會降回去的。

．「最近觀望的人變多，因為買方在評估房價會不會往下，我
　怕說實話會傷了你的心，因為真的不會下降」

→然後你一拿出本書的歷年房價下跌紀錄，他們就會轉移話題。

．「臺灣人面對戰爭的威脅，第一個想法居然是要準備買跌價
　後的房子，這樣房價怎可能會崩跌？」

→請問是誰代表全臺灣人呢？ 1996 年不就一堆有錢人拋售房
　子造成大跌嗎？

．「現在買看起來是買到最貴，但三個月後再看，價錢更貴」

→可以問問 2015 年底與 2022 年初買房的屋主，他們會不會
　認同這句話。

．「房價不會跌，因為銀行借款不能倒」

→房價泡沫才會讓銀行倒，過去房價跌過那麼多次，有哪間銀
　行因此倒了嗎？

．「現在建材跟以前不一樣，材質先進又是高科技，怎麼會跌？」

→請問建材跟房價漲跌之間的關聯性是什麼？房地產又不是海
　鮮店的食材，原料好就一直會漲。

．「竹科工程師很有錢啦！新竹房價不會跌啦」

→難道他們不曉得當年無薪假對工程師的陰影嗎？況且新竹房
　子，到底有多少比例是工程師買的？

二、要你無腦購買的說法

· 「實價登錄跟不上市場行情」

→對，空頭期的實價登錄，還比你實際能賣得出去的價格更高喔！

· 「看實價登錄買不到房，現在房價已經不是這個價格了」

→到了空頭市場，就變成看實價登錄賣不出房子了。

· 「你不買，後面的已經在排隊了，只是你有斡旋優先權，我們競速不競價」

→可是對方卻拿不出其他同事也收斡旋的證據，一個禮拜後，又回頭問你要不要來下斡旋。

· 「全臺中這間目前最猛，保證秒殺」

→結果下禮拜，又看到業務在臉書社團 PO 這個物件。

· 「買房靠的是衝動，開屋氣場對就要開價」

→如果買方開一個氣場不對的斡旋價呢？因為這個房的氣場就只值這個價。

· 「你喜歡的其他人也會喜歡，提早卡位、布局獲利」

→意思就是你這個韭菜喜歡的，別的韭菜也會喜歡，反正先卡位再說、會不會獲利以後再說，總是會有一個韭菜上鉤的。

・「只是月薪四萬的人還想住大安區」

→典型攻擊談論居住正義的說法，只是試圖轉移高房價的問
　題，到底是誰月薪四萬還想買大安區的房子？說出來啊！

・「這間 48 年公寓可自住，也可以投資買下來等都更」

→忽略都更的難度與遙遙無期的等待期。

・「硬買總比不買來的有保障，房貸總有付得起的時候，不買
　就連利息都買不起囉，反正買就對了」

→很好奇什麼情況會有連利息都付不起的情況？證據呢？硬買
　房就是賠售的教科書案例。

・「雙捷運會經過本區，未來鐵路高架化肯定大漲」

→但周遭的生活機能還沒起來，捷運搞不好十年內都不會完工。

・「好物件比較難殺價」

→理論上沒錯，但真正影響好不好殺價的因素稱為「人況」，
　也就是屋主售屋的動機與急迫性，很多舊公寓的屋主漫天開
　價，也有很多高級社區的屋主，因為缺錢周轉所以大降價
　（以數據來看，高總價的跌幅通常比小坪數更大）。

・「有錢人也買這裡、住這裡，風水一定是看過的，跟著有錢
　人買就對了」

→難道你沒看過仁愛帝寶被法拍的新聞嗎？

‧「這價格真的很優惠了，下次談就沒有這麼優惠了」

→結果三個月以後，仲介打來說你之前的斡旋還要不要再出一次，因為屋主現在價格更優惠了。

‧「既然你喜歡這間，出價就要有誠意一點，這幾天陸續好多人來看，如果你沒把握機會很快就被賣掉了」

→結果下個禮拜，仲介還在帶人看這間房子。

‧「這個社區風評好，屋主要提高這社區的價位，所以不可能賣低價，不可能 9 折賣啦！」

→連仁愛帝寶都會被法拍了，有什麼一般社區不可能低價賣呢？

‧「屋主光是裝潢就花三百萬了」

→但是你在現場根本看不出來哪裡值三百萬，屋主自己花了冤枉錢，不能要求你來買單吧！你不喜歡的裝潢，就不需要買單。

‧「現在建商都不二價」

→除非是市場大多頭，否則一般預售案都有四個底價：業務知道的底價、櫃檯小姐底價簿裡的底價、專案權限內的底價、建商能決定的底價。

‧「銀行貸款無法追得上行情，附近不會有你要的價位跟條件」

→如果連銀行鑑價都估不到的天價，你敢買嗎？

三、公然睜眼說瞎話

‧「對面是福地影響不大，上班族晚上才下班看不清楚」

→不是吧，重點不是看不看得清楚吧！

‧「福地福人居」、「這些嫌惡設施等大樓蓋好就會移走，你看這邊住戶這麼多，開便利商店不是更賺嗎？」

→那為什麼墳墓會被公認為嫌惡設施呢？你有確定要移走的政府公文嗎？

‧「有故事的大樓中，沒有故事的小屋」

→這是凶宅大樓，但不是本戶喔！

‧「離塵不離城」

→就只是地段很差的地方

‧「旁邊滿滿的山林芬多精」

→在台灣可以住到旁邊有山林的地方，可想而知地段有多差

‧「屋主原本是買給小孩住，結果小孩出國不回國」

→超級無敵常見的狀況，結果房子一看就是標準的投資客裝潢屋。

‧「我有一組誠意買方急尋本社區，希望你可以給我個委託」

→非常常見的手法，你可以當下請仲介提供買方的需求資訊，例如 LINE 對話之類的，讓你看看那個買方到底是多有誠意。

・「實價登錄上的價格都不準啦，因為政府會把比較貴的行情隱藏起來，讓房價看起來比較便宜」

→嘿！這已經是公然散布假消息囉。

四、加碼爆料

・客戶說：「為什麼房仲每次帶我看房，我都會看到固定幾個買方」

→沒錯，去看看他們公司的尾牙大合照，說不定這幾位買方還穿著一樣的制服喔。

・客戶說：「很多仲介用 591 釣魚稿騙買方上鉤」

→非常常見的手法，你可以直接跟「591 房屋交易網」檢舉，讓這則廣告下架（讓他們的廣告費白花）。

＊　＊　＊

以上，就是我從網友、業者、房蟲、房產專家或 KOL，以及我自己早期也用過的老招，整理出最常見的 30 大購屋陷阱，如果還有其他重大陷阱我沒分析到的，歡迎你私訊到我的 IG（帳號：Superagentzack），我會再將價值夠高的話術陷阱拍成 YouTube 影片補充說明，並且會附上你的 ID 或暱稱，讓我們一起將扭曲的臺灣房地產變得更好。

看了這麼多房產業者的話術陷阱，你會不會很好奇，到底是「哪些人」不餘遺力地拼命帶風向，他們真正的目的，難道就只是

要營造房市熱絡的假象，讓自己好成交而已嗎？

　　錯，當然不只！

　　下一章，我會帶著你把這些亂源，一個一個給揪出來、幫你一一摸透他們的底，以及讓你知道目前螳臂擋車的我，正如何靠渺小的一己之力，一手頂著業界鋪天蓋地的攻擊、一手盡力扭轉臺灣的房市亂象。

第五章

哪些人在帶風向？

🏠房仲根本不懂房地產

　　在看完前面的篇章以後，你會不會覺得很好奇，明明很多事情都是不爭的事實、更是專家眼中相當基礎的知識，但為什麼這些業者卻故意忽略或直接否定，例如不認為聯準會 QE 才是影響房價的主因、對消費者說房價從沒跌過、聲稱升息只會讓房價漲、打房只會越打越貴，甚至公開說升息是房價的利多因素，根本不像是從「專業人員」口中會講出來的話。

　　除了希望房價漲、讓買方有信心進場，進而讓市場變熱絡外，另一個消費者都不清楚的真相就是，那些我們眼中的專業人士、房產專家、電視名嘴、建商、記者或網路上的投資高手，其實真的不見得有你我想像中的那麼專業。

　　比方說，大家都認為天天在處理買賣房地產交易的第一線房仲，理所當然應該是最懂房市的人，然而實際的真相卻是我前面不斷提過的：「房仲根本不懂房地產」。

　　對，你沒聽錯，房仲業務員其實根本不懂房地產，至於代銷的部分因為我沒有從事過，所以這部分我這邊先不談。

　　根據內政部統計，2022 年第一季全臺房仲與代銷共有 7,227間，不動產營業員（也就是一般房仲與代銷業務）總計 49,576 人，近十年來最差的 2017 年第一季，也有 35,516 人，再根據 2020 年「比薪水薪資查詢平臺」[1] 的統計，全臺不動產業者平均月薪為

1　ETtoday 新聞雲 https://house.ettoday.net/news/1850633

43,317 元，比全臺平均月薪高了 2,719 元。國內兩大房仲業龍頭：信義房屋與永慶房屋，旗下業務平均月薪分別是 49,286 元與 42,456 元，均高於普通上班族的薪水，加上 2020 年後的房市大多頭，就讓更多人都湧入房地產業掏金，讓原本就僧多粥少的這行更加競爭。

每年這麼多新人湧入房地產業，負責在第一線為消費者服務、與消費者打交道，但你曉得房仲新人到職之後，會經歷哪些專業訓練嗎？

一、房仲新人的教育訓練

首先最常見的，就是會讓新人去畫商圈圖，把公司服務的商圈內有哪些社區、哪些路、哪些重要的設施都畫下來，在畫商圈圖的過程中，公司還會要求新人去拜訪社區的警衛，希望透過跟警衛打好關係，以便拿到屋主的出售資訊與聯絡方式等個資（但這種方式的效率極差，還冒著違反個資法被告的風險）。

大概到第二週，新人會上不動產營業員的課程，因為必須要經過三十小時的國家訓練，並且通過筆試才能拿到營業員的證照、才能正式從事房仲工作與印製名片。

這個課程雖說是國家考試，但考核過程「寬鬆到令人訝異」，筆試全都是單選題，而且考題的內容幾乎不會變，訓練機構也會提供題庫讓新人回去背，因此想要通過營業員的筆試：「不過比通過更難」。

　　接著到第三週左右，公司會教授一些基礎的銷售流程，例如看屋、下斡旋、簽約、用印、完稅到交屋，還有建築物的分類，例如公寓與電梯大樓的差別、透天與別墅的差別等，接著是講解房地合一稅、房屋稅、地價稅等等基礎稅法。

　　新人前三個月的教育訓練，大概就是要搞懂這些內容，通常直營體系的教育訓練會更豐富，但大概也都不會脫離這個範圍。高專店的教育訓練大多非常薄弱，甚至不少高專店是直接放羊吃草，讓新人自己想辦法生存、甚至是自生自滅。

　　最後到第四週左右，就會教業務怎麼開發客戶與帶買方看屋的帶看技巧，以及各種情況該用哪些對應「話術」，例如屋主價格開太高怎麼辦？買方斡旋出太低怎麼辦？畢竟業務單位的目的是賺錢、不是教學，一切都是結果論，因此房仲公司希望新人可以馬上變成即戰力，趕快上戰場跑客戶、趕快把業績帶回公司。

　　到這邊你有注意到關鍵點了嗎？

　　沒錯，房仲業的教育訓練都是聚焦在「房產物件」、「開發客戶」與「談判技巧」，完全沒有任何總體經濟學的課程，乃至於不會談到低利率市場的形成原因、為何低利率市場會造成高房價環境，也不會談到聯準會的量化寬鬆政策，會對臺灣房市造成哪些影響、如何造成影響。即便有談到，頂多只是公司店長或主管的個人觀點，但他們大多也缺乏這方面的專業知識、甚至很多還反對這些事實，使新人在最重要的養成階段就吸收太多的有毒觀念。

　　我們都知道「一知半解，比不知不解更可怕」，一旦房仲公司

給的教育訓練與知識是錯誤的，這些錯誤觀念就會在第一線人員身上發芽，並且不斷地被世襲下去，再加上大多傳統老店長都認為「經濟學」的知識並不重要，因為他們堅信既然房價只會無條件上漲、那麼研究經濟有什麼用，反正只要能夠用話術技巧賺到錢、能讓客戶乖乖簽字，其他根本沒意義，某些老房仲還會揶揄鑽研與房市相關經濟學知識的年輕業務。

但這些都是可以理解的，畢竟房仲公司的管銷成本很大、再加上人員流動率更大，尤其是獨立經營的高專店大多都很艱苦，因此一般高專店便不太重視新人的教育訓練，只要求新人跑出去能把客戶帶回來、交給老鳥搞定就好，認為讓公司生存下去當然比培養新人更重要；相反的，直營體系對於新人的教育訓練要求很高（雖然觀念已跟不上時代），但因為直營體系的業務員有底薪，為了不讓公司這些「投資」打水漂，所以給的教育訓練非常完整，我都建議零經驗菜鳥的入行首選，就是直營體系。

久而久之，房仲業自然會變成業績掛帥、唯利是圖的行業，公司會不斷灌輸「業績才是一切」的老舊觀念，要是新人太在意客戶的利益與感受，會被認為存在「客戶情節」而被主管教訓、被店長關心，也才會讓「踩線」這種國外認定的違法行為，變成房仲業的例行事項和 KPI，最終就讓房仲業失去「顧問」的原始腳色，變成單純賣房子的推銷員。

然而消費者能怎麼辦？大部分的消費者並不具備辨別話術的能力，但諷刺的是絕大多數的消費者，卻都認為房仲絕對騙不了聰明

的自己。

二、帶風向的房仲總部

我們再把層次拉高到房仲總部的高度，身為堂堂房仲公司的總部，理所當然應該要匯集各方面人才、充分蒐集數據與研究市場資訊，然後將這些專業資訊提供給底下的業務員和加盟店，協助店頭用更高規格的專業來服務消費者，對吧！

然而房仲總部真的是這麼做嗎？其實總部跟店頭的思維都一樣，也是將賺錢列為首要目的。

我們分別以直營與高專的房仲總部來看，直營總部依賴的是第一線業務的業績收入，所以房市熱絡就能直接提升總部的收入；加盟總部則是依賴店頭的月費收入，房市越好就有越多人開房仲公司，加盟總部才有月費收入，所以加盟總部也會希望房市熱絡。

最明顯的例子，大家可以上網 Google 一下「2015 至 2019 每年底的房市新聞」，可以查到幾乎所有房仲總部的董事長、CEO、發言人，他們每次對於隔年房市的展望與預測，幾乎全部都給出一模一樣的看法：「價量齊漲，明年會比今年更好」，然而他們這些分析，卻幾乎每一年都槓龜。

為了不擋人財路，所以哪些總部說過哪些話，我這邊就不一一列舉了，但也因此我們可以理性反思：「為什麼理應是最專業的房仲總部，但每一年的房市預測卻失準的如此離譜呢？」，答案顯而易見，要嘛總部是為了營收，故意對消費者帶風向，要嘛就是總部

的專業，真的沒有你我想像的那麼好，就如同不少建商還會選在大空頭前狂推案，讓沉重賣壓大幅減少次年的營收。

講到帶風向這件事，我自己也有段真實故事想對你分享，不少人都知道我曾經在某房仲總部工作過，當年我處的團隊雖然專門銷售海外房產，但除了我有幾年房仲經驗、我的搭檔曾短暫在店頭待過一年外，當時我們主導海外房產銷售的整個團隊，沒有任何一個人有房地產銷售經驗。

即便如此，當時有記者向我們詢問海外房產的房價漲幅、租金投報率時，我的主管不但沒有要求團隊進行嚴格的資料查詢，反而只是坐在她的座位上，問當時還很菜的我「大概的數據範圍」後，她就隨便胡謅個數字讓公關傳給記者報導，記者也不會再去查核這些數字的真實性，畢竟誰會懷疑由房仲「總部」提供的「權威數據」呢？

除了總部會發言帶風向，不少房仲總部和建商，都跟媒體關係甚好，將媒體或記者作為帶風向的幫手，例如聯準會在 2021 年第三季已多次告知，預計隔年第三季或第二季就會進入升息循環與縮表，當時連我的觀眾都知道 2022 年中旬，就是房市要 A 型反轉的時候了，但當時不少媒體與房仲總部仍不遺餘力地帶著風向。

例如某位相當資深卻外行的房產記者在 2022 年初，發表關於《年輕人要買房，才能走向財富自由》的專欄文章，報導中強烈暗示只有買房才能翻身致富的偏激觀念，卻隻字不提聯準會升息伴隨的風險，也不提過度槓桿買房的延伸問題。假設真的有年輕讀者，

在 2022 年初聽信了這種不專業記者的帶風向報導而衝動買房，馬上就會在交屋後的下一季，立刻面臨房市急凍的窘境，讓自己落入現買現賠的陷阱、被套牢一生的下場。

因此你現在知道，無論是第一線的房仲業務、房仲店頭或房仲總部，甚至是號稱資深的房地產記者，都會為了「賺錢」而努力地用「房價只漲不跌、要買就要趕快」的風向去誤導你，提供的數據來源也不見得有出處（或出處相當薄弱），仔細觀察他們的發言，也會發現邏輯謬誤層出不窮，例如當我們談論未來三至五年的房市可能走空，他們卻一直跟你扯過去三、五十年來都在漲，刻意把短線市場與超長期市場混為一談。

只要你能察覺業者種種行為的動機，就是希望讓你盲目相信房價只漲不跌，讓你放棄思考與做功課，一旦消費者放棄思考與查證，再加上又缺乏辨別業者話術的能力，自然很容易被業者輕易操弄了、乖乖被業者牽著鼻子走，因此關於預測未來房價走勢的你，絕不能只聽信在這方面不夠專業、立場也不夠客觀的業者。

反例：海外代銷業者

本書前面都在講無腦看多的房產業者，接下來這一段我要讓大家知道，還有永遠都在無腦看空的一派，就是海外代銷業者。我之所以能理解臺灣房地產基本面有多差、房價漲跌的動力是靠資金推升的原因，就是因為我從事了七年的海外房地產，而且大多都是處

在具主導權的位子。

話說回來：你知道海外代銷與本土房仲，是冰與火的對立關係嗎？

如果你跟海外代銷業者打過交道，就會發現海外代銷無腦看空臺灣房產到一個極致，完全否定臺灣房產的價值，認為全臺沒一個地方的房價合理、全臺租金投報率沒一個地方及格、全臺沒有任何房產值得投資，認為臺灣的經濟只會越來越差、房地產不可能會有任何上漲的機會等等，他們經常會在房地產的投資說明會上灌輸這類觀念給民眾，將臺灣住宅講得一文不值，以利吸引投資者前往海外置產。

雖然臺灣房地產體質確實很差沒錯，但也沒有到那麼不堪，例如 2016 至 2019 這幾年，雖然北部、中部房價下跌，但南部與蛋白區卻因為補漲導致漲幅不錯；學生套房與隔間套房的租金效益，也完全不輸海外房產，更別說我們臺灣人在國內購屋，還享有超低利率與七成起跳的貸款優勢。

海外代銷的目的也很簡單，就是賺錢。

然而，海外房地產真的那麼輕鬆又好賺嗎？如果如此，為什麼前幾年這麼多人前往海外置產，卻屢屢聽到發生糾紛而鬧上新聞的情形呢？為何某些國家的「銷售佣金」，可以用暴利來形容呢？

我們在前一篇章看過《全球房地產指南》對於全球與臺灣房市的評價比較，無論在購入評比與租金收益方面，臺灣都是無庸置疑的世界級糟糕，如果不考慮 QE 替臺灣帶來僥倖的房價上漲，一般

情況而言，海外房地產確實在「獲利面」，各方面都比臺灣更好、選擇還更多，而且收租管理更是比臺灣更輕鬆（你沒聽錯，國外的房子反而比臺灣更好管理），我自己也是計畫將資金配置到海外房產，至於我為何不想在現居的臺北買房，會在第六章深入說明。

但請你不要看到這邊，就貿然決定要進場投資海外房地產，因為海外房產「高獲利」的背後，隱藏的是相對的「中高風險」，而且這些風險大多都超出一般臺灣人的常識範圍。

有鑑於 2022 下半年的本土房市慢慢冷卻，通常本土房市越冷、海外房市就會越熱，可能會有大量習慣投資房地產的客群，會想將這套台灣房產投資模式套用在海外房市內，因此我得趕快向你說明「海外置產」的主要風險，希望有緣閱讀到這邊的你，不要在臺灣被房仲騙、去海外又被代銷騙。

一、投資海外房產的常見缺點

說到海外房產投資的缺點，首先就是貸款。只要看過國外的房貸條件，你就知道臺灣人的房貸有多優惠，比方在澳洲購屋，2015年最寬鬆的時候，大概貸款的上限也只有七、八成、利率 3 ～ 4% 左右，以升息後的美國來看，2022 年第三季平均房貸利率，已經來到 5 ～ 6% 的水位。

其次則是持有成本，對比臺灣低到不可思議的房屋稅和地價稅，除了東南亞以外，幾乎各國的持有成本通常都是臺灣的 2 ～ 3 倍以上，因此當海外代銷跟你宣稱投資數據多亮眼時，你一定要特

別請對方把所有的成本都一筆一筆列出來給你看，就算只是抓個粗估的範圍也可以，務必請業務把「淨租金」粗算出來，你才不會被毛租金與淨租金的巨大落差給嚇到（通常毛租金與淨租金的投報率，可以差到 1 ～ 1.5% 左右）。

以臺灣人前往海外置產來說，通常最大的風險不是你刻板印象中想得到的那些，例如某位以無腦看空著稱的房產專家會告訴你，投資海外房地產會因為買到不好的房型、不熟悉當地法規與稅務、語言不通或人生地不熟之類的，導致你慘賠出場、血本無歸，這種專家還會不負責任地給出一些無法幫上消費者、但可能提高風險的外行建議，例如會請你不要透過海外代銷公司購買，直接飛去當地找建商就能省 2% 服務費。

除此之外，許多在臺灣有房地產成功經驗的投資客，也因為對自己過於自信，而將在臺灣投資房地產的僥倖成功經驗套用在海外房產上，例如去買一些售價非常便宜、但未來會有大型建設在旁邊，或者之後會有捷運經過的偏僻地段，結果明明買到了外圍郊區，還以為自己買到下一個信義計畫區（海外代銷業者最愛用的說詞：「這裡就是下一個信義計畫區」）。

但上述這些，都不是海外房地產真正需要在意的缺點，海外房地產真正的投資風險，往往問題都不是出在物件上，而是出在「人」身上，這邊說的人，就是為你服務的海外代銷公司，以及他們的業務員。

二、海外房地產的真正風險：人

為什麼我說「人」才是海外置產的真正風險呢？

無論你過去投資房地產有多少豐功偉業、或是多有名的投資客，這些臺灣經驗不但無法幫你將成功複製到海外，還會讓你比初學者更容易掉進陷阱中，成為求助無門的「海外孤兒」。

隨便舉個例子：很多人去泰國曼谷投資房地產，一看到售價只要兩百多萬臺幣的物件，可能旁邊 300 公尺明年就有捷運站，就會認為未來漲幅空間肯定很大。

但卻不知道曼谷從 2015 年開始就瘋狂地增加捷運線，新捷運站如雨後春筍般冒出來，曼谷到處都是這種新捷運站旁的低總價社區，等於同質性商品的供給量已經高到難以上漲，更別說這些地區可能連便利商店都沒有，生活機能太差、取代性高，自然無法支撐房價與租金。

又或者是到布里斯本投資房地產時，看到中國建商蓋的社區有華麗公設、陽臺全部外推出去、讓室內空間發揮到極致，蓋的還是目前臺灣非常搶手的兩房一衛房型。

但臺灣購屋者卻不知道，澳洲人其實很少使用公設，當地人認為與其在社區內的泳池游泳，還不如直接開車去黃金海岸或陽光海岸玩。澳洲人也非常在意陽臺空間，臺灣人偏好的陽臺外推作法，正好踩到澳洲人的大地雷。更別說兩房一衛的房型會讓他們覺得缺乏隱私，所以他們都只買兩房兩衛的房型。

　　諸如此類對當地「購屋習慣」不了解而陷入的地雷還有很多，這邊就不一一列舉了，但臺灣人實在易騙難教，海外代銷不會大費周章把消費者教育到識貨，反而是順應著臺灣人習慣的迷思來介紹，再藉由刻意隱瞞重要資訊，害消費者在泰國買到看似便宜但供給過剩的房子、在澳洲買到看似划算卻難以轉售的地雷房型（澳洲的中古屋只有澳洲本國人能購買，表示海外投資者要出場，只能賣給澳洲人）。

三、被加價的風險

　　《富爸爸，窮爸爸》的作者羅伯‧特清崎說過：「房地產的利潤，是在進場時決定，而不是出場時」，就如同台積電股票的利潤高低，決定在你是用 100 元還是 688 元購入。關於海外買房被加價灌水的情形，幾乎都是發生在東南亞的小建商上。

　　很多臺灣人看到售價低廉的房子，總認為：「價格都這麼低了，風險還能高到哪去」，便信心滿滿地進場投資，但是東南亞許多小建商的低總價物件，往往都會被加價灌水賣給外國人，例如當地售價只要臺幣 120 萬的套房，即便海外代銷用 180 萬賣給你，臺灣投資者也會覺得 180 萬很便宜、評估風險很低，但成本已經比當地市場貴 50% 了。

　　也有可能是建商或代銷雖然沒有加價灌水，但售價卻有相當高的比例是分給海外代銷的佣金。以下我再分享一段真實故事給你，但為了不擋人財路，就不明說是哪個國家了。

　　我曾經跟幾個仲介在該國考察房市時，跑了幾個預售案的案場，去開發在地建商的合作機會，那些建商看到我們，不但沒有因為我們是同行而冷落我們，反而非常積極希望與我們有合作的機會，他們除了對我們不斷講著對消費者的那套推銷話術外，更重要的是這些小建商給的「佣金」非常驚人。

　　以海外開發商（建商）給海外代銷的佣金來說，一般先進國家大概是給 2 ～ 5% 左右，東南亞大概落在 3 ～ 6% 之間，佣金高低的差異取決於建商規模、社區熱門程度和海外代銷業者本身的條件，但行情大概就落在這個範圍。

　　但該國的專案對我們說，只要我們願意代理他的物件在臺灣銷售，起跳就是 10% 佣金；如果可以自己先買一戶取得區域總代理的資格，佣金則是 15%；如果我們能夠押一筆訂金去包盤，也就是直接保證賣完某幾個樓層或一定數量的物件，佣金可以高達驚人的 20%。

　　請想像一下，當你今天買一間房子，裡面竟然有 20% 的房價是給代銷的利潤，這樣你房子的實際價值到底剩多少？這還沒算入建商自己也要抽的利潤喔。

　　羊毛出在羊身上的道理我們都懂，很多海外代銷公司能夠不向臺灣消費者收 2% 服務費的原因，門道很可能就是在這裡了。

四、保證出事的保證型物件

　　很多投資者會認為：「既然海外房產的不確定性這麼多，那我

就購買那種有保證給租金，而且時間到還會保證跟我買回來的物件就好啦」，跟這些人提醒風險時，他們還會信心滿滿地說：「有什麼風險？我都跟建商白紙黑字寫下來了，有什麼好擔心的？你是因為拿不到這種案子，所以才說它們差吧？」

就因為臺灣投資者普遍有這種心態，所以 2017 到 2019 年才爆出了這麼多與保證型物件有關的海外房產吸金新聞。而你知道什麼是「保證型物件」嗎？保證型物件有分為「保證租金」和「保證買回」兩種形式。

所謂的保證租金，就是建商會保證每年給你一定的租金，例如保證五年、每年給你淨 6% 的租金，無論這個房子被租得更高、更低，或者還沒被租掉都一樣，房東就是躺著領租金，其他什麼事情都不用管；保證買回，則是建商會跟你約定在一定時間到期後，用原價或是加價的方式跟你買回來。

假設建商給的保證租金很低，例如只有 3 ～ 4%（符合周遭行情），而且保證只有半年一年，那這種保證型物件的風險倒是不高，可怕的是那種會保證連續給你五年、十年以上，而且每年 5 ～ 10% 以上的超高淨租金、時間到就以原價或加 20% 買回來的那種，風險就真的極高了，以我這些年來的觀察，只要有標榜提供「保證買回」的物件，無論是預售屋還是中古屋，幾乎全部都出事了。

為什麼會這樣子？其實只要理性思考就不會掉入這個陷阱。

我們都知道賠錢生意沒人做，在全球利率普遍不高的情況下，

建商若是需要資金，直接找銀行融資不是更划算、更有效、更快速嗎？為什麼要大費周章地銷售給一般民眾，還付出比融資利息更高的租金呢？尤其是五年、十年後得保證買回的事情，建商為什麼願意承受這麼高、又這麼長期的巨大風險呢？

因為事實上，這種保證型物件，建商反而幾乎零風險，風險都是在自認為零風險的消費者身上。

理由很簡單，建商在初期銷售時，就已經把定價拉得很高，有些高至 30 ～ 50%，我也看過誇張拉到 3 ～ 5「倍」的保證型物件，等於建商銷售時就已經連本帶利全部賺走，然後再將投資者溢價購買的錢，用保證租金的形式一點一點退給對方，一直退到建商給不出來或不願意給為止，也就是說，消費者是拿自己的錢付租金給自己，典型的龐氏騙局。

你可以觀察一下，通常會銷售這類物件的業務員，幾乎都是沒什麼房產經驗的菜鳥，正因為菜鳥們搞不清楚狀況、也看不懂背後耍的把戲，所以在銷售時都會很敢說、很敢對消費者承諾，因為菜鳥們是發自內心地認為自家的產品最完美。

但臺灣投資者卻誤以為能夠在白紙黑字的保證下，用低總價得到高獲利卻零風險的機會，讓貪婪遮蔽了雙眼。我過去擔任海外房仲時，就不斷宣導保證型物件的問題與風險，但很多消費者認為只是因為我的公司接不到「這種好物件」，所以才會說它們的壞話。

事實上我任職的公司曾經有接過，但我下令我這一組的部屬全部都不准賣，公司有任何問題都由我來扛。後來該案件果然就在

2020 年出事情而鬧上新聞了。

五、代理糟糕的物件還硬拗

　　有不少只銷售單一國家的海外代銷公司，在該國房市出現重大利空事件時，會選擇輕描淡寫或避重就輕地向客戶「主動說明」，讓臺灣投資者誤以為這些利空都只是小事情，例如 2018 年馬來西亞時任總理馬哈迪曾說，柔佛州的伊斯干達特區供給過剩、房價太貴，當地的馬來西亞人根本不可能買得起，要求禁止中國開發商繼續在這裡推案，但臺灣的代銷業者卻輕描淡寫成：「政治問題」。

　　或者從 2015 年開始，當年柬埔寨金邊的住宅供給量已逐漸超過市場需求量，平均租金明顯快速下修、空窗期越來越長，但臺灣的代銷業者卻始終堅稱當地投報率很高、未來發展性很好、房價還比基期低。

　　這就是代理單一國家的海外代銷常見的通病，為了自己的營收以及避免轉型困難，會不斷否定利空的事實、誓死捍衛自己銷售的地區，就如同本土房產業者不斷捍衛著房價只漲不跌的信念一樣。

六、交屋後就放客戶自生自滅

　　這些年來，臺灣大多數海外代銷公司，都沒有在國外當地設立「代租代管公司（以下簡稱物管公司）」，原因是因為在國外開設物管公司的成本太高，必須要燒錢燒很多年才有機會損益兩平，大

多數的海外代銷業者根本沒有這樣的財力。

此外，物管公司的收入來源是幫屋主管理房子的「物業管理費」，在不包含第一次出租成功的「一個月租金的仲介費」的情況下，通常先進國家的物管收費行情，是月租金 5 ～ 8%；東南亞則因為房租總金額低，行情落在 10 ～ 15%。但對於還沒有物管概念的臺灣民眾來說，平均每個月被抽走 8 ～ 10% 的租金作為管理費，會認為這樣的抽成太昂貴、太不划算，抱怨自己被海外代銷公司剝兩層皮。

於是，就在業者覺得經營物管公司太難賺、消費者卻認為這種抽成太好賺的情況下，最終導致業者不願意在當地設立物管公司，結果就是當客戶購買的房子，在交屋後準備進行出租管理時，代銷就隨便轉介給當地的物管公司來處理，惡劣一點的公司則是直接擺爛倒閉，半年後再開個新公司重起爐灶。

這種情況有什麼問題嗎？

以海外代銷來說，既然未來要兌現租金收益的人不是自己，當然就敢誇大租金投報率的數字，若是未來投資者實際拿到的租金太低，業者就會將問題怪罪到外包的物管公司上，認為是對方出租不夠積極努力，消費者得自己去跟物管公司溝通。外包的物管公司則認為，市場行情本來就只有這樣，如果不滿意的話，你可以去找別人服務，可是完全沒考慮到消費者缺乏選擇，不知該去哪裡找其他夠積極、服務又夠好的物管公司的現實阻礙，也就是吃定消費者最終也只能照單全收，不爽只能吞。

於是在租金收益遠低於業者初期承諾的情況下，要是又找不到願意認真處理出租管理的優質物管公司，這些海外投資者就會被當成人球踢來踢去，成為所謂的「海外孤兒」。

七、沒打算幫消費者轉售出場

就算你找到一間自己有在當地經營物管公司的海外代銷，出租管理也做得不錯，但這也已經是該公司的極限了，因為我觀察到的另一個現象就是：海外代銷，幾乎沒有在幫消費者轉售出場。

比方說，當你初期跟業務接洽時，業務除了介紹公司的物件外，一定會將公司後續的物管公司服務作為主打，讓你從購買、交屋、到後續代租代管有一條龍服務，幾年下來投資者也確實收了好幾年滿意的租金，可是投資者往往忽略「進場要先看出場」的投資觀念，以為這筆投資就會這樣順順利利地走到獲利了結，殊不知臺灣絕大部分的海外代銷業者，幾乎沒有在幫屋主轉售海外房產。

你可能會很好奇，既然他們在臺灣都有業務員了，為什麼不順便幫屋主賣呢？主要是因為銷售海外中古屋的流程比預售屋麻煩太多了，而且你五年前買的案子，現在的業務員不見得還熟悉它（海外代銷的業務員流動率也超大），與其為了賣幾間中古屋，需要額外再花很多時間做研究，基層業務寧可將手上的現成買方，帶去買相對單純又最熟悉的新預售案，再加上海外的中古屋買賣，還會遇到臺灣屋主愛砍服務費的問題，於是業務就更傾向銷售不會砍佣金的預售屋了。

而當地直營的物管公司也沒能力幫你賣，因為物管公司光是維持平時的業務量就很吃緊了，很少有公司會願意多養幾個在地業務員做轉售服務。

因此，我建議有遇到這種情況的你，請直接上網查詢在地規模較大的房仲品牌，直接委託給它們幫忙賣，效果絕對比委託回原本的代銷更有效。

八、如何控管海外房產風險

由於本書的重點並不在投資海外房地產上，所以一般消費者常見的問題與陷阱我就點到為止，針對有規劃到海外置產的讀者，我再提供以下三個風險管控方式讓你參考，不過每個國家的投資風險都不大一樣，只能快速粗略地講重點：

1. 千萬不要飛出國直接找建商買

某位無腦空名嘴常常在媒體上宣導「直接出國找建商買」的觀念，但這麼做除了省 2% 服務費以外，你完全沒有任何好處，比方說驗屋你找不到人處理、交屋你也不知道如何取得權狀與鑰匙，新房子需要修繕時你也不知道怎麼跟建商溝通，之後出租時也不知道上哪找物管公司，轉售時更會讓你煩躁。而且上述這些煩惱，建商是沒有義務幫你處理的，國外的業務更沒有臺灣那麼好拗。

這時很多臺灣投資者，就會想回頭找海外代銷公司處理，而且高傲地認為只要願意給專任委託，那些業務員就會感激涕零地跪著

把委託給接下。

　　但事實卻完全相反，臺灣的海外代銷業務不但不會承接（即使接下來也是消極擺著），甚至都會幸災樂禍地認為：「這種跳過代銷直接找建商買的人，『死好』」

　　一丁點都不誇張，很多海外孤兒透過網路找上我，希望我能幫忙解套，每當我透過人脈詢問銷售該國的同行能否協助時，他們幾乎都會異口同聲地說出「死好」這兩個字（或透漏差不多的意思），他們都認為這種自以為聰明、愛貪小便宜的人，就應該要為自己的決定付出代價。

2. 不要用你自己的品味做裝潢

　　有些在臺灣投資經驗豐富的投資客，認為都是因為自己的裝潢品味獨到，所以投資的房產在轉售時都能順利賺大錢，於是當海外的房子到裝潢階段時，就會想要主導裝潢的風格與成本，還認為當地的裝潢公司沒有自己老練。

　　我曾遇過一個真實案例，有一位臺南投資客郭先生，堅持不採納裝潢公司的建議，硬是要用自己的風格設計，結果整個裝潢「臺味」非常濃厚，連我將裝潢後的照片交給物管公司時，窗口直接跟我說：「這個房子怎麼弄得這麼醜，這樣我們要怎麼租啊？」

　　接下來發展你可以猜得到了，這間房子花了半年才勉強用低價租出，然後郭先生每個禮拜都跟我抱怨著投報率只有3%，實在太低了，但我卻不知道該怎麼將投報率為何這麼低的事實告訴他。

　　你要明白，每個城市、每個建案的客群都不同，裝潢一定要依照當地客群的喜好去設計，而非依你個人喜好，這樣出租速度才快、租金才能拉高，讓裝潢成為房子的加分項目，就像釣魚的時候我們都會用魚餌，而不會用麥當勞吧。

3. 別妄想石頭變黃金

　　超多臺灣人都很愛去找那種地點偏僻，但是未來會有大型建設或即將蓋捷運站的蛋白區，因為這種物件的總價超低、投資者的期望值超高，這種只看「便宜加話題」就買的心態，非常符合臺灣投資客的投資思維。

　　可是卻忽略很多國家的地形不像臺灣這麼密集，不少城市由於處在平原地形，因此擁有無限的外圍蛋白區可以供給住宅，即便你買得便宜，當地也沒有足夠的租屋需求能撐起租金與房價，更別提很多太過郊區的地方，連房仲公司跟物管公司都不願到那邊服務，屆時你還能怎麼辦呢？

　　我們在臺灣想投資房產都會有不少風險了，再加上海外房地產的投資風險更高、更不可控，因此我強烈建議，要買就買位於蛋黃區、上市建商蓋的房子，因為「Location、Location、Location」，只要地段夠好就是有足夠的價值支撐、就有一定的抗風險性，而且上市建商再雷也很難雷到哪裡，但小建商和一般建商，品質再好也很難好到哪裡。

教你炒房的投資老師

講完了房仲與海外代銷業者，接下來我們來講講另一類會帶你風向的人，就是開課教你炒房的投資老師。

每當房市進入大多頭，就有各式各樣、五花八門教民眾炒房致富的老師出現，當中確實有些老師是正派經營，例如教消費者如何安全又合法地做隔套出租，或者教大家如何辨別房屋瑕疵、避免買到劣質屋，不過依照我這幾年來的觀察，市場上仍然存在不少魚目混珠的黑心課程。

一、零元購屋

有些業者會專門開班授課，教民眾在「零自備款」下買到會漲價的房子，再透過這間房子的增值讓自己翻身致富，想要學會這套手法就必須繳交學費成為會員，業者才會提供更深入的作法，業者也會幫學員挑選「會漲價」的房子。

難道真的有這麼好的事情，可以不需要任何存款，就能靠房地產致富嗎？其實零元購屋的手法，已經被很多業者和媒體揭穿過了，之所以能零元購屋並不深奧，不過就是要客戶用信貸借到頭期款，再搭配所謂的「AB約」方式，將買賣合約的成交價寫高，讓銀行高估行情而給出更高的貸款。

例如成交 500 萬的房子，只要將成交價寫 600 萬，就有機會讓銀行誤用 600 萬的八成估值做放貸，讓客戶可以拿 480 萬的房貸，

自己只需要用信貸補上 20 萬的差額與 2% 仲介費，然後未來出售時，還可以用 600 萬作為成本來節省房地合一稅。

特別提醒，這個模式在 2017 年後廣泛被房仲業使用，大多搞不清楚狀況的菜鳥房仲還以為這是理所當然的手法，但這邊我要特別提醒你，以這種「AB 約」的方式來騙取房貸，將會觸犯刑法的「使公務員登載不實罪」，是有刑事責任的，最高可以處三年以下的刑期，不但知情的買賣雙方有責任，主導這個過程的業務和代書更躲不掉。而銀行如果發現的話，不但會將購屋者的「不當得利」追回，日後你要申請貸款、增貸、調整利率，也都會被銀行拒絕。

回到零元購屋這件事，假設用 AB 約加上信貸，學員的資金還是不足的話，業者也會願意主動用高利率借錢讓學員買房，等於是讓沒有財力的購屋者，開了極高的槓桿購屋，落入極大的賠售風險與還款壓力中。

然而，重點是那些業者提供所謂的「會漲價物件」，又是怎麼來的呢？其實大多都只是業者旗下仲介公司開發的普通委託罷了，有些更惡劣的老師，就直接將自己用人頭買的物件倒貨給學生來買，在學生接手的同時，就等於自己下車出場了，也就是老師能賺到學生的學費、成交時的服務費，以及這間房子的獲利價差。

請記得：詐騙集團要騙的對象，永遠都不是笨的人，而是貪心的人。

只要仔細想一下，如果你今天是業者，看到 100%「一定會賺錢」的物件，你會自己想辦法湊錢買下來，還是先打廣告去開課，

再教外行的消費者看懂這個房子的價值，最後再鼓勵消費者買下來賺錢，還借錢給你去買嗎？這根本不合理，對吧！

二、定期定額買房領配息

現在有不少老師教人集資買房，這一點我不認為有什麼問題，只要有把風險清楚告知，投資者只須為自己的選擇承擔責任就好，但當中有一種特別惡劣的手法，就是教投資者用定期定額的方式付款給業者，業者再根據購買的金額，給付「固定配息」給投資者。

看不太懂嗎？舉個簡單例子，假設業者現在有一間市價 1,000 萬的房子，你可以購買每月 3,000 元的方案，依照月繳、季繳或年繳的不同，給予投資者固定 4 ～ 5% 的利息，這個定期定額的繳款時間也非常長，幾乎都要繳到五至十年左右。

可是房屋是業者名下的，該怎麼保障投資者的權益呢？

這種業者會用「無順位抵押權」的方式，讓每一位購買者都是這間房子的抵押權人，等於是說，只要被業者偷偷轉售也沒關係，因為賣得的每一分錢，都要優先清償給每一位購買者。

一切聽起來都很合理，對吧！但你看出問題在哪了嗎？根據前面提過海外房產的保證型物件陷阱，這邊也看得出來業者在玩差不多的模式。

假設每個月繳 3,000 元、連續繳 60 個月，每年可以收到 4.5% 的配息租金來看，投資者只是把購買金額全部丟給業者，業者再拿你的錢，每年配 4.5% 的配息給你，等於錢在業者手上、房子也在

業者手上，業者完全沒有任何一丁點風險，但消費者完全搞不清楚自己能領到的 4.5% 是怎麼來的，反正有戶頭上有入帳就好。

接著是設定抵押權的陷阱，同樣以每個學員 3,000 元繳 60 期，總額 18 萬來計算：一間 1,000 萬的房子，理論上最多就是讓 55.5 人可以設定抵押權，但你要怎麼確定業者只有設定給 55.5 人，而不是 56 人、100 人、200 人呢？

業者的說法是，購買者可以從謄本去查目前的抵押人數有多少，沒經驗的人聽起來覺得合理，但這中間的巨大風險是，如果你是初期購買的，看到設定抵押權的人數不多、感覺是合理範圍內，就會讓你當下判斷風險很低。但隨著設定抵押的人越來越多，這些不懂風險又不會查證的韭菜只要在後續持續增加，那麼將會讓前後所有購買者一起陷入「資不抵債」的風險，而且投資者一點掌控能力都沒有，例如有 200 人買了總額 18 萬的方案，1,000 萬的房子該怎麼償還 3,600 萬的債務呢？

更可怕的是這類房子，雖然所有購買者都屬於沒有先後的「同順位抵押權」，可是第一順位的抵押權人，絕對是負責貸款給這間房子的銀行，也就是當房子出售以後，賣得的價金會優先第一順位先清償銀行貸款，剩下所有 55 人、100、200 人，就只能一起分清償後的剩餘渣渣（前提是清償後還有渣渣可以分）。

等於風險還不是一屋二賣，而是一屋好幾十賣、好幾百賣，讓業者的槓桿開到無限，讓利潤無限最大化，而將風險都轉嫁給眾多購買定期定額方案的投資者，即便真的出事了，業者只需要掏空資

產，接著就以投資失利或房市不好為由讓公司倒閉，幾年後再換殼捲土重來就好。

所以要用這個手法賺錢非常容易，業者只要拿出兩到三成的自備款，先取得幾間房子作為抵押標的，接著再用這些房子大量賣給對不懂房地產、卻急於擺脫貧窮的年輕人，你可以注意到這類商品的主攻客群，幾乎都是涉世未深、年僅二三十歲的小資族，絕對沒有什麼資產雄厚的高端客群或頂級投資客。

同樣的，會被找來銷售這種商品的業務員，也幾乎都是剛出社會或是完全不懂房地產的外行人，正所謂「無知就是力量」，這種菜鳥很敢講、又很聽公司的話，而且打從心底認同這種「聰明的」商業模式，還會在社群媒體上捍衛公司的名聲。

我們理性思考一下，明明臺灣平均租金僅僅只有 2.06%，買過房、收過租的人都知道，除非是特殊的分租套房外，一般普通住宅的租金收益能有毛投報率 3% 就要偷笑了，但業者卻可以給 4 ～ 5% 以上的租金，請問這中間不足的租金差額，你覺得是怎麼來的呢？這種模式真的健康嗎？如果台灣的房地產能做到保證 4 ～ 5% 又零風險的淨租金收益，那銀行何必還跟央行買定期存單呢？銀行業者有那麼笨嗎？

再換個角度，如果業者可以買到成本這麼低、投報率拉這麼高的產品，為什麼要讓購買者用「借貸」的方式，定期定額借錢給自己呢？更別說這種定期定額收錢，再配發利息給客戶的模式，已經涉嫌違反銀行法了。

三、替學員代操房地產

另外還有一種簡單粗暴的惡劣手法，就是老師拿學生的錢，直接幫忙學生代操房地產投資。

這個作法非常很簡單，先對學員營造自己非常厲害又有錢的形象，接著開設便宜講座來引誘學生加入，再讓學生付費參加更昂貴的進階課程，最後當學生已經充分信任自己的時候，就主動提供房地產或非房地產的投資機會來吸金，讓學生都以為只要跟著老師、將錢交給老師操盤，就能快速獲利、輕鬆零風險走上財務自由的大道，畢竟老師都這麼有名了嘛。

類似的手法在臺灣層出不窮，當老師後期吸金的金額越來越大、開放投資的門檻越來越低、宣稱的獲利金額也越來越驚人後，接著時間一到，就會捲款潛逃至國外，從此消失在世人的眼前。

但為什麼這些學生會這麼信任老師呢？主要也是老師多年來的投資成果、教學經驗豐富、學生眾多，還會附上合約、本票或借據讓學員放心、降低戒心，屬於典型的「米爾格倫效應」。

* * *

總之，分享上述這三大房產老師常用的手法，就是希望你能夠明白「天下沒有白吃的午餐」，這個我們再熟悉不過的道理。以一般夠專業的房產操盤手來說，如果能找到利潤這麼高、風險這麼低的房產，當然是找真正熟悉、信任又有財力的老客戶，一起出錢立刻把整個案子給吃下來運作，然後看是馬上賣掉賺取獲利，或者變

成能長期收益的資產，怎麼可能看到好標的先放著不買，反而先花錢打廣告招募學生上課、再把學生教到識貨後，辛辛苦苦一個一個的說服，然後慢慢湊幾千幾萬來集資。

真相就是：越爛越糟糕的詐騙手法，就越會鎖定沒什麼社會經驗或房產菜鳥的客群，因為這種族群講白了就真的是「比較好騙」，但專家和老手一看就知道對方在搞什麼鬼了。

其他不遺餘力帶風向的人

前面提到的本土房仲、海外代銷和投資老師，這三種都因為各自目的而對消費者無腦唱多或唱空，然而目前國內之所以普遍存在「房地產無敵論」的氛圍，也是因為另外一批眾多的非業者，是房價無敵論的狂熱者。

一、屋主

先談屋主，屋主會帶風向的心態是可以理解的。從買方變成屋主後，都會希望價格越來越高，畢竟這是自私的人性，任何人換了立場都很難 100% 保持客觀。憑良心講，即便我以前也不斷要求自己對客戶得 100% 客觀，但是每當到了成交的關鍵時刻，尤其這個月又還沒達到業績目標時，真的很難不對自家的物件多美言兩句。

二、投資客

　　相較起來，投資客的目的單純許多。許多投資客常在各大網路論壇附和帶風向的業者，例如房仲在臉書房產社團分享帶風向看法，投資客就會偷偷在底下留言護航，不知情的消費者雖然可以透過臉書帳號，得知發文者是房仲或代銷，但底下投資客的個人帳號卻完全看不出這樣的資訊，久而久之，投資客就能靠著口徑一致的人海戰術，成功招募更多房地產無敵論的信徒。

　　沒錯，這個作法是需要人數優勢的，只要看多的業者與投資客串連起來，就能沆瀣一氣討伐看空房地產觀點的對立派，不需要任何論點或數據。例如有消費者在社團談到擔心房價過高、少子化有房價下跌的風險、升息將讓房市反轉時，論壇內的業者與投資客就會裡應外合，使著第四章提過的話術陷阱，你一言、我一句地洗腦發文者和默默潛水的瀏覽者。

　　如果遇到無法洗腦的清醒者，就直接轉為抹黑、造謠、謾罵等方式，比方說消費者在臉書社團、PTT 房板或 LINE 的購屋群組，分享我用數據看空臺灣房市的影片，他們馬上就會遭到業者們的群起圍剿，要是太頻繁拿我的影片去質疑業者，就會被踢出社團或被討論區封鎖。

三、無腦看空的專家名嘴

　　另外我想讓你知道的是，不要認為專家、學者，因為知名度

高、頭銜響亮，再加上這些人也會分享房地產的風險與缺點，就以為對方好像比較客觀，實際上很多這種靠「無腦喊空」獲取流量或收入的假專家們，在臺灣也確實存在。

相較於無腦多會無限放大房地產優點，這種無腦空專家，則是會無限放大房地產的缺點來誤導你，房價漲就會說現在太貴了，買的都是傻子；房價跌就說現在買的都是笨蛋，等於永遠都在叫粉絲不要買房。

然而，大多數民眾都只是一般的自住客，現在就是高房價時代，一直灌輸房子太貴不要買的思維，會導致有自用需求並且真正負擔得起的自住客，錯過很多適合進場撿便宜的時機，例如他們2000年初喊著臺北房價太貴、遲早會修正，讓人錯過了 SARS 的進場機會；在 2008 年金融海嘯喊房價將要崩盤，導致你錯過了大多頭的起漲點；2016 年又說房市這麼冰冷、之後還會跌更多，現在只有傻子才會進場買房，讓你又錯過了危機入市的機會；現在2022 下半年市場又降溫了，這些人又繼續喊著房價崩盤泡沫的末日論。

我認為一個真正有料的房產專家，應該是鼓勵民眾在蕭條的時機點進場撿便宜，然後鼓勵想賣房的屋主在景氣熱絡的多頭出售；假設買方想在多頭進場，也要讓他知道現在市場很熱，只要能小幅加價買到房就完全不虧，盲目追高並不明智；假設賣方想在空頭賣房，也必須讓對方知道現在市場太冷，只要及早小賠止血就算是賺，過於堅持價格反而會錯過出場機會。

　　不過呢，那些幾十年來都在喊空的假專家們，只要氣夠長，總有一天會給他們喊中一次，就跟那些永遠都在喊房價必漲的無腦多專家一樣，然而，這真的算他們的實力嗎？這樣的人，有資格被稱為專家嗎？

四、房產背景的 KOL

　　隨著 YouTube 漸漸成為全世界的影音媒體主流，像我這樣的房地產 KOL、YouTuber 也越來越多，當中不少人也是相當有料，我自己也常收看別人的節目來補充新知。

　　然而仔細觀察就會注意到，這些房產背景的 KOL，絕大部分的「本業」或「收入」，都離不開房地產，或是自己本身就是在銷售房子、代操房地產、業配預售屋、當房仲的中間人，不然就是有開設線上課程教網友如何買房致富等等。

　　隨著知名度與收入提升，很多原先客觀又有料的 KOL，漸漸也因為離不開房地產的收入而過於看多市場，再加上脫離不了不動產業者的財源、又要養自己的團隊或公司，因此即便房市轉空的數據與證據紛紛浮上水面，他們為了自己的口袋，也不得不盡量「往樂觀的方向」去解讀。

　　有一句我非常認同的話是這麼說的：「不賺錢的最大」。

　　以我而言，我早在 2020 年 9 月離開房仲業，現在是靠教業務員使用「個人品牌成交」的線上課程維生，並沒有開設任何房地產課程、也沒有幫任何公司賣房，不少建商找上我的預售案業配的機

會，我也把這些「讓人很心動」的銀子都推出去了，因為我就是希望透過自己「不靠房地產賺錢」的中立立場，讓自己永遠保持客觀、不要被新臺幣左右、別讓廠商主導我的觀點，也讓眾多在 YouTube 留言區找我討論煩惱的粉絲們，能更相信我是「真心」為他們的利益著想，而非為了自己的利益在帶風向。

五、論壇的匿名網友

不同於上述直接或間接跟「賣房子」這件事情有關的人，第五種則是屬於已經被深深洗腦的房地產狂熱信徒，即便他們不是業者、不見得有房子，但他們就像是政治光譜兩側最極端的深藍深綠，只要看到有人看多就會開心附和、聽到有人看空就會崩潰反擊，通常這類也是最容易成為網路酸民的族群。

由於他們已經被深深洗腦，自願成為「多軍」的紅衛兵、誓死捍衛房地產無敵論，到處出征像是我或其他觀點不同的 KOL，平常則定時在各大論壇裡面幫忙帶風向，並且樂此不疲。

你常常會看這種人出現在三種地方。

第一個是全臺最大的房產臉書社團《買房知識家》，他們會在討論房市利空的貼文出現，用第四章的各種話術去附和業者們的說法，吸納更多一知半解的網友成為他們的一員，通常這類人的臉書帳號也有明顯的共同特徵，就是私人動態全都是外部連結的新聞（連心得都打不了幾句話）。

第二個則是 PTT 房板，這裡也是我覺得最可惜的一個論壇，

因為明明是頂著全臺最大 BBS 光環底下的熱門主題討論區，卻因管理不當與放任這些房蟲與業者惡意攻擊反對者，成為標準一言堂，導致平時板上的每日人氣僅有數百人，跟其他動輒上千上萬的熱門討論板相比，實在是低到不可思議。同時，也因為這裡容不下反對觀點的討論空間，導致為數眾多的 PTT 使用者都轉往《買房知識家》或我的自媒體內。

第三個則是 LINE 群組，不少房仲、投資客或房產 KOL，都會開 LINE 群組或 LINE 社群讓粉絲加入，表面上是一起討論房市，實際則是將消費者拉進來洗腦，業者再不定時地 PO 一些「會賺錢」的物件，將自己持有或委託進來的物件倒貨給粉絲，沒錯，就像是養魚一樣。

有太多網友截圖私下跟我說，只要有人敢在群組裡 PO 我的房產影片，輕則就是板主用抹黑的方式攻擊我，要這些粉絲不要聽信我的說法；如果有人 PO 出我的影片，並展現出挑戰板主的態度，板主雖然本身不會說什麼，但他身邊的暗樁就會跳出來回擊，幾天後就默默把這個人踢出群組。

如果你仔細觀察就會發現，基本上各大主流的房地產討論區，絕大多數都是由房產業者創立與管理，其立場與目的你現在也都知道了，因此要期待在業者的主場，看到客觀意見與利空風險，真的是緣木求魚。

帶風向已讓全民失智

　　我主觀認為，現在的電視新聞和千篇一律的偶像劇一樣，是殘害我國長者與幼苗的亂源，當民眾接觸到的業者、電視或網路上的資訊，以及身邊周遭的親友，全都將「炒房致富」奉為真理，讓臺灣的炒房者不但不會受到法律的懲罰，還能贏得知名度與財富，那麼一般民眾當然就會誤以為房地產是高獲利卻零風險的投資，窮盡一切資源也要擠身有房一族，而讓自己陷入了財務捉襟見肘的脆弱生活，並且在意外來臨時落入不得不賠售的局面。

　　日劇《正直不動產》裡面，男主角永瀨財地曾對客戶說過：「買賣房子是會影響一輩子的事，不要太小看房地產了」，短短一句話便清楚讓人明白房地產背後隱藏的「風險」真的不小，畢竟房地產的金額這麼龐大。像我們這種第一線房仲，就是因為看過屋主在房市大空頭不得不急售的無奈表情，尤其是當屋主說出：「沒關係，只要有出價就先收來談吧」，才更能明白風險爆發伴隨的代價有多可怕。

　　我在本書提到過相當多次，房仲不應該是單純賣房子的推銷員，不能變成為了成交，什麼話都敢說的牽猴仔，房仲業真正的本質是「顧問工作」，我們賣的應該是正確資訊與專業建議，誠實地為不同的客戶，量身打造房產規畫，例如把祖產賣到只剩兩間透天的屋主，我就會強烈建議他不要賣房子；必須要靠信貸才能勉強湊足頭期款的買方，我也會強烈建議他選擇租屋就好，每個私訊我

「該不該現在買房」的網友，我給每一個人的答案也都不同。

　　然而大多數的房仲公司，正在灌輸基層業務員什麼觀念呢？

　　「有委託上門、價格又很漂亮，為什麼不簽？買方自己心甘情願用信貸買房的，為什麼不讓他買？客戶都已經是成年人了，他們得為自己的決定負責，關你什麼事，難道消費者自己不用做功課嗎？你是來賺錢還是來做慈善的？」

　　再怎麼替客戶著想的新人，只要不斷經過公司這種長期洗腦，再加上下個月的房租壓力，最終不是離開這個行業就是只好同流合汙，再加上消費者本身也缺乏房地產的風險意識，又特別愛聽仲介天花亂墜的唱多保證，最終便導致如今這種劣幣驅逐良幣的現狀。

　　也讓消費者不斷地抱怨：「為什麼房仲都那麼愛說謊？」

正在努力改變房地產的我

　　還記得 2010 年，剛退伍的我跟隨父母腳步進入了房仲業，結果在某一次家族聚會上，一位親戚當著我父母的面，語重心長地對我說：「鵬啊，你爸媽做仲介這麼沒出息，怎麼你也跑去做仲介啊？」

　　這位親戚完全沒有任何惡意，她只是單純認為我不該進入這種糟糕又難賺錢的行業，但當下我除了替父母打圓場以外，我還能說什麼呢？當時我只是不能明白，外人看不起就算了，但為什麼連自己家人都看不起我們？難道做房仲就這麼不堪嗎？雖然這只是餐桌上的一席話，卻深深地埋在我心裡面。

可能我真的比較叛逆吧，我實在不相信一定要靠滿口謊話，才能在房仲業活下來。

時間到了 2015 年 7 月 27 日，當時的我因為準備動鼻中膈手術，所以有半個月的時間成為無業遊民，在即將要動手術的前一晚，我一個人半夜在病床上拿出筆電、默默地創立了 Google 的免費部落格，並且在我部落格第一篇文章寫下，「希望房仲業從此不需要再說謊」的目標後，便開始了我要靠「國際超級房仲」證明不說謊也能在房仲業活下去的個人品牌（這篇文章到現在都還 Google 得到）。

我的想法是，我希望未來所有房仲人員，當他們跟親友說到自己從事房仲時，可以讓那些人說：「喔！是像李昌鵬那樣的房仲嗎？那很厲害耶」，或者當小朋友跟別人介紹自己的父母是房仲時，大家不會再對房仲工作投以瞧不起的眼光，一旦透過我的努力，能做到讓臺灣人稍微改變對於房仲業的刻板印象，這樣我就很滿足了，只是勢單力薄的我，這一路走來非常艱辛。

做房仲的方式如此突兀的我，一開始便遭遇各種同業攻擊、打壓、挖洞，還讓我跑了好幾次法院，連當時的老闆也屢次批評我的個人品牌做得很爛，一直要我去路邊發傳單。但堅持下來的我，最終真的做到單靠在網路上用分享實話的方式，贏得市場的信任和消費者的指名，也讓我獲得不斷攀升的業績與媒體知名度。

既然我能夠靠誠實結合個人品牌的模式，獲得業績與知名度上的成功，並讓消費者感謝我，那為什麼不把這個模式複製出去，讓

更多跟我一樣默默努力的業務員，可以透過「誠實」來做業績呢？

於是，就在前老闆揚言要將「國際超級房仲」收編為公司所有（理由是國際超級房仲在網路上的知名度太高，搶走了公司的客源），並且還動用全公司所有主管，一起開了一場討論「我個人品牌做多爛」的批鬥大會後，我終於意識到「愚忠」是多麼傻的事情，因此我不想再將自己的能力繼續浪費在迂腐老舊的環境。

沒多久，我便選擇離開最熟悉房仲業，在 2021 年 3 月創辦了現在讓我能混口飯吃的線上課程「業務品牌學院」。我認為消費者雖然處於易吃虧的劣勢，但至少市面上有很多資源都是在幫助廣大的消費者，但房仲業有這麼多弱勢卻無法發聲的新人，誰來幫助老老實實的他們呢？

量產正直房仲的心願

我經營「業務品牌學院」的目標就是：量產各行各業的「正直業務員」。

課程細節就不多說明了，以免顯得我好像在推銷，不過我在課程裡面不斷灌輸學員的核心觀念就是：「沒有人是完美的，你可以搞錯、弄錯、看錯，但絕對不可以說謊，一旦說謊，你經營再多年的個人品牌都會在一夕之間崩塌，因此誠實比什麼都重要。」

讀到這邊的你，可能會想：「哼，誠實這種東西誰知道，每個業務員都嘛說自己很誠實」。

沒錯，你說的相當正確，因此我是靠一套嚴格的高標準去「量

化誠實」，讓達到這項高標準的學員能得到我的背書推薦，不過「誠實」這麼抽象的東西，該怎麼具體被量化呢？以我的要求，一個正直業務員必需要經過以下三個階段的嚴格考核，你可以看看你有沒有能力輕易辦到：

1. 免費分享誠實內容

　　一般房仲業務是不是都一直在自己的粉專、YouTube 或 LINE 裡面，瘋狂地分享物件資料與銷售賣點呢？他們願意花時間這麼做的目的很明顯，就是要賺錢，否則為什麼會願意犧牲玩手機、逛 IG 的空檔時間，想方設法把商品推銷出去呢？這種只顧賺錢推銷的行為，被我定義為「索取」。

　　反過來說，如果你看到一位房仲願意花自己的私人時間，在自媒體裡面分享對消費者有幫助的內容，幫助客戶了解買賣房產的隱藏風險、每個社區該注意的缺點，免費在網路上分享這種讓自己喪失「資訊不對稱優勢」的內容，幫助到的搞不好還是別人的客戶，自己連一毛錢也賺不到，這種願意無私付出的利他行為，被我定義為「給予」。

　　請問，你會想要找一個滿腦都是自己業績、不斷向你索取的貪婪房仲，還是一個傻傻浪費自己時間、做著賺不到錢、不認識你，卻願意花時間免費幫你解決問題的老實房仲呢？

2. 內容不只要有料

　　我們都看過那種滿腔熱血、對客戶掏心掏肺，但常常搞不清楚

狀況、專業能力也完全不足的菜鳥業務員吧！

在網路上分享內容也是一樣的道理，並不是說只要願意花私人時間、願意免費幫助客戶的行為就算是誠實，也要看分享的內容是否真的有料、對消費者有幫助、有用心準備等，不能只是濫竽充數的虛應故事。

比方說，有不少房仲喜歡在網路上分享「買房流程」、「購屋稅賦項目」、「公寓與電梯大樓的差別」、「透天與別墅的差別」或「在 XX 區買房的優勢」等，只是這類在新人時期從公司學到的教育訓練內容，實在過於粗淺、對於消費者沒什麼幫助，因此創作再多這種低品質的內容也無法被目標客群肯定，沒錯吧。

相反的，我就有不少學員能夠分享價值滿滿的內容，例如「林口 A7 環境的隱藏風險」、「首購族買房常忽略的常見錯誤」、「為何 2022 年不要投資房地產」或「房仲幫客戶分類的潛規則」等等，能靠夠好的內容，實際幫助到消費者解決資訊不對稱的問題，這就是很好的呈現。

但光是內容有料，這樣也還是不夠，好內容也不能只是一曝十寒地做一陣子就停了，這種誠實有料又能幫助客戶的免費內容，必須長期提供，我們才能相信業務的動機是真心為消費者好，而不是短期做一陣子發現賺不了錢，就馬上放棄的現實房仲。

我會讓學生知道，你想無私幫助客戶的心必須是「玩真的」，才能靠誠實走得長遠，因此有沒有長期分享幫助陌生客戶的有料內容，就是我觀察這名房仲是不是真心在乎客戶的重要指標。

3. 市場肯定才算數

　　除了分享的內容要誠實、有料、免費、長期以外，重點是我們該怎麼判斷這樣的內容，真的有確實幫助到客戶呢？不可能是由我 Zack 打分數吧，其實方法也很簡單，就是看這位業務被多少客戶「主動指名」。

　　一般業務員的作法，都是透過不斷主動出擊，甚至用可以說是死纏爛打的騷擾方式開發客源，但我教的模式完全相反，我們是在不打廣告的前提下，透過分享幫助客戶解決問題的內容，先取得客戶的認同與信任，進而讓客戶主動上門指名自己來服務的商業模式，例如很多房仲還在打 591 的電話拜託屋主給委託，我的學生卻幾乎都是屋主自己上門主動給委託，不少屋主給的還是專任委託。同時，我教所有學生將網路的聯繫方式，統一改成「LINE 官方帳號」，讓主動上門的客戶都是透過這個平臺找上自己。

　　這個 LINE 官方帳號，就是以前 LINE@ 的升級版，功能方面的優點我就不多談，而這個工具最客觀的地方就是「無法主動加別人的 LINE」，也就是 LINE 官方帳號裡面的每一位好友，全部都必須是「客戶自己主動加入」，LINE@ 的經營者是無法加入別人的，也就是說，能讓消費者願意給這位業務員有騷擾自己的機會、主動加入 LINE@，這本身就是一種被客戶肯定好評的量化指標。

　　因此，經過上述的標準，再以 LINE 官方帳號的每月上門客戶數量統計，我就能判斷這位學生靠誠實做業務是玩真的還是假的，

因為客戶的好評數量是騙不了人的，你只要親自經營自媒體並開發客戶看看，就會知道這其中的難度有多高。

首先，業務必須在完全免費的情況下，長期花自己私人時間，在網路上免費幫助消費者解決問題、甚至是會讓自己失去優勢的內容；其次，這樣的內容不但要夠有料、還必須能夠出現在搜尋結果的第一頁被客戶看見，點進去的消費者還要願意看完；最後，消費者還必須自己主動加入這位陌生房仲的 LINE，主動給業務員騷擾自己的機會。重點是，這個數量還不能低、也不能是靠運氣曇花一現，必須是「最近連續三個月，平均要有 20 組客戶主動上門指名（且不得有任一月是低於 10 組）」。一般普通房仲業務，在不花錢打廣告的情況下，平均每個月只能新增 2 ～ 3 組客戶，5 ～ 6 組就已經是天花板了，但我的要求是 20 組，就知道我的標準是不會放水的。

只要當中的學生滿足以上種種超高標準，就能夠贏得我的背書推薦、領取我頒發的「品牌業務」獎盃。

我會將頒獎的標準設這麼高（目前得獎率約 3~4%），理由很簡單，就是希望能夠紮紮實實培養出夠誠實又夠專業的正直業務，在全臺各縣市、各商圈、各行業用誠實的方式去做業務，而不是坊間那種只要「花錢」就能換到的廉價證書，我也非常相信，會願意犧牲寶貴休息時間、願意長期免費幫助消費者的老實房仲，即便不是完美的，但至少很難雷到哪裡去，對吧！

這樣你就能明白，要符合我標準的「正直業務員」、靠誠實、

利他與市場消費者的大量肯定，才能領到的「品牌業務獎」，真的不容易吧！如果沒有一顆無私的心、沒有一股傻勁堅持下去，真的很難做到被大量客戶給予肯定的成就，這真的是一條不容易的路，尤其是在初期什麼成果都還沒看見、還要被公司與同事冷嘲熱諷的階段。

期待你能遇到獨角獸房仲

消費者都不相信有「不說謊房仲」的存在，認為這種仲介跟獨角獸一樣，只存在傳說裡，但這種市場對仲介不抱希望的看法，也在我的頻道知名度提高後而漸漸發生改變。

超多網友都會問我說：「Zack 老師我想買房，請問 XX 地區你有推薦的房仲嗎？」、「Zack 老師我想賣房，請問 XX 地區有你的學生可以幫我服務嗎？」一般情況而言，大部分的老師就會直接將現有的學生推薦出去，一方面滿足客戶需求、二方面做人情給學生、三方面則是自己可以從中抽點中人費（介紹費）。

但我是個非常愛惜羽毛的人，即便網友詢問的地方有我的學生，但只要該地區的學生沒有達到我上述的標準，那麼我也只會告知網友：「抱歉，目前那邊我沒有適合的學生可以推薦給你」，因為推薦是有責任的，我不能不負責任地將素質不明的學生，隨便推薦給如此信任我的粉絲。另一方面，就算我將推薦的學生介紹給粉絲，我也從來不會跟學生收取任何的介紹費。

很多同行都說我很傻，有錢賺還不賺，或許吧，但我就只是真

心想幫助人而已，希望讓正直的業務可以遇到更多好的客戶，希望這些良幣可以反過來驅逐劣幣，我願意無私幫助人的心，也可以從我每天得花至少一到兩小時，在網路上免費回答網友的房地產諮詢看得出來（幾乎是 100% 有問必答），問到我老婆都覺得我花太多時間在幫助陌生人，搞得我們常常連吃飯逛街都沒辦法好好專心。

同樣地，就像很多酸民會說：「既然你預測房市走向這麼準，為什麼不自己跳下來買？」

可能我真的比較中二、比較理想化吧，我認為自己既然有這份預測房市的專業，為什麼一定要將這份能力，選擇拿去做炒房這種我不認同的事情，而不能選擇將這份能力，免費幫助更多弱勢的消費者呢？為什麼任何事情一定要扯到賺錢或利益呢？

我創立「國際超級房仲」和「業務品牌學院」的目的，除了賺錢養活自己和家人以外，就是希望能夠讓更多民眾相信：「世界上，真的有誠實不說謊的正直房仲」，只是這些正直房仲，過去缺乏機會被你看見而已。

我的理想是，只要正直的業務能夠被市場看見，並且贏得消費者信任，消費者可以得到正直房仲的安心服務，正直房仲也因為來客量大，能賺得到錢繼續生存下去，形成良性循環。而那些不懂得尊重又愛剝削的芭樂客戶，就必須先學會「尊重專業」，否則就有很高機率只能選擇滿嘴謊話的傳統房仲，而一般房仲，如果不想陷入常遇到芭樂客戶的惡性循環，就必須改掉說謊、做狀況和惡意踩線等傳統房仲陋習。

　　我相信，靠說謊賣房子的時代就要結束了，如果還沒結束，我會加速它的結束。

　　所以說，你現在老是遇不到夠誠實又夠專業的正直房仲嗎？抱歉，我目前開課才短短一年多（2021 年 4 月中開課），目前產出的獨角獸房仲數量還太少，我希望持續透過誠實的信念去改變房仲業，並且培養出更多贏得品牌業務獎的正直房仲，讓更多基層房仲可以像我一樣，用誠實改變臺灣房地產市場、讓更多仲介不得不放棄說謊這條路。

　　不過在此之前，如果你現在還沒辦法遇到獨角獸房仲來替你服務的話，其實問題也不大，因為經過本書這些篇章的洗禮，你目前在房地產上的專業，已經勝過全臺 95% 的房仲，房仲和代銷能對你使用的話術陷阱也幾乎不管用了，他們想要耍的花招也都被你看破了，因此，準備要買房的你，下一步該怎麼做呢？

　　下一個章節，我將教你學會「正確的買房觀念」，幫助你買到價格合理、風險較低的房子，也不用再擔心為了供養一間房而葬送往後的餘生，讓辛辛苦苦加班存錢的你、為孩子與家人犧牲娛樂的你，未來不會窮到只剩一間房，甚至能在長期持有的前提下，有機會順著需求的換屋過程中，慢慢從一間房變成兩間房，讓一間房能自住、另一間房能照顧你。

第六章

什麼時候可以 進場 ？

自住客買房的正確觀念

如果你現在站在誠品裡，直接將本書翻到這個篇章開始看的話，抱歉，因為你缺乏前面幾個篇章的累積教學與迷思破解，直接進入本篇章將導致你看的一頭霧水、甚至覺得是胡言亂語，使你誤解接下來要教的撿便宜技巧，還可能進一步令你成為被割的韭菜。

因此進入本篇章前，先確認已經將前面所有內容閱讀完畢、充分理解，接著再閱讀接下來的內容才會對你有幫助。相反地，如果你已經紮紮實實將前面內容充分吸收，那麼接下來的知識分享，能夠幫助你在即將來臨的房市大空頭買到合理價格，甚至有機會買到實價登錄的八折價、七折價。

在學習如何買到便宜、還能越買越多房的技能之前，我必須先幫助你建立自住客兩個正確的買房觀念（也是房仲與代銷新人必備的從業觀念），先理解這兩個觀念，後續操作你才會看得懂。

一、用數學破除漲價迷思

「正因為房價會跌，所以你才要買」，別急著闔上本書，只要你把眼光看得長遠、把實際數字算出來，就會知道為什麼比起房價漲，房價跌反而更有利於自住客，現在讓我們一起想像兩個實際情況：你辛辛苦苦、省吃儉用、放棄一切娛樂存了十幾年的頭期款，好不容易在 2023 年買了間售價 1,000 萬元的套房，讓自己總算有個安身立命的地方，你也在這間房順利成家立業與結婚生子。

五年後（2028 年），你決定要換一間更大、更舒服的房子，這個時候你分別遇到以下兩種情況。

1. 平行宇宙 A：2028 年－房價大漲 20%

這應該是所有屋主都想看到的結果吧，因為房價大漲 20%，所以你家的房子也從 1,000 萬漲到 1,200 萬，扣除房地合一稅 2.0 的 20% 稅賦後，等於你多賺了 160 萬臺幣。

恭喜你，賣房後的你，現在利潤是「正 160 萬」。

接著，你準備購買附近心儀已久的高級社區，希望買個兩房讓孩子有自己的空間，你也還記得五年前那間兩房的售價不貴，只有 2,000 萬臺幣，結果當你打開實價登錄查詢才發現，五年前售價 2,000 萬的房子，現在也漲了 20%，售價是 2,400 萬。

也就是說，這間兩房比五年前貴了 400 萬。

但是沒辦法，你為了孩子的空間，最終還是牙一咬買了下去，你在舊房子賺的 160 萬拿去抵這 400 萬的漲幅後，你還是得再從口袋多掏出 240 萬元的價差，也就是說：

五年後因為房價上漲，因此換屋時賣房賺的 160 萬沒了，反而還得多掏 240 萬出來，因此比起你五年前直接就先買兩房的成本來算，現在利潤是「負 240 萬」。

於是你心裡開始懊悔著：「早知道當時就該直接買兩房的。」

2. 平行宇宙 B：2028 年－房價大跌 20%

房價大跌，這應該是所有購屋者都最不想看到的結果，由於五

年後房價大跌 20%，所以你家從原先 1,000 萬變成 800 萬，也因為是虧錢賣，所以你「不需要支付房地合一稅」。

很遺憾，你目前的利潤是「負 200 萬元」。

同樣為了孩子的空間，想購買那棟你心儀已久的社區，還記得五年前售價 2,000 萬的兩房，結果 2028 年打開實價登錄一查，它也因為房價下跌 20%，目前行情是 1,600 萬。

也就是說，這間兩房比五年前便宜了 400 萬。

雖然你在第一間房虧了 200 萬，但因為第二間房比過去省了 400 萬元，也就是說，因為你晚了五年才買這間兩房，所以比 2023 年直接買還「多省了 200 萬元」！

3. 就是簡單的數學題

以平行宇宙 A 和 B 的比較來看，晚五年進行套房換兩房的結果，A 宇宙最終讓你得多貼 240 萬出去；B 宇宙卻讓你多省 200 萬回來，一來一回的「機會成本」相差 440 萬，所以以購屋成本來說，毋庸置疑是 B 宇宙的換屋情況更划算，對吧！

再以換兩房後的「房貸成本」來計算：A 宇宙最終你得扛總價 2,400 萬的八成房貸（1,920 萬），B 宇宙卻只要扛 1,600 萬的八成房貸（1,280 萬），等於 B 宇宙可以讓你「少扛 640 萬」的房貸。

再以每月現金支出的壓力來看，利率 1.7% 的三十年房貸來計算，等於 B 宇宙比 A 宇宙每個月可減少約 25,000 元的房貸支出，相當於多出一個領最低薪資的員工不吃不喝的月薪，因此以扛房貸

來說，同樣也是 B 宇宙對你更划算，沒錯吧！

總結來說，以購屋成本、房貸金額、房貸支出這三大方面來看，全都是房價下跌的 B 宇宙對你更加划算，無庸置疑！這是連小學生都會算的數學問題，為什麼我們成年人卻看不懂呢？理由很簡單，就是所有人都在灌輸你「房價上漲當然比較好」的迷思，讓我們的眼光被誤導到很短淺，只看得見一顆樹、卻看不見一片林。如果你還是不明白為什麼房價下跌，能讓你小屋換大屋比較划算的話，你就思考一下：如果今天全台灣所有人的存款全部捐一半給政府，同樣都是減少 50% 存款，你跟郭台銘誰的傷害會比較大？

但上述這個模式唯一的先決條件，就是自備款需足夠，例如那種買房得靠 All in 或信貸的族群就不適用，因為當房價下跌時售屋，跌幅往往會把大部分的頭款額度（你已繳的本金）給賠掉，出售後你就拿不到多餘現金去換下一間房，因此你購買的第一套房，需要準備約四成以上的自備款較有餘裕，這也就是為什麼我不斷拍片告訴所有人：「經濟實力不足，就不要動買房這個念頭」的理由之一，只要自備款有一定程度，加上長期持有（貸款本金繳得多）後，再執行此模式，你就會越換屋、越晚買、越划算。

相反地，靠 All in 或信貸買房的模式，就只能走 A 宇宙這種越換屋、越晚買、就越吃虧的模式，因為你必須熬到房價上漲才有更多餘的現金買下一間房，而換屋後也只會讓生活更吃力，因為貸款的金額變高了、現金流支出變大了，原本經濟實力就不足的屋主，這個時候就只會變得更辛苦了。

二、房價漲跌對自住客沒差，是真的！

　　我相信仲介常對你講「房價漲跌對自住客沒差」的說法，應該是消費者「幹話票選」第一名吧！消費者都覺得業務講這種話，不過只是想趕快成交而已，根本不在意消費者未來的死活，但為什麼我這個專門破解房仲話術的「房仲叛徒」，會跟你說這句話是真的呢？答案也在上面平行宇宙 A 或 B 的情況算給你看了，因為無論上漲或下跌，都會有適合的族群。

　　現在你要具備一個正確的長線觀念：你這輩子，不只會買一次房。平均來講，一般人通常一生至少會買三次房子，第一次是你剛結婚時，第二次是有小孩時，第三次則是你老了小孩搬出去後。

　　這還只是比較保守的計算方式，在臺灣一生換超過五、六次房的族群可是大有人在，例如孩子在不同階段為了不同學區的需求、丈夫因為工作變遷導致搬家、遇到惡鄰居不得不賣房換屋、家裡又多了意外的驚喜，或者你準備養第二隻貓等等。相反地，買了一間房就在這裡住一輩子的情況，真的極為罕見，你總是會為了什麼原因而不得不換屋。

　　只要你把眼光放長遠就發現，除非家道中落的極端情況外，只有到你準備退休了、孩子也都搬出去成家立業的最後一次換屋，剩下你和另一半要廝守到老時，才可能是你唯一一次大屋換小屋的情況，通常最後都會買間電梯兩房，用一間房擺你們兩個、再用另一間房擺你們的回憶（以及一堆捨不得丟的廢物），也就只有這一次

換小屋，是房價漲的 A 宇宙情況對你才有利。

　　因為正常情況下，人類都是會往好的地方移動，隨著你的事業發展和收入提升，你只會越住越好、越住越大、越住越高級，因此你人生中大部分的換屋選擇都是「越換越貴」，既然你大部分時間都是往更貴的房子換，當然房價下跌才會對你最划算，沒錯吧！

　　再補充破解一個非常常見的迷思，就是一般人普遍都認為空間較大、社區較高級的豪宅，因為房子比較好所以會更加保值，然而這只說對一半，因為以數據與歷史經驗來看，每一次空頭期房價修正最大的往往都是「高總價物件」，坪數越大、總價越高、下跌的幅度也就更大，反而往往小坪數的跌幅就弱很多（如同大多頭期小坪數的漲幅，往往也會輸給大坪數一樣）。

　　回到前面舉的 AB 宇宙例子，如果小坪數都跌了 20%，那麼兩房掉到 25 ～ 30% 以上的機率肯定更高，更別說那些四房、五房的高總價物件了，因此以實際市場面來說，平行宇宙 B 的實際結果，一定比我們上述試算的結果更加划算得多！而這個小知識，也跟等等要教你的越買越賺、越買越多的操盤方式有關。

　　既然你人生大多數時間，都在換更大、更好、更貴的房子，那你應該要期待的是整體房價大跌的 B 宇宙，你才能越換越省錢，如果你讀到這邊還是處在似懂非懂、一頭霧水，很難馬上吸收上述知識的狀態也沒關係，趕快拿出紙筆、親自試算幾次吧！

就算賠錢，也應該要買的客群

我們已經用長線眼光，破解漲價比較賺錢的迷思後，下一個要顛覆你的觀念是：「某些情況，你就算賠錢都應該要買房。」

我猜你現在肯定沒那麼乖，還沒拿出紙筆來試算完 AB 宇宙的情況吧，沒關係，我們接下來就假定你今天買的這間房子「就是賠定了」，無論從任何角度或試算方式來說，都是一間買下去注定 100%「實質賠錢」的房子，沒有任何一絲絲上漲的機會，這種房子我相信肯定沒有人想買了，對吧！

賠售都該買的案例

但有一種客群，因為具有「強烈急迫的自用需求」，也就是不買下去，會讓自己付出慘痛代價的客群，假設你也是屬於這種客群，那麼即便今天 100% 會實質賠錢，我都會建議你還是賠錢都得買。不明白嗎？其實這種情況很常見，比方說：

1. 從伯母變岳母

假設你有一位心愛的女友，你們穩定交往多年終於論及婚嫁了，在最後這一關，女友媽媽卻跟你說：「沒房就沒門」，只要你名下沒有房，女友家長是不會同意這椿婚事的。然而最近房市很差、屋主價格又硬，現在買房基本上就是現買現賠了，但好消息是，你手上確實有點錢可以買間小房子。

也就說，假設這時候買房註定讓你現賠 50 萬、100 萬，但為了讓伯母變成岳母，讓心愛的女友與你終成眷屬，請問：「你買不買呢？」

2. 婆媳問題

假設你後來沒有買房，選擇讓老婆跟你回老家住，結果老婆跟老媽天天處得不愉快，孩子出生後又因為教養問題，讓你因為婆媳問題搞到快發瘋，使你寧願天天在公司加班也不想回家，結果到了臨界點的老婆現在跟你說：「你媽跟我，你今天必須選一個」，不搬出去就要帶著孩子離婚，讓你妻離子散。好消息是，現在你的經濟已相當充裕了。

也就是說，假設這時買房了注定讓你大賠 100 萬、200 萬，但卻可以保住這段婚姻、同時解決婆媳問題，請問：「你買不買呢？」

3. 照顧父母

終於，你帶著太太和孩子搬了出去，幸福美滿地過了四十年後，你爸媽因為年紀大了，你現在必須買一間可以就近照顧爸媽、又能兼顧你工作的房子，但好死不死你現在找到最適合的那個社區，因為長年沒有屋主要賣，所以少數屋主都漫天開價。好消息是，如今功成名就的你，負擔這間房子並不是問題。

也就是說，假設買下這間天價的房子，怎麼算都會讓你買貴200 萬、300 萬，但卻能解決照顧爸媽與兼顧事業的痛點，請問：

「你買不買呢？」

4. 金屋藏嬌（本案例感謝房仲阿濱提供）

　　再假設一個情況，你 58 歲中年出軌，在外面有了小三，為了避免被家人發現，你勢必得買一間豪宅來金屋藏嬌，而且為了討小三歡心，還得多花幾百萬裝潢，怎麼看都超不划算。再跟你說個好消息，現在你已經是個身價上億的超級大亨了。

　　也就是說，假設這間金屋讓你至少賠 500 萬、1,000 萬以上，卻能讓你安安全全地做壞事，解決被抓包導致家庭破碎的下場，請問：「你買不買呢？」

自住客的重點：賠售 vs. 代價

　　諸如此類的例子還很多，我們人生往往會在不同階段遇到「不得不被逼著買房」的情況，例如我的鄰居跟我說，因為我們房東突然不合理地大漲租金，讓他非常不爽，於是他對房東烙狠話說：「算了，明年租約到我就不租了，我直接去買一戶就不用受你這種氣了」，為了不讓隔年的自己沒面子，他勢必就產生了不得不買的需求。

　　會發生不得不買房的情況雖然因人而異，但確實是不少見的情況，尤其是在「有土斯有財」觀念非常重的華人社會。

　　不過從上述四個例子，我想讓你知道的重點是：「如果付出的代價，大於賠售的金額，那麼賠錢也該買」，不明白嗎？再舉個更

簡單的比喻：

假設今天你的孩子被綁票了，綁匪說只要支付 10 萬塊贖金，確定能讓孩子 100% 毫髮無傷回來。

請問這個時候，這筆 10 萬元支出，你還會覺得是虧錢嗎？當然不會，你應該還會覺得只花 10 萬就能保護孩子的安全、解決這個巨大問題，實在太划算了，對吧！

因此在買房之前，你必須先問自己這句話：「我現在，有不得不買的急迫需求嗎？」

如果有，那就預估一下最大的賠售金額，是否小於你得付出的代價，只要你「主觀覺得值得」就可以買，這是標準的「早買早享受」；如果沒有，你就慢慢存錢、慢慢觀望，畢竟 2022 年後的臺灣房市前景很差，相較於買房，租屋又非常划算，只要沒有再遇上黑天鵝之類導致 QE 的事件，也沒有遇到台灣央行瘋狂大降息，那麼房價觀望越久只會對你越有利，2023 年後就是屬於標準「晚買享折扣」的市場。

* * *

以上，就是自住客買房前，必須要先建立的兩大正確觀念；這也是所有房產業務員，在進行銷售工作前必須要先具備的正確心態，才不會讓自己的業務生涯為了業績而越走越偏、越走越窄。

我確定要買房了，下一步呢？

OK，既然你已經知道了房價跌才划算的事實，以及明白只要解決主觀痛苦的代價，大於賠售金額就可以買的兩大觀念後，假設你現在確定要買房了，你該做好哪些準備呢？

自備款準備 40 ～ 50%

以一般人買房申請貸款來看，通常貸款個八成都沒問題，保守最差也有個七成，因此你的低消需要準備 20 ～ 30% 頭期款。

但為什麼我建議你至少要額外多準備總價 10% 的自備款呢？因為買房還有 2% 的房仲服務費成本，以及其他林林總總的規費、代書費，加一加大概也要 1% 的成本，所以額外準備的 10% 自備款，這邊就被扣掉 3% 了。

接下來，既然都了買新房子，你肯定會想稍微布置一下，以勉強窮買、不裝潢來算，你可能多少都還是要花點錢粉刷一下、清潔打掃，再買一些新家具、新廚具讓房子有「新家的 Fu」，沒錯吧，這些大概也需要花你約 2 ～ 3% 不等的錢。

這時候，原本存款有個數百萬現金的你，因為買房後瞬間全空、又要面對比原本房租更高的房貸壓力，會讓你在住進去後的第二個月逐漸冷靜下來。因此，你至少還要多準備半年的生活費作為緊急預備金，用在繳房貸、意外支出（例如發現房子竟然有漏水，但前屋主又遲遲不處理）上，這大概要抓 5% 的房價左右。

　　這樣你看懂了嗎，只要你把眼光放得長遠，明白接下來還有很多會讓你經濟壓力大增的情況，你才會知道至少多準備 10% 自備款的重要性，才不會為了 All in 到一滴不剩地去買房，反而讓買房後的焦慮變得比買房前更大。

　　但如果你希望能走房價下跌、讓自己越換屋越賺錢的 B 宇宙模式，那就像前面說過的，建議你自備款至少要準備 40 ～ 50% 以上。

房貸占月收入 35% 以下

　　關於這個數字的標準不一，有人說 30%、40%，也有人說 35%，但怎麼算都是希望你的房貸支出控制在月收入的三分之一左右，如果房貸支出在月收入 30% 以下，你的生活品質會很好；35% 左右，你會覺得有點吃力，不能再大手大腳花錢；40% 左右，就明顯感受到省錢的壓力。

　　一旦超過 42% 這道警戒線，那麼你就得降低生活品質，以及大幅減少娛樂開銷、奢侈享受；萬一房貸支出超過 50%，就得過著錙銖必較、凡事得精打細算、放棄一切娛樂與致富機會的屋奴生活，連新 iPhone 上市你也不敢去想，因為絕大部分收入都必須先拿去養這間房。

　　如果可以的話，建議購屋時也要把家庭經濟狀況納入考量，作為你房貸負擔能力的加權指數，比方若是父母是經濟條件較好的族群，那麼當你未來因任何意外導致繳房貸出問題時，就還有家人可以作為依靠；相反的，如果你的父母屬於幾乎沒有存款的類型，那

就盡量讓自己的房貸壓力降到最輕，手上的資金也絕對不要 All in，才能有緩衝空間面對未來的變化，否則有時候破產真的很容易，只需要糟糕的一天就夠了。

絕不要讓自己成為屋奴

其實我願意花這麼多時間，拍這麼多影片得罪我銷售課程的房仲客群、分享這些一直讓大量酸民和業者一起攻擊我的內容，還犧牲打電動的寶貴時間，寫這一本不能幫我賺錢的書，目的就只有一個：「希望有緣的你，不要變成 7.5％的屋奴」。

你知道淪為屋奴的人生，有多悲慘嗎？讓我說兩段真實故事給你聽。

1. 人生勝利組 L

我有位白領上班族的同學 L，他很年輕就結婚、又在大公司任職，因此他很早就跟大多數臺灣人一樣，走上非常符合「華人價值」的這條路：娶妻生子、買房買車，妻子、孩子、房子、車子全都有了，L 也早早在他們家族和我們同學眼中，被視為標準的人生勝利組。

可是，五子登科中他獨缺的，是最重要的「金子」。

這位人人眼中的人生勝利組，實際上卻過得非常辛苦，處在標準的「金手銬」狀態，最近還壓力大到腸胃出問題，有一次和他晚上用 LINE 聊天時，L 才說出風光表面下不為人知的壓力。

　　L 說，雖然自己月薪將近六位數，但當時提早為孩子做準備而買的明星學區三房，每個月光是房貸支出就占他收入約 40%，最近又因為孩子長大了，所以換了一臺較大的休旅車，讓車貸也變成很沉重的壓力，接著是每個月的伙食費、水電費、小朋友的補習費、儲蓄險，還有每個月給爸媽一萬塊的孝親費，讓他得常常藉由喝酒才能暫時緩解壓力。

　　雖然 L 是雙薪家庭，但由於太太是一般行政職，只有三萬多元的月薪收入，對家裡的資金缺口補貼很有限，而且家人已經習慣每年一次國外旅遊、兩個月就去外縣市度個小假，不能說家裡的經濟情況捉襟見肘，但所有的支出與收入都卡的剛剛好、不能有任何風險、不敢轉行或創業，因為他絕對不能失去目前這份高薪工作。

　　也因為這樣，身為家中主要收入來源的他，疫情後工作量越來越多、多到越來越不合理，老闆對於像他這樣的中階主管更是越來越壓榨、下面的部屬也不是很尊重自己，即使有好幾次理智線差點斷掉，但是一想到家裡每個月有這麼多開銷得付，因此 L 再怎麼不爽也只能為家人吞下去。

　　L 還算是比較幸運的例子，至少他是在 2016 年房市低點的時候購屋，因此還可以靠房子因 QE 帶來的增值，多了一點貸款額度可運用，在必要時靠增貸來應付突發狀況，但另一位同學 W 可就沒那麼幸運了。

2. 省吃儉用的 W

　　個性溫柔的 W，跟我一樣是房仲，因此他的收入很不穩定，前幾年結了婚，為了滿足太太「有房才有安全感」的願望，所以在2020 年勉強硬買了一間房，但 W 後來卻跟我說，沒想到買了這間房才是惡夢的開始。

　　雖然過去收入不算穩定，但跟女朋友一起租房省錢，平時娛樂開銷都不成問題，口袋也還有點錢，但婚後因為買了房，每個月跟老婆兩個人加起來的收入，有一半都得拿去繳房貸，還有一部分得去繳信貸，因為頭期款是兩人用去信貸補足的，以至於他現在的存款只剩下五位數字，幸好老婆是個知足、物慾又不高的人，因此平時省吃儉用倒也還過得去。

　　可是，每當節日或紀念日，W 想帶老婆吃頓好的時，老婆總說：「沒關係，跟你在家裡面煮個小火鍋就很幸福啦」，或者是說：「在外面吃多不划算，我們自己買可以買一大堆耶」，W 對於總是貼心幫這個家省錢的老婆感到不捨，就算 W 硬帶老婆上餐廳吃東西，她也永遠都是點菜單上最便宜的套餐，連附餐都捨不得加。

　　W 說自己真的沒想過，原本以為買了一間房就能讓生活變得更好、一切就會不一樣、大家會更看得起自己，沒想到現實卻是讓老婆得處處替自己省錢，手上拿了幾年的 iPhone7 都捨不得換掉，連放假看場電影都有罪惡感，下班後都在上網找哪裡有優惠券可以領，這真的不是他原本想像的買房生活，本來預計婚後要生小孩的

計畫，現在也變成他們夫妻間不願多談的默契了。

我聽到這邊也只能安慰他說：「沒關係，至少你是 2020 年買的，這兩年漲不少啊」，W卻說：「漲那麼多也跟我沒關係，我如果賣掉這間房子賺了錢，到時買下一間房子也一樣變更貴啊」，不過W還是很樂觀地說：「算了啦，至少我現在有房子，至少我們老了就不用擔心去睡路邊，我打算老了以後，就把這間房子拿去銀行做以房養老，讓這間房當成我們的退休金」。

以房養老的盲點

我常說：「買房的目的，應該是讓生活品質變得更好，而不是變差」，上述收入穩定的 L 與收入不穩定的 W，雖然同樣都買了房子、同樣都會被同學虧有房很厲害，但他們的實際生活品質，卻遠遠不如其他住家裡或是租屋的朋友。

另一方面，很多老百姓都不曉得，寄望著「以房養老」來度過晚年，其實是一個不切實際的規劃，讓我先問你一個問題：「你知道什麼是以房養老嗎？」

1. 以房養老是什麼？

簡單講，就是當你老到只剩一間房後，將這間房拿去銀行辦貸款，銀行再將這筆貸款像是養老金一樣，在接下來的三十年內，分360 期每月固定撥款給你。

但畢竟再怎麼說也是貸款，這個期間一樣有房貸利息，所以這

個利息會直接從每個月該撥給你的錢中扣除。

等到銀行撥給你的錢（債務）越來越多，或是貸款者身故後，如果後續沒有繼承者（子女晚輩）去清償這些債務，銀行就會向法院聲請拍賣這間房子來清償，拍賣的錢如果有多，就是退給繼承者；如果拍賣的錢不夠清償債務，就會往貸款者（你）的其他財產去追償，不然就是成為繼承人的負債。

很多人都會這麼想：「都是那麼遠以後的事情了，房子的事就交給銀行跟子女處理，萬一拍賣後的金額不夠清償債務，子女再拋棄繼承就好！反正我人都走了，哪管那麼多。」

沒錯，這個思維很正確，但你可能低估了自己的壽命、退休後的開銷，以及長時間累積的驚人通膨。

2. 三十年後的房價，萬一沒漲起來呢？

除非你是「房地產無敵論」的忠實信徒，相信房價只會持續爆漲上去，否則考慮到當三十年後我們退休時，依照本書在第四章的國發會數據，2050 年後的臺灣預計至少消失 300 萬以上的人口，需求大蒸發，再加上接下來三十年，建商不可能不蓋房子（以2016 至 2021 這六年空頭到多頭的供給量來算，平均每年能蓋出12.8 萬戶的住宅供給）。

我們保守只抓每年 10 萬戶供給來算就好，三十年後就會增加300 萬戶的供給量，對比目前 2022 年 890 萬總戶數與 81 萬戶空屋量來算，再對照 2021 年後快速降低的家戶數增長量（2021 年 7.2

萬、預計 2022 年會低於 7 萬戶）。

　　加加減減計算下來，等你三十年後要進行以房養老時，屆時臺灣的空屋率預計可能已高達 30% 左右，是目前 9.1% 空屋率的 3.29 倍以上，等於每十間房就有三間房是空的，請問空屋率這麼高、人口又那麼少的情況，你的房子還可能有多少價值呢？銀行會願意給你那間老房子估那麼高的價嗎？

　　而且上述，還只是保守樂觀的計算。

3. 以房養老的錢夠用嗎？

　　我們再用比較簡單的方式來推算，假設房地產「無腦上漲」與長時間「低度通膨」的上漲動力，與「空屋率」和「房屋老化」的降價動力相抵消，將你在 2022 年買的 1,000 萬房子，推估三十年後價格漲到 1,500 萬好了，也就是假設等到你 2052 年 65 歲退休時，以這 1,500 萬拆成 30 年的退休金來算，你平均每個月只能領到 41,000 元。

　　嗯，這個金額看起還不錯嗎？但你有沒有想過三十年後的物價呢？

　　依照「臺北市消費者物價指數」網站 [1] 的計算，三十年前與今天相比，1992 年與 2022 年的物價指數相差了 54.11%，也就是 1992 年用一千塊錢買得到的東西，三十年後的現在，得花 1,543 元才買得到。假設依照你現在認為每個月有 5 萬元就能有不錯的退

1　臺北市消費者物價指數 https://w2.dbas.gov.taipei/price_cpi_curv/cpi_curv.asp

休生活，那麼你現在看到的 50,000 元的生活品質，到 2052 年就得花上 77,000 元才行。

　　所以來試算一下：1,000 萬的房子，即便三十年後漲到 1,500 萬去以房養老，2052 年後每個月 41,000 元的生活品質，約莫僅等於 2022 年 28,000 元的生活水準（這還沒考慮現代的通膨速度比過去更嚴重）。

　　現在思考一下，如果每個月「只有 28,000 元」可以花費，是你希望的退休生活嗎？更別說，萬一你房屋的總價並不高，只有 800 萬、500 萬，那麼拆成 360 期來計算的話，你每個月只能拿到多少錢呢？

4. 萬一有幸活得太久呢？

　　上面還是你 2052 年退休的第一個月、手上現金購買力還最強的時候。

　　依據內政部統計 [2]，2021 年臺灣人的平均壽命是 80.86 歲，女性平均為 84.25 歲、男性平均為 77.67 歲。可以申請以房養老的年紀是 60 歲（部分銀行可能是 55 歲或 65 歲），假設你從 65 歲退休第一天活到平均壽命的 80 歲，這 15 年以每年 2% 的通膨來算，通膨率大概會是 34% 左右，等於 80 歲時拿到手上的 41,000 元，只剩下 2022 年 18,000 元的生活水準。

　　認真思考一下，80 歲的你，每個月只有 18,000 元可以花，是

2　newtalk 新聞 https://today.line.me/tw/v2/article/mWonwMZ?utm_source=lineshare

你想要的退休生活嗎？

　　萬一隨著醫療水準進步，你非常幸運地活到了 90 歲，那你得計算一下，你確定 2077 年後的 41,000 元，能夠支付你的生活與醫療嗎？

　　如果你有幸活超過 95 歲，而且身體還很健康，抱歉，三十年的以房養老退休金已經領完了，96 歲開始不但沒有錢可以領，你那間舊到快要垮掉的房子，也準備要被銀行收走了，要是沒有子女替你清償之前的以房養老貸款（畢竟銀行並不是慈善事業，而且未來的年輕人也許低薪問題更嚴重），你那間屋齡老舊的房子拍賣後又清償不了貸款，導致銀行開始跟你追討其他現有資產時，請問你該怎麼辦？

　　因此，被帶風向而勉強硬買房的你，可能會變成以下這種情況：年輕時為了買房子，省吃儉用十幾年才湊到頭期款，終於在高房價時代買了一間自己的小窩，即便小了點、舊了點。為了繳昂貴的房貸，你繼續省吃儉用三十年養房子，公司壓榨你也只能忍受、老闆欺負你也只能吞、客戶再芭樂你還是得服務，看到有賠售的房子也沒錢去撿、看到更好的工作機會也不敢換、看到創業翻身的商機也只能放棄，只因為你害怕收入一旦中斷就繳不起房貸，你的資金與未來已經全部卡在這間小房子裡，你的生活與經濟也變得非常脆弱、禁不起任何風險。

　　好不容易房貸繳完了、65 歲也可以退休了，卻發現身上根本沒存到多少能退休的錢，以房養老能拿到的錢也沒有你想像的多，

這筆錢的購買力更沒有你三十年前以為的那麼高，但無奈的是你已經退休了，屆時老人那麼多，國家又因為缺乏年輕人導致內需很差，你想重回職場也很難找到機會。

於是，你就只能靠著微薄的退休金和以房養老給的貸款，住在一間又老又舊的小房子內，繼續再過著十年、二十年、甚至三十年以上省吃儉用的退休生活，最後你才發現，原來當年勉強買房的選擇，竟讓自己成了一個典型的下流老人，等到垂垂老矣躺在病床上吊著點滴、回憶這一生時，才發現自己這一輩子都在省吃儉用。

這輩子會這麼苦，就只是因為身邊的人一直跟你說：「反正房價只會漲，你要趕快買房，不要想太多」。

5. 因買房放棄的機會，就是你最大的風險

分享這麼多以房養老的風險，就是要告訴你一個真相：「想要讓自己過得富有，光靠一間房子根本不可能」，當你把所有資金和時間都卡在一間房子內，你就等於放棄人生中所有的機會與可能性，就像我的偶像蓋瑞・范納洽（Gary Vaynerchuk）曾說過：「阻止你買下法拉利車廠的方式，就是你先買了一輛法拉利」。

大多數年紀輕輕就買房的人，始終都不明白「因買房而放棄的機會成本，才是最大的風險」，房地產的金額巨大、繳款時間這麼長久、變現速度又慢又充滿不確定性，為你處理售屋的仲介又不見得替你著想，怎麼可能買房包你 100% 賺錢，又包你零風險呢？

拿之前租屋比買房更划算的例子來說，租屋不需要你 All in 省

吃儉用多年的存款，你身上才有第一桶金可以投資或創業，看到更好的工作機會也有底氣去試一試，因為繳房租比繳房貸便宜太多了，就不會讓現金流支出成為你在投資與創業路上，得半途而廢的原因。

你得知道，有時候「致富」這件事情，真的就是看你氣夠不夠長，能不能撐得過去，知名的對沖基金經理人麥可貝瑞（Michael Burry），雖然他很早就看出美國房價即將崩盤而開始做空，但是在崩盤真的發生之前，他也是承受了非常巨大的虧損與壓力，甚至不得不使用「禁止交易條款」，不讓客戶贖回本金來讓自己撐下去，最終才讓他一戰成名。

但當時也有不少做空房地產的人，卻有多少人因為沒撐過去而提前陣亡呢？因此有沒有資金讓你撐得下去，將大大影響你的成功機率。

6. 屋奴錯過的機會成本

再拿出紙筆試算看看，如果今天你選擇抱著一間房等翻身致富，就算你幸運地再次遇到黑天鵝帶來的 QE 漲幅，但就像前面說過的，你家房子變貴，可是別人家的房子也一起變貴，等於賣掉這間房子的獲利也要補到下一間房子上了，你根本沒靠漲幅賺到錢，唯一好處，頂多只有可憐兮兮 2 ～ 3% 的微薄租金，代價卻是你得承擔更高購屋支出，與再也不會出現的第二桶金。

雖然我不是股票專家，但以股票的機會成本來說，大多數人都

會告訴你，買大盤的平均年漲幅至少都有 5 ～ 6% 以上，連股神巴菲特都有知名的十年賭局（也就是十年下來，基金經理人主動的選股策略會輸給大盤表現）。因此，光是你將買房的錢拿去買股票大盤，理論上每年都比房地產的租金投報率多出 3% 的利潤，幾乎是兩倍的租金，更別說股票的變現速度極快，不像房地產又慢又麻煩又不可控。

如果你眼光精準、執行力強，敢冒更高風險進行創業，那麼在千載難逢的機會出現時，用買房的那一桶金創業去拚一次機會，一旦成功，你的利潤肯定是房租的數百倍、數千倍、數萬倍以上，等於用一個本拚數十個本回來。所以我不斷強調，只要別在財力不足時硬買一間房，就有機會讓你二十年後有兩間房，就算投資輸了，頂多就是再打開人力銀行網站，但至少你已經比別人有更多避開失敗的經驗。

分享一個入門的投資觀念：「高本金，要低風險低獲利；低本金，就要衝高風險高獲利」，例如手上有五億現金的你，只要有 3% 穩定的租金收益，這輩子就不愁吃穿；手上只有五萬塊錢的你，給你 30% 的租金效益也無法改善什麼。

一般上班族省吃儉用十幾年的幾百萬頭期款，也是典型的低本金，太年輕就勉強買房，則是屬於「低本金、高風險卻低獲利」的布局，以投資來說絕對是非常失敗的策略，就像我們都不會為了握住銅板，然後讓右手卡在花瓶裡面吧！

況且就算你家房價漲了，也不過是紙上富貴罷了，你的生活品

質也不會因此提升。

　　有些人會選擇用增貸來進行投資創業，這很常見，但因為你只有一間房，所以這時增貸就是在預支你以房養老時的未來退休金，這種絕不能失敗的心理壓力，也將導致你在投資與創業上畏首畏尾、深怕一個決策失誤就讓房子沒了，因此在最需要堅持與試錯的創業路上，你就更容易提前出局，這也是為什麼羅伯特清崎說：「你自住的房子，並不是資產」，這樣你就能明白了吧。

　　因此，絕不是抱著一間房，就妄想靠它養自己一輩子；若是想要靠房子養自己一輩子，你需要的就不能只有一間房子。

🏠最佳情況：我家在漲、別家在跌

　　現在要買房的你，已經具備了正確投資理財觀念，也獲得了長遠的眼光，因此我們買房上應該要設定的正確目標是「絕對不只是一間」，將一間拿來自用，而其餘的房子用來養你。

　　前面我們有提過，房價下跌其實對自住客換屋才划算，對吧！其實在購屋與換屋真正最完美的情況，是購買房子時，我們買得比行情更低，出售房子時，我們賣得比行情更高，認同吧！但這種聽起來不可思議的操盤方式，真的有可能嗎？

　　重點來了！還在誠品當免費仔的你，趕快找位子坐好了，因為下一個要再顛覆你認知的超重要觀念是：「房地產，Location、Location、Location 並不是最重要的」。

Timing 才是！

進場的時機點才是關鍵

並不是說地段不重要，地段絕對很重要，因為房屋的價值是來自於坐落的地段，但講到房價漲跌這件事，「時機」，絕對比地段重要許多。

舉個簡單的例子，如果選在房市大空頭進入臺北房產，你的房子頂多就是保值跌不多，但如果你選在瘋狂大多頭去淡水新市鎮買房子，就可以無腦賺到價差，因此能不能在房價上取得優勢，Timing（時機）絕對比 Location（地點）更重要一萬倍。

再記住這個觀念：「房地產是非常吃景氣的行業」，無論房價漲跌或者業者的營收都是如此，看看 2016 那幾年的房仲倒閉潮、代銷歇業潮、建商賣壓重的慘狀，再看看 2020 這兩年房仲代銷不可一世的態度與建商不二價的姿態，只是因為市場資金水位的高低，就能形成天壤之別的房市。

因此我前面提到，最好賣在漲幅比別人高、跌幅比別人少的布局，我們要著重的就是「進場時機點」。

你真的敢危機入市嗎？

先決條件就是要敢危機入市，可是危機入市的道理人人都懂、但你屆時真的做得到嗎？ 2022 年 2 月烏俄戰爭爆發時，你有進股

票市場大買特買嗎？要讓自己透過不斷換屋而越換越多的唯一關鍵，就是進出場的 Timing，你要選在市場最蕭條的大空頭，也就是身邊的人都跟你說：「現在會買房的都是白痴」的 Timing，你才有機會買入被過於低估的價格（例如 2016 年），然後在市場大多頭，也就是身邊的人都跟你說：「現在買房保證賺錢」的時機出售，你才有機會賣到被市場高估的價格（例如 2021 年）。

1. 利潤，在進場時決定

你要做的就是：只要在房市最差時進場撿便宜，在房市熱絡時出場了結，然後抱著些許現金與利潤等待下一次空頭再次進場。

在空頭市場買一個被低估的價格，然後在多頭市場賣一個被高估的價格，這個大方向一點都不難，難是難在你有沒有正確判斷市場的能力，以及機會來臨時敢不敢進出場的人性。

但我們可以從每年的交易量與房價走勢看到，絕大多數的民眾卻是反著操作我的模式，才讓自己成了標準追高殺低的韭菜，例如選在 2017 年寒冬時焦急地賣出、選在 2021 年信心滿滿地追價，在不考慮超過十年的長期持有下，假設你老是多頭進場、空頭出場，運氣好就是沒賺沒賠、白忙一場，運氣差就是慘賠 10 ～ 20% 起跳，房子賣了連房貸都不夠清償。

另一方面，很多民眾都在抱怨好房子難找，但大家卻不知道空頭期要找好房子其實很容易，因為空頭期競爭對手少、物件掛售時間長，只要你願意在空頭市場慢慢找，很容易能發現價格很軟的急

售屋主。這時候只要你敢出價，然後請仲介幫你慢慢磨，就能買到價格低於行情 10 ～ 20% 的房子，等到五年、十年後房市再次回溫，這時候只要趁市場有熱度時，比行情多賣 10 ～ 20% 就好，一來一回就比一般自住客多出 20 ～ 40% 的利潤。

另一方面，看了前面這麼多房市基本面太差的真相，你也不用對於未來房價回升的可能性感到悲觀，因為當房屋的價格持續因市場過於低估而修正下去，低到一個不合理的程度後，就會讓累積的買氣反彈回來，這時候從被低估到回彈至舊行情的「回彈空間」，再加上長時間持有所累積的「低度通膨漲幅」，就會是臺灣未來房價上漲的最大機會。

舉個例子，假設一般行情的房子，從每坪 50 萬修正到 45 萬，而你又透過急售屋主買到 40 萬的價格，那麼當行情降到 42 萬讓交易量開始湧出時，熱絡的交易量將會讓 42 萬的行情被哄抬至 45 萬，甚至有機會賣回 50 萬的價格。

也就是說，以你從急售屋主手上買到 40 萬的成本，並且盡量在市場回溫時以 50 萬的原行情售出，你當初就已經獲得危機入市的 20% 進場獲利。

接著，回升的熱絡市場讓買方再度不理性追價，市場又開始稍微高估價格了，於是舊行情 50 萬就有機會被推高至 55 萬的行情，而原行情 50 萬漲至被高估的 55 萬，搭配上長時間累積的低度通膨漲幅（每年通膨 1.5% 就好，八年至少累積 12%），你就能獲得 10% 的出場獲利！

也就是說你在價格被低估時，用 40 萬成本購入原價 50 萬的房子，再等到市場熱絡時，賣在被市場高估一點點的 55 萬價格，以你實際進場的低成本來計算的話，一來一回下來（40 萬漲到 55 萬），你就能獲得 37.5% 的利潤，對吧！

只是在空頭市場，買急售屋主的八折價，再到多頭市場，比行情多賣個 10%，這應該沒什麼困難吧！

也就是說，只要賣出的時間點正確，搭配上你這一生至少三次以上的換屋次數，平均每次換屋買賣以 25% ～ 35% 利潤來計算（這是相當保守的數字，因為你是超長期持有，低度通膨能累積一些漲幅，而你的實際進場成本又超低），也許第一次沒什麼感覺，但累積到第三、第四次的獲利，就足以幫你在退休前購入第二間幾乎不用貸款的房子。

這就是我們利用「市場情緒」所創造出的長期投資機會，因為空頭市場大家會過於低估房價，讓你買得比別人更便宜（例如賠售屋主），多頭市場則會過於高估房價，讓你賣得比別人高一些（例如不理性的買方），我們就是要靠這個比行情低估一些、高估一些的空間，透過長時間的自住換屋來創造利潤，搭配上你持續正常繳的房貸本金，以及長時間累積的低度通膨，就能讓累積出的利潤多滾出第二間幾乎沒貸款的房子，來照顧你的退休餘生。

這樣一來，當你退休時，你就有一間無貸款的房子能自住，還有一間貸款不多的房子能自己養自己，就不需要那麼早就將唯一的自住房拿去以房養老，也可以在晚年賣掉第二間房，讓生命的最後

階段過得優渥又有尊嚴，不用看銀行或任何人的臉色，還有餘裕在過年過節時，偶爾給孫子們發點小紅包，百年之後，剩餘的資產還可以留給辛苦的子女。

　　重點是，上述這套作法並不複雜，不需要使用炒房哄抬技巧、裝潢包裝技巧、改成複雜的分租套房技巧、深奧的不動產證券化技巧等坊間常教的方式，你只需要住在自己的房子裡、按時繳房貸，差不多有換屋需求產生時，在正確的時機點賣掉、正確的時間點買入而已，完全不會影響你的日常生活，頂多就是每五到十年需要搬一次家罷了。

2. 將進出場時機點，融合你的換屋需求

　　以上不是要鼓勵你用這個技能炒房（而且長期持有你也炒不起來），而是要你學會正確的房產投資觀念，順著你必經的幾次換屋需求進行買進賣出，透過這個技能賺取的換屋價差，三十幾年來，就能累積成你退休時的第二套、第三套房。

　　假設你是首購族，如果想買房時遇到不適合進場的大多頭怎麼辦？很簡單，就是邊租屋、邊存錢、邊等待多頭結束，否則這時進場很容易溢價追高，增加未來賠售風險，例如 2021 至 2022 購屋就有賠售的高風險；如果想買房時遇大空頭，則是邊租屋、邊看房、邊出價，你就很容易買到「降價幅度遠大於市場跌幅」的房子，讓大家都羨慕你，裡子面子都是你贏了。

　　假設你是換屋族，換屋時遇到大多頭，就趁買方瘋狂時加價售

出，然後租屋等待市場由多轉空、由冷轉冰，最後在大空頭一樣邊租屋、邊看房、邊出價。

萬一你換屋時遇到大空頭，為了避免被買方予取予求，要嘛就是繼續住原本的房子等待時機，要嘛就是先去租一間能滿足你需求的房子，然後把原本的房子拿去收租補貼自己即可，就能避開在大空頭售價被低估的壞處。

萬變不離其宗，總之掌握 Timing 的操作方向就是：

(1) 空頭買

(2) 多頭賣

(3) 過渡期租屋

很簡單吧，這個結論一點都不難理解吧？透過這樣的操作，就能讓你買得比行情低一些、賣得又比行情高一些，等待期的支出還比別人省更大。

而唯一的難度只有兩點，但是已經讀完第二章的你，這兩點小困難如今對你來說，已經能輕鬆跨過去了。

(1) 準確判斷多頭或空頭

(2) 提早預測房市反轉時機

不要信心滿滿覺得自己一定有能力危機入市，因為人類從歷史中學到的唯一教訓，就是——人類永遠無法從歷史中學到教訓，比方說在 2020 這兩年的房市大多頭，你是否曾經擔心收入會追不上

房價？是否曾經去看過房、出過價、買了房？大家都在說楠梓與竹北很有投資價值時，你是否也認真思考過去那邊置產呢？你是不是也曾認為原物料一直漲、建商又很有錢，預售屋怎麼可能會降價？

可是 2020 這兩年是大空頭嗎？並不是，這兩年是危機入市的時機點嗎？也不是。我們都聽過擦鞋童理論，既然連你公務員的親戚都跟你說楠梓和竹北適合投資了，你還覺得這兩地的價格會被低估嗎？我們也知道「別人貪婪我恐懼、別人恐懼我貪婪」，請問2021 年的市場，是呈現無比恐懼、還是異常貪婪呢？

既然你剛剛才動搖過，就表示危機入市的道理雖然簡單，但是98% 的人都做不到，才會不小心變成省吃儉用的屋奴，而少數 2%敢危機入市的專業投資者（我這邊指的不是搭多頭順風車的短期投機客），理所當然可以靠房地產賺到錢，對吧！

也因為大多數人都沒有危機入市的膽識，所以當危機來臨時遍地都是黃金，要找到趁火打劫的機會實在是太容易了，買到行情的九折、八折價，真的不是多困難的事，甚至是七折都是有機會的。

怎麼找到急售屋主？

為什麼我不斷提到要找「急售屋主」？因為之前有提過，空頭市場要屋主降價割肉會很痛，所以只有急售屋主能割得下去，只要你遇到急售屋主並且「敢出價」去談，買到實價登錄打九折根本不用技術，甚至有機會買到行情的八折、七折以下，這個就會是你未來的利潤空間，當大家還在等房價慢慢下跌時，你就已經先把未來

十年的跌幅都到手了。

那麼下一個重點，我們該怎麼找到急售屋主？該怎麼用七折買房呢？

1. 等待空頭市場

回到我不斷強調的「Timing」，我們都知道空頭市場就是買方市場，買方市場就是對買方有利的市場，就像赤壁之戰必需要東風才能以寡擊眾，你想要買得比別人便宜，需要的就是等到對你最有利的買方市場。

萬一你選在多頭進場，再厲害的殺價技巧也沒用，頂多就是讓你少加點價而已；若選在空頭進場，你不需要多厲害的殺價技巧，屋主與建商都會主動降價給你。

假設現在有位屋主要急售，如果當下是熱絡的多頭，因為市場上買方又多又不理性，仲介往往房子賣到沒貨賣，因此他們不需要等待多久，很快就能遇到願意追價的買方，急售的屋主說不定還能在解套前小賺一筆。

反過來說，如果當下是蕭條的空頭，因為市場買方又少又刁鑽，仲介手上的案子一大堆也賣不出去，這時有急迫需求的屋主為了解決資金問題，就只能靠「降價」來競爭，這種屋主價格又軟又好談，因為屋主深怕錯過願意出價的你、你可能就是最後的機會、你就是唯一的浮木，你自然能夠在價格上掌握主導權優勢。

正確時機點進場、掌握了主場優勢，你才能在房價上予取予

求、你才是老大！

2. 急售屋主在哪裡？

　　既然要找到急售屋主才有機會撿便宜，你馬上就會擔心：「可是我怎麼會知道哪裡有屋主急著賣房子？」一般市井小民當然不會知道，那你覺得誰會知道呢？

　　當然只有房仲。

　　很多屋主就算有急售需求，都會礙於期待能僥倖賣高的心態，不願意讓仲介知道自己有急售需求，深怕透漏風聲就被惡意砍價、讓愛屋被賣給投機客，所以無論你是上網看 591、看房仲的物件傳單、看房仲公司門口的櫥窗物件，一般消費者就算把眼睛看到掉出來，也絕對看不出哪個屋主在急售，只有仲介會知道（除非物件上標明「急售」或「出價就談」幾個大字）。

　　仲介是怎麼知道呢？

　　一種是急售屋主在初期就直接明講，有些急售屋主可能已經委託別人賣了一陣子，賣到心灰意冷而且資金鏈快斷裂了，才會告知仲介目前急迫的狀況，請仲介用力賣。另一種情況則是屋主雖然不說，但是仲介透過平時的回報、互動與觀察得知，因為通常有資金上急迫需求的屋主，都會很積極關心銷售狀況。

　　總之，只要是一個專業、有經驗、夠關心屋主的房仲，是不可能沒發現自己的屋主處於急售狀態的，一旦仲介在空頭市場發現屋主急售的需求，就會像鯊魚聞到血腥味一樣，立刻主動跟進、用盡

手段說服屋主降價，因為仲介都知道空頭市場唯一的成交機會（也是仲介生存下來的機會），就是要找到願意「割肉」的屋主。

3. 如何得到急售資訊

關於「仲介不會把急售資訊報給消費者」的迷思，已經在第四章破解過了，這邊我們就不再贅述，既然空頭市場找不到投資客來接手、仲介公司沒能力吃下來，那麼下一步當然就只能找一般的買方了，只是房仲手上的買方名單這麼多，要優先把價格這麼軟的物件報給誰呢？

沒錯，就是「A買」。

所謂的A買就是「A級買方」，不只是房仲業，各行各業的業務員都會把手上的客戶依照成交率，分類為A、B、C三種等級，因為本書不是業務技巧類的書，所以用最白話來解說就是：

(1) A級買方：成交機率最高最快的客戶（相當於這個月的收入來源）。

(2) B級買方：數量最多的普通客戶（需要花時間慢慢經營）。

(3) C級買方：成交機率極低的客戶（真的沒客戶才會去連絡的那種）。

成交率這麼高的房子，當然要配對給成交率最高的買方，這樣才有最高的機率讓自己下個月有錢領，這就是房仲永恆不變的生存邏輯。因此身為買方的你，要做的只有兩件事：

(1) 將自己調整至A買狀態（你隨時可以購買）。

(2) 讓仲介知道你是 A 買（你就是這個月的業績）。

該怎麼讓自己調整至 A 級買方的狀態呢？最重要的第一步，還是要先了解自己為什麼要買房而非租房的動機，無論這個動機多麼主觀都沒關係，畢竟自己的情況只有自己最清楚，接著進場的時機點已經對了，風險就很低了。

第二步，則是要上網研究行情，針對你想購買的區域，清楚地研究「實價登錄行情」與「半年內的交易量」數據，因為掌握了價與量就不會被仲介誤導，你還能看出為自己服務的仲介是否夠專業、夠老實。

第三步則必須清楚算出自己的預算區間，這個預算區間取決於你的自備款與房貸還款的能力，甚至是你另一半與父母的大致財力狀況，去了解自己出價的天花板在哪裡。

接著第四步，清楚了解自己的需求後，無論你是需要三個房間、中島廚房、子母車位、無敵海景、按摩浴缸或者是特定地段，要先將需求分為以下三大順位，才不會讓仲介誤以為你是連自己要買什麼都搞不清楚的 B 級買方：

第一順位：絕對必要

第二順位：非必要

第三順位：額外加分

比方說，你跟仲介一下子說要市中心地段、一下說希望可以有景觀、一下又說希望空間要大、一下說廚房要有中島，雖然這些都是你心中理想的完美房子，但房子不可能是完美的，買房要懂得取

捨、懂得放棄的哲學，即便真的遇見接近完美的房子，那麼價格也不見得是你能負擔得起的（找 1,000 萬房子的人，會覺得 5,000 萬的房子很完美，但 5,000 萬房子的屋主，他們會覺得一億的房子很完美）。

你必須將購屋需求依照這三大順位分類，和房仲碰面時將這份需求連同預算區間提供給他們，仲介就會知道你是個需求和預算都很明確的精準客戶，你被歸類為 A 級買方的機率就很高，仲介也會清楚知道該怎麼幫你推薦房源，也願意去幫你開發適合的物件。

最後第五步，則是要確定自己能否快速做決定，一般人在多頭市場搶不贏投資客的根本原因，就是出在「不識貨」與「太龜毛」，明明就是便宜到投資客能立刻決定的案子，自住客還在那邊一下嫌貴、一下要找爸媽跟風水師來看，欠缺識貨能力的人，當然會在搶貨上輸人一大截。

換做你是房仲，你也不會在大多頭時，把急售物件報給一般買方的。

4. 觸犯大忌：馬上變成 C 級買方

房仲在空頭時最討厭的，就是好心將急售的便宜物件報給買方，買方卻對自己說：

「啊！屋主要賠 20% 喔，是不是這間房子有問題啊？現在房市這麼差嗎？會不會我買下去，換我賠 20% 啊？」

告訴你，只要你敢跟仲介說出這種話，你馬上就從 VIP 的 A

級買方，瞬間被歸類為沒誠意的芭樂 C 買，從此有再好的急售物件出現，抱歉，你已經成為 Apple 物件絕緣體了，因為這種不識貨的買方太沒 Sense 了。

很簡單的道理，臺灣空頭期的房價下修速度很緩慢，也許每年跌個 5% 就算很多了，連續跌個五年也就有 25% 的跌幅，如果不需要等五年，眼前就有屋主願意從 20% 的跌幅開始談，說不定你再狠一點、屋主又急一點，你就能用實價登錄七折價，買到六年後的房價，你不是現買現賺了嗎？

把握這個重點：「只要能買到降價幅度，遠遠大於平均跌幅的房子，你就是賺到了」，空頭市場既然都沒投資客跟你搶了，你就不要再犯這種老毛病了。

順便補充一下，如果你買房一定要經過老婆、爸媽和風水師，建議第一次看屋就帶著老婆過去；要找爸媽來看屋，就先讓父母知道你已經比較過哪些物件、先對他們說明你選這間的結論；要找風水師來，就要找能夠「解決問題」而非「只會挑毛病」的來，畢竟只是要挑風水瑕疵，仲介也很會看，就像你頭痛去看醫生，你需要的是醫生幫你解決頭痛的問題，而非只是跟你說：「嗯，我確定你真的在頭痛」。

只要你將自己的狀態調整到位，將預算與需求清清楚楚告知房仲，並且能夠隨時出價、隨時成交，那麼你就可以在空頭的買方主場，被仲介當作超級 VIP 對待，任何急售物件都會優先到你這邊過目，因為你就等於是房仲們下個月的薪水，你就是空頭房市的財

神爺。

5. 要敢下斡旋

只要你看見符合自己第一順位的需求，而第二、第三順位大多也可以被滿足的物件，而且價格又軟又合理的話，你應該要做的就是把握 Timing、勇敢出價，只要你確定下的斡旋是不會後悔的金額，就像師父說的：「拿到 AK 不梭是棒槌」，買到就是賺到、沒買到也沒損失，那你還有什麼好猶豫的呢？

然而，為什麼危機入市對一般人這麼難？

這還是回到「心態」問題，就像電影《那些年，我們一起追的女孩》，男主角柯景騰始終沒勇氣對女主角沈佳宜告白，導致曖昧多年的兩個人，就因為缺乏勇氣而錯過一段美好姻緣，沈佳宜最後也嫁給別人了，只能讓美好留在回憶裡。

同樣的道理，消費者往往看到超適合案子，最後沒買而後悔的原因，大多數都是因為「缺乏知識」，導致下斡旋時扭扭捏捏、出了一個被仲介認為來亂的芭樂斡旋，接著要嘛房子被別人撿走、要嘛房子就真的進入法拍市場，就像錯過「對的人」一樣，結果市場就慢慢回溫、危機入市的機會也就消失了。

這邊提的房市回溫，指的還不是熱絡的多頭市場，只是房市從冰凍期慢慢恢復常溫而已，「溫熱房市」才是該有的常態，因為大多數買方終究會發現，一直出芭樂價是買不到房子的；等待房價崩盤的人，也會認知到臺灣房價很難崩，就會慢慢回到市場上找房、

出價也漸漸變得合理，你就很難買到價格被低估的急售物件。

也就是說，市場回溫就開始代表著 Timing 消失、買方主場優勢減弱，因為仲介與屋主不需要再依賴你了；等到市場再度熱絡，買方是一點優勢都沒有了，只能被屋主與建商任意宰割了。

好消息是，依照目前 2022 年第三季的房市與過去歷史經驗，我們最快會在 2023 年第一季就正式進入房市空頭，不但交易量會低迷、價格也會開始下修，預計最快於 2024 至 2025 年，就是接下來房市最寒冷的冰凍期。

而在此之前，你現在需要的是「耐心」。

也就是說我們等待已久的「危機入市」時機點，即將到來了，而把本書都看到這邊的你，知識都具備了、東風也要來了，但是你的口袋與「心態」準備好了嗎？

買賣房子的技巧

也許你現在覺得：「好像還有哪裡怪怪的，總覺得有什麼重點是我沒注意到的」，會有這種感覺很正常，這就像是要去陌生國家自由行的你，即便已經把所有功課都做完了、網路介紹都看遍了、行李與設備都備齊了，但是在飛機降落異國大地之前，你仍會有未知的緊張感。

換個角度，如果這個異國你已經去過三次、五次、十次，這種未知的情緒就會慢慢消失，說不定你連出發前都懶得準備東西，反

正只要有手機、護照、錢包就能搞定一切，就像那些經常飛日本或泰國度假的人一樣，輕鬆地像是走自家廚房。

這就是一般消費者與投資客的差別，我們買間房是人生中最關鍵的決定，他們則因為經驗多了，所以投資客買房，就跟你選擇買 128G 還是 512G 的 iPhone 差不多的程度。

不過以現實來說，一般民眾確實在「經驗」上不如投資客，但沒關係，現在網路上已經有非常多的「獨角獸房仲」分享這方面的透明知識，也有許多乾貨滿滿的房產節目可以學習，他們提供的資訊就能夠成為你的經驗。

接下來，我也想分享一些我認為重要的買房技巧，當中包含不少我的「個人獨家」觀點，希望我這些經驗與知識，可以幫助你在空頭時期無往不利，用更合理、更便宜的價格，買到一個幸福溫暖的窩，希望有緣閱讀到本書的你，可以和重要的人一起過著開心的生活。

我深深相信，擁有一間適合又便宜的房子，就是人生走向幸福的孵化器，因為我們每個人都深受環境和家庭的影響，而影響環境與家庭的最重要因素，就是這間房子是否適合你，以及購入成本是否夠低廉。

重要的老生常談

首先要確認自己真的有自用需求，而且這個自用需求很強烈、很急迫；接著確認自己的自備款必須相當充足，至少要多留 10%

的房價作為緊急預備金，可以的話，盡量準備四成以上的自備款，這樣未來才能靠跌價換屋獲利；最後則是每月房貸支出，控制在月收入三分之一左右，絕對、絕對不要超過 40%。

只要你確實有購屋的需求、房屋也負擔得起，又剛好遇到適合自己的房子，那麼任何時候購入都沒有影響，畢竟就像前面平行宇宙 A、B 計算結果一樣，房價漲跌真的對自住客的影響不大，你只要確定投入的這筆資金，值得拿來作為解決自住問題就足夠了。

殺價真正的重點

再談談很多人愛問的殺價技巧，其實殺價（議價）才是房仲最強大的「真正專業」，也是你為什麼付服務費的最大價值，房仲怎麼無情地要你加價，也同樣懂得如何殘酷地讓屋主降價，因此殺價這類的應對進退，你就交給專家去處理就好，你更不需要去教房仲怎麼殺價，你只要確認當下的出價是合理的、是你能負擔的就好。

不過影響殺價成效的真正關鍵，並不是仲介多會講、並不是你自己多會嫌，更不是要找爸媽還是風水師，而是前面不斷強調的「Timing」，因為市場趨勢決定一切，多頭期再怎麼會殺也影響不大，搞不好屋主跟仲介連甩都不甩你；但空頭期隨便輕鬆殺，你都很容易買到實價登錄以下的價格，所以選在空頭市場才能讓仲介發揮超群的殺價實力。

除此之外，一定要請仲介確認目前屋主的狀態，該怎麼買到便宜，焦點應該是放在屋主的「售屋動機」而非「開價多少」，假設

屋主就是不急、這個投資客就是有錢可以撐，那你要在這種人身上撿到便宜的機率就低了，可以早點放棄。但假設掌握到屋主確實急著周轉、或知道投資客因槓桿開太大而軋不過來，那麼主導權就回到你的手上，也能讓仲介將價格壓到最底線的程度，你才有機會用行情七、八折價買到房。

淨租金 3% 做底線

　　萬一你真的不確定這間房子的「價格」是否壓到夠低了，有個很簡單的判斷方式，就是將房地產回歸到「投資價值」上面來看，假設你不小心買了一間，你就是不喜歡又賣不出去的房子，那該怎麼辦？為了避免這個風險，你在購屋前就要確定這間房子是否能滿足最底線的投資價值，具體而言，就是要確認這間房的「淨租金」是否有 3％，以全球先進國家來看，能帶來 3％淨租金的住宅至少都有六十分起跳。

　　只要能符合這個標準，再觀察平均出租空窗期多久、地段與生活機能是否優秀就行了，不過，這個標準最大的陷阱在於地段，很多地段差的房子只因為售價夠便宜（例如蛋白區），所以租金投報率相對就高，只有等到實際招租才會發現這裡的空窗期可能都是兩三個月起跳，將導致你的實際收益大打折扣，而且這種條件差的房子不但招租困難，還很容易被未來的新租客予取予求亂殺價。

　　至於租金投報率該怎麼計算呢？通常可分為「毛租金」與「淨租金」兩種。

(1)「毛租金投報率」計算方式：年租金 ÷ 購屋總價＝毛租金投報率

　　這個是最常見也最簡單的公式，基本上你聽到仲介講的投報率，99% 都是在講毛投報率；但淨租金投報率就要算得更細了。

(2)「淨租金投報率」計算方式：實際年租金 ÷ 實際購屋成本＝淨租金投報率

　　我們先看實際年租金的部分，比方說你每個月可以收 2 萬元的租金，這個租金再扣掉管理費、房屋稅、地價稅等成本，假設最後剩下 15,000 元，那麼這個 15,000 就是你每月的淨租金，乘上 12 個月就是真的有進到你口袋的實際年租金。

　　實際購屋成本也很簡單，除了購買房子的售價外，你支付的仲介服務費、代書費、相關規費，甚至你花了 100 萬去添購家具家電、裝潢整修等等，也就是你實際從口袋掏出去的錢全部加起來，就是實際購屋成本了。

　　只要你確認購買的房子，至少淨租金在 3% 的水準，而且地段夠好、空窗期不會太久，不會讓屋齡老舊或社區太亂成為被租客殺租金的理由，那麼買這種房子至少能讓你立於不敗之地，不必擔心未來後悔卻難以處理的下場。

房子不知道該怎麼挑

　　很多人常常會問說：「電梯大樓跟透天別墅，到底該選哪一個比較好？」關於這個問題，你要做的就是先確認這兩種類型的房

子，哪一種最符合你的需求，一切以你的自用需求為主，所以這一題沒有標準答案。

不過呢，有些比較基準是永遠不會錯的，比方說不動產的價值是來自於坐落的地段，這也是經典「Location、Location、Location」的由來，如果你不知道該怎麼選的話，就選地段好的，例如市中心的小套房，價值肯定比鄉下的透天厝更好。

如果在各方面條件完全一致的情況下，擁有最大土地面積的透天別墅，當然會比公寓電梯更好，當然這時候透天與別墅的售價，肯定也是公寓與電梯好幾倍以上，一分錢一分貨的道理。

該怎麼比較誰貴誰便宜？

這邊要講一個臺灣人都非常在意、但是外國人卻覺得不可思議的「公設比」，臺灣人購屋老是想買公設比低的社區，希望不要把錢都拿去買公設了，但是對於全世界所有國家的購屋者而言，外國人反而都希望公設越多越豐富、越新、越炫越好，沒有人會希望公設是少的，為什麼台灣與國際會有這種巨大的觀念差異呢？

這是因為臺灣計算單價的方式遠遠落後國際，仍使用奇怪的「虛坪制」計算每坪單價，目前還在使用虛坪制計價的國家只剩臺灣、中國、香港和柬埔寨，其他全球各國幾乎都是用實坪制計算，意思就是其他國家的公設面積都是「免費的」、都是建商送的。

在國外，公設面積通常是屬於社區法人持有，所以不會有公設面積被均攤到每位屋主的購買面積內，因此屋主購買的，只有自己

實際會用到的「淨面積」，也就是臺灣的主建物加陽臺面積而已，大多數國家也不會把腳站不上去的地方列入計算（例如雨遮和花臺）。日本更嚴格，只有室內的「主建物」才計價，連陽台這種「腳踩得到的附屬建物」也完全不計價。

依照我在第四章講過「建商定價」的知識，聰明的你現在就可以明白，其實所謂的「虛坪制」或「實坪制」根本是假議題，只是單純的數學計算方式而已，並不會因為虛坪制改實坪制計算，就讓單價變高導致總價變高（我真的不曉得臺灣為什麼有那麼多愚蠢的「房產專家」、「政府官員」，說改成實坪制會讓臺灣房價暴漲、讓高房價問題更嚴重）。

所以回到重點，只要我們購屋時，也一樣使用正確的「實坪制」來計算單價，你就可以清楚地比較出每個社區「真實售價」孰高孰低，也不用把你不在意、又用不太到的公設納入比較。

實坪制，正確的計算單價方式是：

（房屋總價－車位售價）÷（主建物面積＋附屬建物面積）＝實際單價

只要你用符合國際標準的正確計算方式，來比較每一個你想要買的社區，做成一個單價的比較清單，不但可以了解臺灣房價「到底有多貴」以外，比較不同建案的價格時，也不會被代銷的包裝誤導，更不用那麼麻煩的得一個一個調查各家社區的公設比了，否則房價上漲時，你家每坪漲 20% 很合理，但那些老舊的健身房、破爛的圖書館、早就沒人用的游泳池也跟著漲 20%，難道是合理的嗎？

社區管委會也會影響你家的房價

一般民眾在購屋時，99.99% 都會忽略「社區管委會」對房價的影響，因為大家不知道臺灣的《公寓大廈管理條例》有多舊、多落伍，很多社區的「主委」就像是中古歐洲的莊園大王，只要在自己的領地內就能橫行霸道、一手遮天，撈油水自然是不在話下，導致這種主委就是山寨主的成因，一樣就是出在「制度面」根本約束不了社區主委。

一旦讓糟糕的主委把持了管委會，這些人就可以操控社區、盡情在社區內作威作福，也因為社區請的大樓保全公司是聽管委會的，因此你遇到態度惡劣或工作怠職的保全，只要管委會或主委罩著，住戶也完全拿他們沒轍，這些保全同樣能在社區內肆意妄為，不爽你也只能吞下去，因為你不過就是一個對社區沒有影響力的某一位屋主，為了避免離題我就不多舉例了，總之，建議有空可以找仲介聊聊這個話題，你就能知道許多社區背後的黑暗，水很深呀！

假設你買到管理品質糟糕的社區，主委與管委會不做事、只撈錢，其他住戶又對於公共事務愛理不理，這種社區品質自然很差，住戶權益受損也沒有救濟管道，你完全無能為力，因此住的不爽又問題一堆，就會使你想要把房子賣掉、搬離這個是非地，一旦你出售的急迫性高，價格就很容易被閱讀過本書的讀者給殺下來。

我就遇過好幾次，有些主委已經拿了特定房仲公司的好處，所以只讓該店可以銷售社區的房子，要是屋主委託其他房仲公司的

話，保全就會用這種理由不讓仲介帶看。最常見的就是要求仲介交出滿滿都是屋主個資的委託書，並將這份委託書的「正本」（不接受影本）放在保全櫃檯，才能允許帶看，用這種極度不合理的方式來刁難仲介。不然就是對於願意配合的其他店頭，要求超不合理的「帶看清潔費」，帶看一次房子就要收個 200 元、500 元、1,000 元，使得其他更有能力幫屋主售屋的房仲公司，無法替該社區的屋主售屋、進而降低住戶的出售機會，吃虧的仍然是屋主。

可是，假設你是委託售屋的屋主，你又能怎麼樣呢？與其入住之後開始受這種氣，不如盡可能在購買前先把社區的評價搞清楚，尤其是觀察保全與主委對房仲的態度，就能略知一二。

慎選房仲超重要！

無論你是買方還是賣方，買賣房子都是影響你一輩子的大決定，可是一般民眾對這方面的知識相當缺乏且被動。決定交易結果是好是壞，除了視當下市場影響以外，其次影響力最大的：就是為你服務的房屋仲介。

再次提醒，千萬不要將人生大事交給陌生人決定，尤其是跟你利益相反的人。假設我們現在就是不得不找陌生的仲介來服務，該怎麼挑選才可以盡量避免地雷呢？

單純以我個人私心觀點來看：「買房找菜鳥、賣房找老鳥」。

以買房來說，菜鳥優點就是還不會說謊、說謊技巧也很爛，所以你被騙的機率相對較低，同時菜鳥因為手上沒什麼買方，所以對

每一位買方都非常珍惜，公司最好的物件都會優先給你看；缺點就是經驗與專業不太足夠，可能會推薦一堆不適合你的房子，或者在某些細節忽略而講錯，因此你務必得先好好自己上網做足功課，不要全部押注在菜鳥身上就可以避開這個問題。

以賣房來說，老鳥的優點就是手上客源很多、銷售人脈廣，所以有很大的機率是連廣告都還沒有刊登，他就已經幫你找到好客戶售出了；老鳥的缺點也很明顯，他既然有能力讓買方大加價，當然也有能力讓你大降價，而且老鳥會用的話術、謊話、做狀況等技巧更高明，所以你也要好好上網先足做功課，或者多多查詢第四篇章的話術陷阱，才能辨別房仲的說法是否為真、**數據解讀是否在誤導你**。

至於不少網友會問到選擇房仲品牌的部分，這個就見仁見智了。好學校有壞學生、壞學校也會有好學生，通常直營體系的好處就是普遍素質不錯，踩到地雷的機率低；相反地，通常真正的高手幾乎都在高專店（我自己也是純高專體系），想要找到最強、最適合的業務，肯定要往高專店找，但高專店也因為門檻非常低、素質參差不齊又龍蛇雜處，所以在高專店踩到地雷的機率很高，因此各有各的好壞。

以上如果覺得很麻煩，也可以考慮我所推薦、得過「品牌業務獎」、得到我背書的少數正直學員，雖然他們不見得專業又頂尖，但至少這些學生願意犧牲自己的私人時間，在網路上提供免費又有幫助的資訊給消費者，願意長期做利他卻未必利己的行為，又真心

在乎客戶的傻瓜業務，我相信很難雷到哪裡去，認同吧！

殺服務費的人最笨！

很多屋主在簽委託時，遇到願意先自降服務費的仲介都沾沾自喜，很多買方也喜歡找標榜「不收服務費」的房仲公司服務，這些人都以為自己賺到了，然而真的是這樣嗎？

記得「有利潤才有品質」的道理，通常靠自降服務費來削價競爭的房仲公司，能夠提供的服務也是有限的，如果買賣過程一切平安，那麼恭喜你，是你的祖先有燒香，但如果不幸交屋後出現問題，這種削價競爭的公司往往在售後服務上極度消極、永遠都在踢皮球，甚至當你向他們抱怨時，對方可能還會嗆說：「你服務費是給多少？既然你服務費才給一半，我服務當然也只要做一半就好，你現在在跟我吵什麼！不然就上法院講」

而且你知道嗎，無論是屋主還是買方，只要給的服務費少，就會大幅降低被房仲推薦的機會。

以屋主售屋為例，假設屋主就是不願意給 3％ 以上的服務費，那麼當仲介手上有一組有誠意又很適合的買方，你覺得仲介會把這間房子介紹出去嗎？當然不會，少 1％ 服務費對仲介來說真的差很多，更別說那些只願意給 2％ 甚至更低的屋主；反過來講，如果買方只願意給 1％ 甚至連服務費都不想給，那麼現在有一個超 Apple 又超適合的物件，你覺得仲介會推薦給這種買方嗎？

因此我才說，殺仲介服務費的人最笨，既然你都知道仲介在意

的是佣金，你為何不逆向思考一下，好好利用這一點來達成自己的目的呢？以我來講，如果今天我要請仲介買賣房子，我不但不會砍服務費，我還會在開頭就告訴仲介：「該給你的服務費，我絕對一塊錢都不會少」，同時也會讓他們知道：「如果能賣超過我要的金額，我還願意多付服務費」。

都把本書閱讀到這邊了，你應該不會認為因為 Zack 我是房仲背景，所以偷偷在幫房仲說好話吧！怎麼可能多付服務費，還能省到錢？那應該你先思考一下，為什麼我會不殺服務費，還保證服務費給好給滿呢？

很簡單：因為我的眼光比一般人遠。

假設現在有一間房子要賣，行情是 990 萬，屋主如果想超過行情多賣個 10 萬元，那麼就會用 1,000 萬做為底價（開價可能就是 1,099 萬），這樣扣除服務費 4% 後，差不多實際進口袋的是 960 萬，也達到自己多賺 10 萬元的目的。

通常一般屋主為了達到這個目的，只會想要從買方身上撈，以及從房仲身上省，心裡盤算的都是：「如果買方多出一點、仲介又少收一點，我就能多賺一點了」，於是乎，屋主就會在簽委託時，說服仲介服務費少拿一點、卻要仲介賣房更努力一點。

很不合理吧，明明要求仲介付出得更多，結果屋主佣金沒有多給甚至還少給，這就是臺灣人愛貪小便宜的壞習慣，但偏偏房仲業制度上的問題那麼多，導致有一大堆仲介願意跪在地上賺錢，讓這種剝削房仲的模式可以運作。

　　同樣的道理，買方也不是笨蛋，既然行情是 990 萬，憑甚麼要出到 1,000 萬或者更高呢？

　　但換作我是屋主，我反而會在簽委託時，對仲介說：「服務費的部分，4% 我絕對給好給滿，一分錢也不會少，但底價是 1,000 萬的部分我也不會退讓；如果你能賣超過 1,000 萬，超過的部分全部 100% 都算你們的服務費，我們白紙黑字寫下來都可以」。

　　一般的消費者絕對不敢像我這樣做，說不定你現在可能也看不懂我在幹嘛，對吧！這樣不就說死了嗎？成本就沒機會降下來了呀！賣高的部分都拿不到了耶！

　　我會這麼做的理由，是先透過給好給滿的服務費，讓仲介和他們的同事感受到安全感，知道我是大方又替仲介著想的客戶，他們才會有動力幫我把最好的買方帶過來，畢竟「有錢能使鬼推磨」嘛，尤其是看到錢就會狼性爆發的業務員，況且價格就算賣再高，房仲服務費的合法上限就是 6%，就算真的有超過 6% 的部分，他們也不一定敢全拿。不過當仲介可以確認這筆成交絕對能收足 6% 時，動力就會強大很多。

　　給予這樣的承諾，也讓仲介有更好的操作空間，因為有時候買方的出價已經到了極限、連服務費都拿不出來的話，與其讓仲介去煩惱：「因為買方已經被我們榨乾了，我該怎麼讓屋主願意多給 1～2%，才能我們能收到 6% 滿佣」，不如就直接把這個空間優先讓給仲介，讓仲介專心把買方的出價，往開價 1,099 萬的方向拉到極限就好。

你可能會說：「這樣很虧吧？萬一房子真的賣超過 1,000 萬，那仲介不就可以拿滿 6％了嗎？」但我會反問你：「讓仲介賺足 6％，有什麼問題嗎？」。

這個 1,000 萬底價（多賺 10 萬）是我們自己決定的，對吧！仲介之所以能夠讓買方出到這麼高價，不是我們這間房子真的多好、多厲害、多特別，而是靠仲介放棄家庭生活、犧牲陪伴子女成長的時間，在無數個夜晚，打電話一個一個聯絡買方、一次又一次地去經營才來的誠意買方。

既然仲介這麼拚、這麼努力，也達成我們屋主的預期售價，為什麼不能讓仲介賺到預期的 6％ 服務費呢？除非我們一開始就沒做好功課，自己誤把行情與底價訂太低了，那麼自己沒有做足功課的責任，當然得自己扛起來，對吧！

相反地，你可能也會擔心：「萬一買方出價低於 990 萬怎麼辦？賣不到理想價格還付全額的服務費，不是很虧嗎？」。

這只講對一半，就像前面說的，你家的房子能賣多少錢，除了市場趨勢外，影響最大的就是仲介，如果賣不到這個價，有可能是仲介確實不夠努力、也可能是市場不好、更有可能是我們價格一開始就開太高了，不過我們也不需要去擔心這些事。

假設買方的出價已達到 990 萬，差了那麼一點點就能成交了，我們堅持給的 4％，反而會讓我們無法達成實拿 1,000 萬的目的、也無法讓仲介達成成交的目的，於是最後關頭的房仲，為了踢進成交的那臨門一腳，反而會主動跑來跟你討論自降服務費的事，他們

會這麼說：「現在買方出價就差 10 萬元，不然這樣，你也不需要堅持給滿 4% 服務費，我們公司收 3% 就好，這樣你實際拿到手一樣還是 960 萬」。

如此一來，我們一樣達到當初設定實拿 960 萬、而且房仲會拼命賣的目的，對吧！也因為降服務費的是仲介自己主動要求的，而不是我們屋主凹的，因此同樣都是實拿 960 萬、多賺 10 萬、付 3% 服務費，屋主即能避免在一開始就因為先砍房仲佣金，導致錯過很多機會跟好買方的壞處，不是嗎？而且服務費的主動權在仲介手上，如果他們不想降到 3％，他們也可以選擇再找其他買方談，而不是因為被屋主凹而被迫降低，使得仲介感受不好。

總之，只要我們能認清仲介也是「人」，是有感受、有情緒的普通人，不是單純的工具，就能透過滿足對方需求讓彼此達成雙贏的結果；反過來，買方面對仲介的模式與態度也應該如此，因為消費者成交之後，可能還有很多必須回頭找這位仲介討論的地方，讓值得信賴的好房仲吃飽，你也才會有一位能為你服務一輩子的好夥伴，未來你想換屋時，有好的急售物件也才會優先到你面前。

如果上述這一段操作方式還是不能理解的話，一樣建議你拿出紙筆再試算幾次，並且設身處地站在房仲的角度來思考，聰明的你就能明白我的策略了。

私心推薦兩房格局

我其實很常推薦一般小資族網友，如果能力許可，能買兩房就

買兩房，如果是兩房兩衛的格局會更好，因為這種格局不但使用彈性大、市場供給稀有（保值），而且兩房房型我相信也是未來臺灣的趨勢（前提是蛋黃區裡的兩房）。

怎麼說呢？以單身貴族來說，兩房可以將另一間作為工作室、遊戲室、更衣間或置物空間；以小夫妻來說，另一間房不但可以規劃成孩子的房間，在孩子長大前，要是爸媽來家裡幫你顧孩子時，這間房也能作為客房供長輩使用；以即將退休的長輩來說，另一間房就是拿來擺放雜物和紀念品的地方。

除非是預算只夠買套房，或是家裡人數太多，不得不買三、四房，否則兩房的使用彈性真的很大，再加上這類房型過去供給的少、每個社區擁有的比例也不高，因此真的考慮買一間房就自住一輩子的話，兩房進可攻退可守，丟到租賃市場也很搶手。

因此我會建議小資族，如果預算足夠，就盡量選擇兩房，或是不確定會不會用到三房這麼大的空間，也可以先入手兩房，讓口袋多留點現金，也是一項相對安全的選擇（再強調一次，前提必須是位於蛋黃區，因為蛋白蛋殼區極不保值，空頭跌幅巨大）。

老了不要退隱田園

很多人都會說：「老了以後搬到鄉下，可以天天吸著清新的空氣、享受清幽的田園生活」，於是差不多在五、六十歲的時候，選擇將人生最後一間房買在鄉下蛋殼區，通常還過於高估自己的健康，便買了間要走樓梯的小透天。

這也是臺灣人很大的迷思，因為這種生活其實沒有你現在想像的那麼美好。

請你仔細想像一下，當退休不需要工作後，你覺得每天要做什麼？無論你想到的是什麼，都會發現有一大堆時間需要去補滿，例如找朋友串門子、找有興趣的嗜好發展、到處走走逛逛、參加教會聚會之類的，但這些需求在鄉下很難被滿足，因為你會發現大部分的朋友都不住在你附近、發展興趣嗜好的課程都靠近市區、教友都住在市區，鄉下新鮮空氣吸個半年就膩了。

同時，你日常採買東西的需求也不容易被滿足，可能要開車 5 分鐘才能到便利商店領包裹、開車 15 分鐘才能到全聯買菜，晚上想吃個宵夜，結果外送也不提供服務，子女要帶孫子來也不方便。

尤其老人最需要的「醫療資源」，萬一自己或另一半的身體突然出狀況，有時候救護車只要晚那麼一兩分鐘，就是兩種完全不同的結局了，更別說上了年紀膝蓋不斷退化，透天的樓梯究竟還能爬多久呢？

因此我反而建議，趁現在年輕健康又有體力開車，那麼遠距工作的年輕人確實可以去體驗田園生活，但如果是為了六、七十歲後的退休生活，可以不無聊又方便，強烈建議你選擇生活機能較好、又靠近醫療機構，並且位於市中心的電梯大樓吧！

貸款越久越長越好

把握一個原則，貸款期限越長越久越好，因為長時間的貸款，

除了能讓平均月繳金額更低、讓自己支出壓力更輕以外，再算上通膨的因素，你現在欠的房貸到未來只會更便宜、更不值錢。比方說，你在 2023 年購屋申請了 2,000 萬的三十年貸款，依據平均每年 2% 通膨來算的話，也許十年後現金已貶值 20%、二十年後貶值 40%。

簡單試算一下，以 20 年後你剩餘的房貸 700 萬來算，扣除通膨後的現金價值，你當下再繳的 700 萬貸款價值，也不過就是 2023 年 420 萬而已。

如果不太明白的話，試著想像將房貸期限拉到八十年、一百年，你就能理解為什麼繳款期限越長、越晚去還貸款，對購屋的自己會更加有利了，這也是為什麼「寬限期」非常重要，因為越晚繳貸款、貸款就越不值錢，因此寬限期絕對是能申請就要申請、能拉長就盡量拉長（我到 38 歲還在繳大學的助學貸款）。

或許有些比較保守的人，會希望早點把房貸繳完讓心理上沒有壓力，就會想要選擇 20 年的房貸就好，其實這個選擇也跟我的建議不衝突，除非你是在剛貸款的頭 1 ～ 3 年就提早繳清，會有違約金產生的問題外（一般自住客也不太可能這麼快繳清房貸），房貸通常是可以提早先繳完的，沒人規定你只能繳到最後一年。

因此把還款期限延長，只是將主控權拿回自己手上，若是想提早還款，你就多繳一點；假設覺得資金壓力會變大，也就是按原本的現狀繳款就好，這樣就能讓你手上的資金彈性變大，就有餘裕進行投資理財，或是在創業路上走得更遠。

🏠搭捷運要用「門到門」計算通勤時間

　　一般人在購屋或租屋時，肯定會看所謂的「通勤時間」，比方說你如果住在新北的海山站，搭捷運通勤到臺北的忠孝新生站上班，那麼從海山站到忠孝新生站的捷運移動時間是 40 分鐘，一般人就會將這個 40 分鐘作為通勤時間，對吧！

　　No，這種計算方式有個嚴重的錯誤，就是你以為的通勤時間，跟你實際的使用時間落差很大，因為你沒有考慮到從你家出門到捷運站的時間，以及從進捷運入口到搭上捷運的時間。例如你是住在新北的關渡站，那麼你從捷運站的入口一直到捷運站月台，可能只需要 15 秒，但如果你是住在台北車站，那麼從你踏入台北車站的入口一直到抵達月台，你可能就需要 10 分鐘，光這個站內的移動時間就是很大的差異，會讓你從準時抵達公司變成全勤獎金泡湯，也是大多消費者都會忽略的地方。

　　除了捷運站內的移動時間，很多人也會忽略班次的問題，比方說你住在捷運的海山站或亞東醫院站，雖然只差一站，但兩站的交通時間也會差很多，因為亞東醫院站是板南線的終點站之一，也就是開往亞東醫院或頂埔的捷運都會在這邊停車，你有兩個班次可以搭。但下一站的海山站，卻只有開往頂埔的捷運會經過，硬生生就是比亞東醫院站多了一倍的等待時間。

　　不只是這些時間容易被忽略，其實還有很多大大小小容易讓你「低估」通勤的交通時間，例如騎機車到捷運站找車位的時間、搭

公車到捷運站轉車的時間，甚至是從林口開車到台北辦公室的堵車時間等等，所以在計算正確通勤時間的部分，我一律都會建議用「門到門」的方式來計算，如此你才能最精準地確認實際消耗的時間有多久。

房市轉空的布局策略

根據 2022 年七月份的成交量統計[3]，七月份的六都成交量，已較六月份萎縮 13.3%，相較於 2021 年同時期來算，交易量更是萎縮了 5%，顯見聯準會進入升息循環後，台灣房市交易量瞬間崩跌到如此低迷。

根據截稿時的 2022 年 9 月初的新聞報導[4]，以往屬於成交熱點的大直區，近期竟然出現罕見的「零成交」，例如大直街（三個月零成交）、樂群三路（八個月零成交）、基湖路（四個月零成交）和敬業二路（五個月零成交），尤其是位於敬業二路的社區「大直JOJO」，過往幾乎每個月都能有交易，現在也連續五個月沒有任何一筆成交紀錄。

對比 2021 年時期的火爆房市，再看看如今的房市，再預測一下 2023 後的房市，不但現在已讓房地產業者感受到市場的急凍，你現在可以看見房市大空頭時代即將來臨了。

3　鉅亨新聞網 https://reurl.cc/WqLrDO
4　ETtoday 新聞雲 https://reurl.cc/DX6yom

　　假設如我所預料，2023 的農曆年後正式進入全臺大空頭，那麼身為一般自住客的你，下一步具體該怎麼規劃呢？接下來，我會針對以下六種情況給予建議，你可以依照自己的需求，選擇適合的建議進行布局。

狀況一：現在沒房、想要買房

　　除非你真的有夠急又財力雄厚，否則 2022 年第四季的空頭市場才剛來臨，市場才正在降溫中，屋主還需要一兩年的時間去磨軟心態，建議可先租屋等待房市落底，這樣你的進場成本才能壓低，才有機會在未來的換屋上產生利潤。

　　這段期間，你就多存錢、多做功課，並且去試住想買的地區及社區，避免未來積蓄都砸下去了，才發現買到不適合的地雷房子。

狀況二：現在沒房，未來也沒打算買房

　　如果是這方面的規劃就簡單多了，多存錢、多投資理財，從其他管道多多購入資產來增加現金流，只要你每個月有夠高的被動收入，有錢的老人根本不怕租屋市場的歧視，你到時只要拿錢去砸房東就好。

　　例如房東不願意租給年邁的你，你就用加 20%、加 50%、加 100% 去租，因為有錢就是任性。如果這個房東不願意也沒關係，我就不信砸不到一個願意多賺房租的房東，我自己目前的規劃也是屬於這個狀況（出 4 萬元，會租不到行情 25,000 的房子嗎？）。

狀況三：現在有房，想要賣房

在不考慮其他需求的情況下，如果只是單純考慮賣房的售價，大方向就是「空頭早點賣、多頭晚點賣」，既然現在市場要進入空頭了，建議越早出售價格越好，避免未來鄰居的賠售價拉低你的行情，因為今年的小賠，就是幾年後的小賺了。

至於有些網友常說：「既然現在房市變差，我要不要趁現在先賣掉、五年後再買回來呢？」。

通常我都不建議這麼做，你這個是投資股票的思維，不該是自住客賣房子的思維，別忘記房地產變現速度超慢，而且你選的房仲素質，也是價格與出場重大的影響變數，再加上房地產買賣的手續費（服務費）成本相當高，非常不建議你把房地產當股票處理，你會在很多小地方吃到大虧。

如果沒有立即換屋的需求，就繼續住下去吧；萬一有急迫的換屋需求，當下市場卻又不適合賣房，那就建議你先把自住的房子拿去收租，接著你再去租一間能滿足需求的房子就好囉。

狀況四：現在有房，想要換屋（小換大）

因為我們在前面已經試算過平行宇宙 B 的情況，所以你就在目前的空頭階段繼續住，一直住到想換大屋的那天即可，所以狀況四會是最單純的情況。

如果希望有點獲利，可以參考狀況五的做法。

狀況五：現在有房，想要換屋（大換小）

因為你是大屋換小屋，所以建議你趁現在空頭初期早點賣掉、鎖定獲利，因為空頭市場的大坪數跌幅也會較大，然後這幾年先租屋觀望市場、同時等待房價慢慢下修，差不多三、五年後房市慢慢見底後，就可以選擇適合的小房子購入，手上說不定還會剩下一大筆現金可以做其他規劃。

狀況六：現在有房，又想再買房

因為有錢就是任性，如果你的自用需求很明確、資金又充裕，那麼何時購入都不會有太大的差別，就像前面說過的：「房價漲跌對自住客影響不大」；但如果你的第二、第三套房是要拿來投資的，則一樣建議越晚買才越划算，畢竟進場成本越低、出場利潤與收租投報率才會越高。

不過要特別提醒，如果你希望像過去的長輩那樣，靠累積大量不動產來增加被動收入，除了要留意高房價（進場成本高）導致租金投報率太低的問題外，也要留意高房價時代停不下來的打房政策，例如 2022 年將實施的囤房稅就是一個修法的趨勢，甚至未來政府也可能透過提高持有稅，來增加屋主售屋壓力、減少富人的囤房情形，因此持有成本的上升幅度，會是包租公需要評估的潛在風險。

🏠公開我個人的獨特布局

截至目前本書完成之際，我個人還沒有買過房子，但我有不同於一般臺灣人的布局方式，現在就將我的規劃策略分享給你參考，但我得先講，這個作法是因為我在這方面有足夠的專業與經驗，所以能將風險大幅壓低，變成中高獲利卻中低風險的布局，一般民眾千萬不要在一知半解的情況下貿然模仿，否則不但無法買房獲利，還有一定機率導致血本無歸。

資產配置的觀念

先舉個常見例子，不少臺灣民眾都有注意到，因為南部的租金收益比北部高很多，於是很多人就會想說：「那我可以把 1,000 萬的預算拿去南部買房，收 3% 租金，這樣每個月也有 25,000 元，再拿這 25,000 元繳臺北的房租就好，畢竟 1,000 萬預算在臺北連個電梯套房都買不起，但 25,000 租套房卻綽綽有餘」。

沒錯，這就是非常標準的資產配置觀念，假設南部租金有 3%、臺北只有 1.5%，那麼以機會成本來看，當然是收 3% 去繳 1.5%，這一點並不難理解。

但反過來你也要明白一件事，南部租金的收益比之所以可以這麼高，就是因為他們的總價低很多，所以你應該再思考，為什麼南部房價比臺北低的「本質」原因，就可以得到很多答案了。

記得，貴不見得合理，但便宜一定有理由。

　　而我的規劃方式，則是將南部收租、繳臺北房租的格局拉得更高更大，直接用國際的角度來規劃。比方說臺北市因為身為首都，所以機能各方面都很強大、房價自然就高、租金投報率就低、增值性也慢慢降低，那有沒有可能我們買在同樣是首都、同樣各方面機能都是該國最強，但房價還沒臺北那麼高、增值性也不差、租金收益卻比南部更好的地方呢？

　　你看過第四章就知道，世界這麼大，投資價值比臺灣高的國家到處都是，因此我會從這些房產投資價值比臺北更高的各國首都中，去挑選價格適合、稅賦較低、物業管理成熟、二手市場活絡，而且法律有保障外國人購屋產權的地方，幸運的是這樣的國家並不難找。

　　以我目前正鎖定的「那個城市」來看，平均 400 萬臺幣就能買到市中心、近捷運、上市建商、公設豐富的高級套房，該地區的持有成本也不算高，就算不幸我的淨租金收益比預期差，最保守都有 3 至 4% 的水準（淨租金效益是臺北的 2 至 3 倍以上），代租代管公司也夠成熟、二手市場也不差（至少不用擔心像日本那樣越擺越便宜），更重要的是，該國法律也充分保障外國人購屋的權利。

　　接下來我們再一起算一算：假設我手上有 400 萬現金，我目前在臺北市中心租的這間電梯套房，售價用 1,500 萬計算就好，那我至少得拿出 350 萬頭期款（87% 的現金就沒了），再背上 1,200 萬的三十年房貸（平均每月要支出 46,000 元的房貸），壓力真的超大；但如果我繼續用租的，租金行情約莫才 2 萬左右而已。

相較於購買下來的成本，我的租屋壓力超級輕鬆，我手上還握有 400 萬現金，可以做機會成本更高的投資或創業（例如我現在能靠線上課程創業賺錢，就是源自於我生活成本很低的緣故），以機會成本的數學來算，我當然在投報率低的城市當租客、去投報率高的城市當房東，沒錯吧！

明白這個道理後，我只要將這筆放在銀行沒利息的 400 萬，拿去買那個城市的電梯套房，以淨租金 4% 來算，每個月就可以收到約 13,000 元的國外房租，那麼在臺灣租的這間套房，只需要再補 7,000 元差額，就可以繼續使用這間房子，每個月只花 7,000 元在台北市中心租屋的生活，難道不夠輕鬆嗎？

如果我跟家人同住的話，不把這 13,000 元拿來補貼房租，我也可以選擇將每個月從國外匯回來的租金，運用在進修、學習、投資、創業上，讓我有更大的機會賺更多的錢，也可以將這筆錢用來提升生活品質（存兩個月就能讓你飛出國一趟、同事續攤不用再假裝有宵禁），心理壓力變輕很多，生活品質也不再脆弱；而且壓力變輕，還可以順便延緩我們的老化、讓我們少長兩條抬頭紋，對吧！

What got you here won't get you there.

對比我們的 GDP，臺灣房價現在已經到了「不靠氾濫資金就推不上去的階段」，我們能從進入空頭交易量就會大崩、價格逐漸向下盤整、第二次 QE 臺北漲幅不大、社區屋主得靠聯合不降價來守價等等，能觀察到這些事實，除非你能學會本篇章教的方式買低賣高，否則期待未來房價不靠氾濫資金還會暴漲，是一件相當不切

實際的事情。但其他國家則不同，相較於房價所得比已達國際級高的臺灣，不少國外首都的增值空間皆比臺灣更優秀，更別說現在就能掌握的租金投報率。

再想像一下，如果你把我教的危機入市模式，放到其他更有增值性的國家來操作，效果不就更明顯嗎？地球這麼大，我們肯定能找到一個當下處於大空頭的首都、肯定能買到價格正嚴重被低估的物件。

以上，就是我自己正在規劃的置產模式，這個模式其實跟把錢放南部的邏輯完全相同，只是我選擇放在更遠的海外房地產裡，不過我也在第五章分享過海外置產的各種隱藏風險，所以我才強調各位千萬不要貿然學習我的模式，因為這就像是攀岩一樣，因為我夠高，所以順著這個路徑能攀爬登頂，但如果你比我矮的話，走同樣路線可能就因為手搆不著而跌落山谷。

買不買房沒有對錯，只有適不適合

這個篇章的篇幅，是我當初預期的三倍，在最後尾聲分享這麼多關於自住客買房，以及房仲業者賣房該有的「正確觀念」，就是希望你能明白，買房應該是基於自用需求、基於正確資訊做出的正確決定，不該是被話術欺騙、被恐嚇式行銷嚇壞而倉促做出的，而且我更想讓你知道的是：「買房不代表人生圓滿」，因為購屋後，才是挑戰的開始，世界上多的是勉強硬買房的屋奴，最終不得不賠售的下場。

　　只要你充分吸收本書教的知識，你就比 99% 的業者更專業、他們就無法用話術來哄騙你，你也可以精準掌握房價走勢，知道什麼時候能夠危機入市撿便宜、什麼時候出場有機會溢價獲利，只要你保持耐心，永遠等得到市場循環、永遠等得到危機入市的機會，尤其是空頭市場即將來臨的此刻，更是「別人恐懼我貪婪」的最佳時刻，你就不會變成盲目追高殺低的韭菜。

　　再提醒一次：賣方市場對賣方有利，買方市場對買方有利，既然你是買方，當然要選在「買方市場」進去購屋，不是嗎？

　　因為對買方來說，多頭進場賠錢機率高、空頭進場賺錢機率高，回顧過去四十年六次的房價下跌經驗，就算不用業者的「四十年來都在漲」的爛話術來看，基本上只要敢在危機入市時進場，買進被市場低估的成本，很少有人在三年內賠到錢，因為你的成本已經被壓得太低，光是按照回溫後的行情平盤賣，就可以至少獲得 5 ～ 10% 以上的利潤。

　　空頭期買方更要記得，只要看到「降價幅度遠大於平均跌幅」的房子、而且又符合你的需求，例如平均每年跌 5% 的階段，你有機會用實價登錄八折直接購入（只要確定房子適合你，又沒有重大瑕疵），你當然可以閉著眼睛立刻買。

　　退一萬步來說，就算你看不懂本章教的各種操作技巧也沒關係，因為你是自住客，只要房子符合你的自用需求、你也可以負擔，那麼在漲跌都對自住客影響不大的事實下（平行宇宙 AB），就沒必要因為房市變化而感到緊張，將你一切的房產規劃，都回歸

到你的「自用需求」，確定買房能在主觀上，「解決的痛苦，大於賠售的幅度」，你就可以買。

最後最後，我還是要再強調最後一次：「買不買房沒有對錯，只有適不適合」，買了房不是人生圓滿的終點，只是你人生挑戰的起點；硬湊兩成自備款買間房，沒什麼了不起，有兩間沒貸款的房子，才真的了不起！

第七章

如何改善高房價問題？

🏠全民一起改善房市體質

前一個篇章我們談到了很多，如何在高房價環境下，透過精準的換屋去布局資產，讓自己盡量買得合理、賣得有利潤，實現退休時能擁有一間房自用、另一間房養自己，讓我們小老百姓能盡量在這種環境與規則下，不要因買房成為「窮到只剩下房子」的屋奴。

在本書的最後，我要再顛覆一個你如此認定的事實，那就是：「本書所有內容，都只是治標不治本而已」

對，你沒聽錯，臺灣高房價、少子化、低薪等本質問題，如果各黨各派遲遲不願正視，我們老百姓能夠做的仍然有限，畢竟豬都已經變成豬排了，也不可能讓牠復活吧。

不過我們小老百姓在能力範圍內能做的事情，都已經在本書暢談完了，剩下超出一般人能力所及的事情，就應該交給擁有實權的大人物處理，也就是透過我們選票選出的各類民意代表，小到縣市議員、地方首長，大到立法委員、國家元首，只有這些人才有能力從「根本」改善高房價等問題，對吧！

如果臺灣的民意代表與選民，對於如何具體改善「高房價結構性問題」沒有頭緒、不知道開從哪裡著手，那麼在本書的結尾，讓 Zack 我分享其他國家的「解決方案」，透過這麼多 KOL 分享的網路資訊，以及我過去與多國房仲交流的經驗，希望能協助政治人物知道正確的方向在哪裡、也讓老百姓知道，我們該監督政府往什麼方向前進。

1. 炒房必需有刑責

在德國，國家為了保障人民都有房子居住，便將居住權列入憲法的保障中，因此炒房就是有刑事責任的行為，例如建商定價超過行情 20%，就屬於超高房價，將面臨 5 萬歐元的罰款；超出 50% 則屬於刑事的房屋暴利罪，除了罰款，還有最高三年以下的有期徒刑；若是炒作行為造成民眾恐慌或市場不安而損害公共利益，最高也是判三年以下有期徒刑加 5,000 萬歐元罰金。

很明顯看得出來，德國將房地產視為民生必需品，而非一般的投資商品。

相較於德國將炒房視為違法行為，在臺灣炒房卻被當成一種了不起的成就，能夠獲得粉絲追捧與媒體推崇。我認為臺灣應該比照德國的觀念，及早改變「房地產」（尤其是住宅）的定位，將住宅列為民生必需品，而非私人資產，用社會法益予以保障，才能防止炒房惡化高房價、少子化、內需減少等國家問題。

2. 央行該提高利率了

臺灣長期靠低利率來救經濟的政策，差不多要畫上休止符了，央行需要將利率慢慢調升回國際水準，解決國內眾多殭屍企業的問題、外資出逃的現狀（根據 2022 年 8 月底統計[1]，今年外資賣超臺股超過一兆元，創下歷史最高紀錄），也能慢慢調整高房價的體質，讓市場資金從房地產，移往真正有實際生產面的產業上，而非

1　Yahoo 財經新聞 https://reurl.cc/eW8G4x

靠全民炒房衝高 GDP 的假象，也別再迷信房地產是經濟火車頭的舊思維。

因為房貸利率提升，消費者也不會再隨便 All in 身家去賭房，進而能夠降低銀行房貸的違約風險，降低市場的購屋需求，促使銷售方有降價的壓力；而體質不佳的建商，也會因為餘屋過多再加上利息提升的情況，有更大的出售壓力，進而降價讓利來節省民眾的荷包支出。

3. 再提高短期的房地合一稅

雖然房地合一稅 2.0 的規定，已經將原本 1.0 持有一到兩年的稅率，從 35% 調升至 45%，持有二到五年則從 20% 調升至 35%，但由於這樣的 % 數在大多頭市場時，仍然有大量買方因為不理性加上願意追價，替屋主吸收這些不該屬於自己的稅。

因此我會建議依照憲法「漲價歸公」的初衷，直接將五年內的稅率調整至 70 ～ 90% 以上，讓短期投機客在炒房上「無利可圖」，買方也會被過高的稅率給勸退。同時，也要大幅降低持有超過十年以上的現行稅率，也許可以考慮讓持有十年後的稅降至 5% 以下，積極鼓勵長期持有，讓民眾在購買前就必須更加深思熟慮。

我相信病入膏肓的重症，更需要下重藥才有機會治好，一旦從根源讓炒房者無利可圖，才能從根本避免全民炒房的歪風。

4. 實價登錄必須更進化

雖然實價登錄 2.0 已經比 1.0 好很多了，但目前仍然遠遠落後

國際水準，而且網站的操作不夠直覺、介面老舊這些問題不談，實價登錄的篩選項目必須要分得更細，可以參考許多先進國家在實價登錄內中，會依照各種分類統計行情與整合價格走勢等，讓實價登錄能發揮它具透明化房市的專業功能，也讓這個工具簡化到老嫗能解的程度，真正落實平等的透明資訊的目標。

5. 全面取消虛坪制

　　臺灣如果可以盡快接軌國際的「實坪制」計價，那麼消費者在比較物件單價時，就更不容易有模糊地帶、被業者操弄，例如早期的花臺、雨遮、公設車位等，現在則是被過高的公設比，讓民眾誤以為該社區的售價很親民。

　　全面落實實坪制計價，雖然過程一定會耗費不少改革成本，但這些都是必要的代價，一旦全面落實實坪制以後，民眾在比較房屋單價才會更客觀、更直覺，也能明白各個建案的「真實價格」，方便判斷各個社區的售價合理性。

6. 騎樓濫用的問題

　　每當我到外縣市旅遊時，我都會跟老婆 Momo 說：「看起來，我這輩子注定只會住在臺北市了，因為我每次只要看到騎樓或人行道被店家占用、被住戶拿來停車，我就會一肚子火」，有這種感受的人肯定不在少數，明明騎樓與人行道都是屬於行人使用的公共空間，但是很多住戶卻將客廳外推到騎樓、店家直接將騎樓作為店鋪，連人行道也都被違規停車占得滿滿，逼得行人不得不在馬路上

與機車爭道，也讓發生火災時的搶救難度瞬間拉高，但地方政府卻視若無睹，檢舉還會引來民代關切。

我想說的是，比起政府宏偉的計畫，這種與實際生活切身相關的小細節，才真的讓人民更有感，各縣市政府早該都要比照臺北市，全面清查騎樓與人行道被惡意占用的情況，畢竟人車爭道之類的問題，比頂樓加蓋更嚴重。另一方面，由於臺灣汽機車車位嚴重不足，導致人行道被當成停車位，因此政府需要努力增設車位來改善，也可以比照日本要求購車者必須有停車位才能買車。

同時，也可以藉由都更與獎勵容積等手段，鼓勵老舊大樓變成大型停車場，從根本慢慢解決停車位不足的問題，而不是一直讓建商拼命蓋廣大老百姓都負擔不起的豪宅。

7. 老舊房子的外觀須強制改善

常去東南亞國家的人就會知道，現在臺灣市容的醜陋程度，已經和東南亞某些落後地區不相上下，醜陋又雜亂無章的市容，代表著國家對於住宅管制的放任程度。

以日本來說，很早就有《景觀法》等相關規定，在不破壞現有景觀為原則下，讓各縣市政府針對建築大小、風格、色調等，要求建商在推案時，也必須請專業、有證照的景觀設計師進行設計，讓「城鄉風貌」變成全民財產的概念，而非像臺灣總是以私人所有權做為藉口。

住過美國、澳洲的人也知道，如果你住的是有前後院的獨棟別

墅（Single House），你們家門前的草皮或泳池必須定時維護，以維持整體社區的形象與整齊，如果臺灣屋主用「這是我家的房子，要不要整理是我家的事，你管不著」的觀念，在國外可是行不通的，因為沒有好好維護是會被檢舉、被政府罰錢的。

🏠 降低交易亂象的具體方法

1. 買房簽約，要有無條件反悔期

關於買房簽約，在第三章有深入說明過，除了房產法規制度外，房仲制度面更是導致臺灣交易糾紛層出不窮的萬惡淵藪，因為幾乎所有房仲和代銷都抱持著「成交勝於一切」的心態。

為了避免業者老是用話術將消費者趕鴨子上架，臺灣可以比照美國與澳洲的「無條件反悔期」制度，也就是買方在簽訂買賣合約後，有 7～14 天不等的冷靜期，只要覺得哪裡怪怪的、或是覺得自己被騙了，都可以在期間內無條件解除買賣、不需要負擔任何責任，避免消費者被業者欺騙而產生的消費糾紛。

2. 房屋開價由房仲決定、而非屋主喊價

澳洲有一個很特別的制度，就是當屋主要簽訂銷售委託時，房子的售價是由房仲訂立。光是聽到這邊，可能會讓臺灣屋主氣得跳腳，怎麼可以把房子的定價交給房仲，那房仲隨便訂個低價去賣怎麼辦？怎麼可能這樣做！

　　別緊張，房仲會針對目前該物件合理的「市場行情」作為開價，屋主也不需要擔心開價太高或太低，因為買方在參考這個開價之後出的斡旋價，無論是直接依照開價購買、或者是斡旋開得更高，屋主都沒有一定要接受的責任。

　　比方說，今天你要賣房子，雖然你想要賣 1,500 萬，但仲介幫你訂的開價就是行情 1,300 萬，這時候買方如果直接按照開價的 1,300 萬下斡旋，或是出 1,300 萬之上的斡旋，屋主都有選擇接受或不接受的權利，說不定當下的市場過熱，屋主還會看到有買方願意出到 1,600 萬以上的機會，所以屋主可以自己評估要不要同意買方的出價，以避免房價被仲介低估。

　　這樣的制度，可以避免屋主漫天開價讓消費者誤判行情（反觀臺灣絕大多數屋主，都有「等盤子」的心態），屋主也不用擔心在簽委託的時候，被房仲誤導而簽下了過低的售價。買方在參考房屋售價時，也可以很清楚知道每個房子的合理行情範圍，不用去猜屋主的底價可能是多少、也不用去研究艱深複雜的實價登錄網站，買方更能依照市場行情出價，讓最後的成交價貼近市場、也符合買賣雙方的意願，誰都不會吃虧。

3. 預售屋應該要用定型化契約

　　雖然 2021 年 7 月，臺灣政府已有規定預售屋的備查機制，要求建商必須將預售屋買賣契約書報給地方政府備查，結果 2022 年

3 月有媒體報導[2]，備查的 50 個建案中，有 22 個的買賣契約不合規定，且情況全都是對消費者不利的，消保官也表示這樣的不合格比例是相當高的（將近四成），而且更惡劣的是，常常建商給政府備查的是 A 版本契約，但是給消費者卻是簽 B 版本的。

很難想像在臺灣這種已開發國家，竟然還會有眾多建商使用這種第三世界國家才會用的爛招，我建議應該要比照民眾購買中古屋的買賣合約，統一使用政府規定的「定型化契約」，才能保障弱勢的消費者權益。若是建商與消費者有另外約訂的事項，也應該將這些事項送交主管機關備查，才不會讓建商有上下其手占民眾便宜的機會。

同時，AB 約、建商惡意違約、左手賣右手的炒作行為，更需要動用刑法來嚴懲，甚至要有懲罰性的高額賠償與實質的有期徒刑，才會讓建商不敢再往這些地方動歪腦筋，欺負弱勢的消費者。然而相關法案雖然於 2021 年就已經提出，但由於引起「不動產業者」強烈反彈，理由是炒房關三年「有失比例原則」，讓內政部於 2022 年初緊急喊停這項法案。

我個人認為，現行許多炒房手段確實都已違法，尤其是 AB 約與左手賣右手等行為，若政府總是合理化業者不正當的行為，就等於是默許黑心房仲和劣質代銷繼續無法無天，也是變相懲罰其他「老實做生意」的好建商。

2　民視新聞 https://reurl.cc/pZyAVl

4. 房仲踩線，予以重罰

房仲業這麼亂的原因之一，最嚴重的莫過於第三章提到的「踩線文化」，踩線文化嚴重敗壞房仲業與房地產生態，絕對該被列入零容忍的違法行為！

為了抑制臺灣房仲這種不良的日常工作，建議直接比照美國的規定，將踩線者予以重罰！第二次再犯，就直接拔除不動產營業員證照，並且規定一定年限內，不得再從事不動產相關行業。

同時，若踩線行為是由店長或主管下達的指示，無論是明示或暗示，依權勢下達命令者也都該以相同的處罰，店東也要承受罰鍰，讓經營者與管理者潔身自愛，自然就不會再要求底下的業務員做踩線這種違法又不道德的行為。

一旦房仲業界不再踩線、不再惡意搶客戶、不再惡意搞破壞、不再依賴踩線做業績，房仲才能將重心回到「提升服務」與「加強專業」上，讓自家業務變得更優秀來獲得客戶指名、用專業而非帶風向的數據來分析市場，這才是房仲業該有的樣子，認同吧。

只要房仲業不再有踩線情形，房仲業至少80%的問題都能迎刃而解，在踩線正式被列入違法行為之前，我們消費者能做的，就是要強烈抵制惡意踩線、還會在你面前抨擊同行的劣質房仲。

5. 官方管理的二手屋平臺

為什麼專任約在國外不但普遍，而且還能充分保障屋主利益，最關鍵的理由是專任約一方面能讓業者對屋主全權負責以外，二方

面是透過專任約的保障，房仲公司才更願意積極銷售屋主的房子、更認真地替屋主守價，三方面則是能夠保障委託期間內，房仲業務的業績利益。

但為什麼同樣都有專任委託，臺灣的專任委託卻老是做不起來，甚至被許多屋主詬病呢？原因就是出在配套措施。

例如美國、澳洲、日本，都有一個由政府官方主導的二手屋平臺，全國所有房仲簽進來的委託都會上傳到這邊，一來是確保承辦此案件的仲介權益能夠被保障，二來是因為該平臺只有房仲業者可以登入使用，想要找到物件的消費者就能透過仲介進行查詢，其他同行如果想配對適合物件也只能到這邊來，讓不同公司的仲介可以透過「合作」、而非「踩線」的方式合作。

如此一來，簽委託的仲介可以確保自己不會被踩線，就算同行有適合的客戶，也必須透過自己成交，於是到最後，當仲介不再缺乏案源以後，就必須靠好口碑來吸引買方上門。

也因為所有二手屋物件都被登記在這裡了，一般消費者可以透過房仲，全面性地挑選最適合自己的房子，不用像臺灣這樣，因為時間不足而將就眼前的幾個選項，也不會像現在的臺灣買方，得一間一間、挨家挨戶地詢問每個房仲公司，深怕自己錯過某間店、某位業務的 Apple 口袋案件。

6. 屋主必須承擔一半的廣告費用

你知道臺灣房仲被壓榨得多離譜嗎？除了制度面造成業界本身

不合理的內捲，連任何消費者都可以在這種制度下，輕而易舉地剝削房仲人員，我們就先以屋主委託售屋的情況來舉例。

在臺灣，當屋主委託房仲賣房後，替屋主打 591 或各種廣告的費用，全部都是業務員自行吸收，花錢印漂亮的 DM 也是從自己的存款掏錢，如果房屋現場要掛大型的銷售帆布，也一樣是由房仲業者自掏腰包，屋主一毛錢都不需要出，但假設最後這個房子不是自己賣掉，或者被踩線破壞掉了，付出的所有成本就打水飄了，房仲也只能摸摸鼻子認了。

這相當不合理吧！明明就是賣屋主的房子、售屋利潤也是屋主全部拿走，仲介還不確定能賺到佣金，但成本風險卻全部壓在還沒收取任何費用的房仲身上，屋主卻可以不用承擔一丁點廣告費風險。

因此我建議比照澳洲的模式，與屋主確認廣告方式後，屋主必須承擔全額或至少一半的廣告費用，停止剝削房仲的行為，否則為什麼賣高價是屋主在賺、賣不出去的成本，必須業者獨自承受呢？

7. 專任買方約

既然屋主有專任委託可以簽署，先進國家的買方，也同樣有專任委任約可以使用，這個我們俗稱叫做「專任買方約」。

在臺灣，你知道買方們是怎麼剝削房仲的嗎？臺灣買方常會找不同店的房仲看房子，然後挑選一位自己覺得比較適合的仲介來下斡旋出價，這一點沒有問題。

但問題常常是發生在接近成交時，由於市面上的二手屋，99%

屬於大家都有的一般委託約，於是買方便會藉此要脅房仲說：「你這個案子每一家都在賣，如果你們服務費收這麼高，那我就找其他仲介下斡旋就好啦」，這時候不受制度保障的房仲，如果不想失去這筆成交機會，就只能乖乖地同意降低服務費，而這種情況，又常發生在老老實實、看起來好欺負的房仲新人身上，你覺得這樣很公平嗎？如果今天是你的子女做房仲，面對到這種惡意剝削，你的心情會是如何呢？

更惡質的情況，就是當一個物件辛辛苦苦談到最後要成交時，買方會在這個時候「回殺」服務費，要脅仲介如果不願意降服務費就找同行簽約，使仲介陷入兩難。如果服務不好，服務費因而被打折扣還算合理，但是單純利用制度漏洞來砍房仲服務費，這絕對就是壓榨。

因此，我建議可以比照美國的方式，買方在購屋時必須像屋主那樣簽署專任委託約，在一定期間內，買方都只能透過該房仲來替自己找房子，就能避免房仲因為制度漏洞而被消費者剝削，讓房仲能更專注在提升服務品質上，再搭配上前面提到的由政府管理二手屋平臺，就能讓仲介幫買方找到最適合的好物件。同時，房仲人員的素質應該要提高，考照標準就是一個重要的改革方式，臺灣不能再用現在這種超級放水的作法來發放不動產營業員的執照，這樣只會讓不專業的劣質房仲持續增加，還會被消費者笑說：「什麼阿貓阿狗都可以來賣房子」！

8. 社區怎麼可以收看屋清潔費

　　接下來我要講一點政治不正確的話了，以我自己與眾多基層房仲的經驗來看，房仲帶看必須被社區收取「看屋清潔費」這件事，就也是標準的剝削、無庸置疑的壓榨，就是要欺負為了成交而不得不付這筆錢的仲介，這種行為與制度，跟那些用暴力控制社區的墨西哥黑幫有什麼分別？跟拐人去柬埔寨的暴力集團有哪裡不同？

　　我就問一個問題：「房仲是有多髒？」

　　我們帶客戶看房子的過程，難道會一邊吃東西、一邊丟垃圾嗎？怎麼可能！房仲是在帶客戶看房子，又不是帶觀光客逛夜市，只是走進社區大廳、搭上電梯、進入房屋看屋、最後看看公設就離開，怎麼可能產生 200 元、500 元甚至 1,000 元以上的清潔費用？有沒有人能告訴我這個費用的標準是怎麼來的？社區收取這些費用合法嗎？有開發票嗎？

　　其實這個制度講白了，就是看準大多數沒底薪的房仲為了生存，想成交就不得不配合的弱點進行剝削，是相當惡劣的制度，房仲可能一天帶看個三組客戶，整個禮拜的伙食費就沒有了，還不見得一定有機會成交（別忘了踩線情形如此氾濫）。

　　最終，往往就是讓誠實又有熱誠、但財力較弱的新人選擇放棄這一行，也有很多明明不錯的案子，也因為帶看清潔費的成本太高，使得仲介不願意推薦該社區的房子，損失的仍然是同意收取看屋清潔費的住戶們。

設身處地想一下，假設你是房仲，你為了帶看這個社區花了這麼多清潔費，最終若是沒有成交，錢不就全部白花了嗎？而且無法成交的理由，有時也是出在踩線這種大環境默許的手法下，因此為了不讓投入成本放水流，你是不是就會想盡各種方法來把這些成本「賺回來」呢？於是為了生存，各種謊話、話術、踩線、做狀況等不道德銷售行為，就被逼得拿出來使用了。

我個人建議，這個行為應該用民法的不當得利來保障房仲，如果真的要收取清潔成本，也應該是針對委託出售的住戶來收取，怎麼能讓社區與屋主利用法律漏洞來占房仲便宜。

不該由房仲支付的不合理費用，房仲業者也應該要團結抵制。

9. 房市分析，必須要有書面資料

追根究柢，為什麼會出現那麼多像第四章提到的炒房話術？因為業者胡說八道的東西，受到法律「言論自由」的保障。為了避免消費者被房仲屢屢誤導的現況，房仲業應該要比照保險業的制度，將房仲提供的各種房市預測、漲幅數據、房價成長等推估分析，都要先經由主管機關審核無誤後，再由房仲總公司統一釋放給第一線的店頭與業務使用，畢竟房價走勢與房仲的專業毫不相關，因此房市預測分析與數據報告，就應該交由專家來製作，不應該是對此完全外行又沒相關證照的基層房仲。

比方說，房仲很常在物件傳單或廣告上，大力宣稱房價過於誇張的增值性，例如「年漲幅上看 50%」之類的文案，就會導致大

量缺乏這方面專業的消費者被誤導，未來有糾紛上法院，消費者也很難拿出書面證據舉證自己被欺騙的事實。

但若是由房仲總部發出經由主管機關核准的房市分析，至少在數據出處上會有一定的可信度，因為房仲總部必須對這份報告負責，就會更小心謹慎，拿著這份書面資料的消費者，對於市場的判斷也不會偏離太多，而非現在這種僅憑仲介的一張嘴來主導的局面。

10. 服務費 6% 不需要調整

民眾老是抱怨房仲服務費太高、房仲太好賺，既然這麼輕鬆好賺，那你怎麼不來做房仲呢？你曉得在房市大多頭以外的時期，房仲有多難收到 6% 的全額服務費嗎？

以實際情況來看，由於買賣雙方對於價格認知落差很大，所以房仲必須努力地說服屋主降價、努力說服買方加價，結果當房仲辛辛苦苦，終於讓買賣雙方對於價格有一致的共識時，雙方卻常常說：「我們都加了（或降了）這麼多價，你們房仲公司也該有點表示吧？你們好意思收全部喔？」

於是在沒有屋主和買方專任委託的制度下，明明比平常付出更多的房仲，卻只能收取更少的佣金，更別說往往在價格只差最後一步、但買賣雙方都堅持不退讓的情況下，房仲為了成交，就只好犧牲自己服務費以換取收入。

因此，我並不認為需要調降 6% 服務費，因為 6% 只是個上限、並非定額，在一般市場下，服務費究竟能不能收到滿佣，應該

是在健全的制度下，由健全的市場來調整。

從租賃市場調整買賣供需

臺灣之所以長年購屋需求都這麼強勁，除了有土斯有財之類的傳統觀念，就是因為租屋族群不受法律保障，房東說漲價就漲價、要你搬你就得搬，因為臺灣法律將住宅視為可以投資炒作的私人「所有權」，而非民生必需品。

所以，要改善高房價的關鍵，鑰匙其實是在租賃市場上。

一、降低買房需求

1. 日本的借地借家法

日本早在 1992 年就實施了《借地借家法》來保障租客，歷經了三十年，臺灣的租賃制度卻連日本的車尾燈都看不到。《借地借家法》你應該很常在網路上聽到網友討論，理由就是這套完善的制度能夠落實租客的權益，進而讓購屋需求降低、讓房價難以上漲。

不過其具體而言的規範是什麼呢？簡單講就是房東不得任意調漲租金，如果租期屆滿想漲租金的話，臺灣的房東只要一句話就有效，但日本卻要求房東必須提供相關的書面證據，說明調漲房租的理由，再向法院提出申請，要得到法院裁定核可，房東才能按照請求的幅度調漲租金。

　　這時臺灣房東就會想：「這麼麻煩，那我不續約就好啦」，這一點也是不行的，根據借地借家法的規定，只要租客有乖乖地繳房租、沒有任何違法違約的行為，房東是不可以終止租約的，也就是只要我們當個乖乖繳租金的守法租客，這間房子就可以讓你住到世界末日。

　　「那萬一我有急用怎麼辦？」

　　在臺灣，很多房東都會用「小孩結婚要自用」等理由去終止租約，但是依照借地借家法的規定，房東收回租客房子必須要有「重大理由」、並且同樣得向法院申請核准才可以，像孩子要結婚自用這種理由是無法通過核准的，必須是房東真的已經到山窮水盡的狀態，例如失去收入、沒有任何地方可以住，必須回收這間房的情況，才算是日本法律認定的重大理由。

　　正因為《借地借家法》保障租客的權益如此完善，租客不用擔心被沒理由地惡意調漲房租（而且臺灣調漲幅度可以任房東無限上綱）、也不用擔心突然被終止合約得搬走，讓租客願意在這間租屋處安身立命、長久住下去，承租店面的店家，也不需要擔心自己犧牲健康換來的微薄利潤，被房東一句話就拿光光，一旦租屋市場穩定，自然就會大大減低市場的購屋需求。

　　因此，為何日本房價在泡沫化後三十年都漲不太動，就是已經從人民的「購買需求面」、透過良好制度得到良好的控制，與臺灣大多數人被「制度」逼到不得不去買房的現狀，完全天壤之別。

2. 沒有窗的房間，不得視為房間

　　目前租屋亂象還有一個原因，就是政府對於「不適合人居住」的房間選擇漠視。大家可以常常看到新聞，有屋主將陽臺或者倉庫作為雅房出租，利用價格上的優勢，讓經濟能力不佳的社會底層人民，不得不接受這種極度惡劣的租屋條件。

　　雖然說一個願打、一個願挨，但我相信在經濟允許的情況下，沒有人想要去住這種環境惡劣的房子，尤其是某些空間太小、連窗戶都沒有的分隔套房，因為在許多國家都有明訂，如果一個房間沒有對外窗，對於居住者的身心都會有不良影響（比凶宅更嚴重），因此這種屋子不得被視為房間，這就是居住正義該展現的樣貌，而非逼窮人接受。

　　然而許多分隔套房在臺灣並沒有嚴格的管制，比方說單位人數上限、電線與隔間材質等，地方政府也沒有嚴格稽查，導致這些收入弱勢的租客在居住上陷入極高的風險，例如 2017 年中和一間老公寓的分租套房起火，導致 9 人死亡的悲劇，就是血淋淋的例子。

二、增加賣方供給

　　臺灣除了高房價以外，高租金也是大多數上班族一生都逃離不了的問題，臺灣租金為何能節節高升的其中一個理由，就是租屋供給仍太少，很多房東都擔心爛房客或凶宅風險，再加上房屋好像只要擺著自然就會增值，於是不少屋主寧可將房子空著養蚊子、躺著

囤房等增值。

　　想落實居住正義，讓老百姓不要因為租屋就失去生活品質，那麼降低租金就是非常必要的過程，而降低租金最好的手段，一樣是透過「市場供需」著手。以供給面來說，藉由制度提高屋主將房子釋放到租賃市場的意願，並且降低屋主不願報稅的抗性，這才能從本質解決高租金問題。

1. 官方的租賃平臺

　　先談談該如何讓屋主提高出租房子的意願，也就是如何降低遇到爛房客與凶宅的風險，其中又以遇到爛房客最常見。

　　雖然前面種種制度都讓你明白，租客在租賃市場上相對弱勢，但反過來說，由於臺灣法律制度落後，一旦今天租客就是鐵了心欠繳房租，或是惡意耍賴不搬走，這時反而是房東落入絕對劣勢的情況，只要有房東向我諮詢租客不搬家這個問題，我都會建議對方，趕快讓對方搬走，給點搬家費也行，欠繳的租金就既往不咎，這樣才比較實際。

　　因為以臺灣法律來看，如果房東遇到惡意擺爛的房客，想走法律程序解決，必需要先等租客積欠租金達兩個月才能提告，但因為大多數房客一開始都有付兩個月的押金，等於是房東必須讓確定不繳房租的房客，連續白住四個月，房東才可以啟動法律流程。

　　而法律訴訟又曠日廢時，等到一年後好不容易拿回房子時，通常租客已經拍拍屁股、留下一個你永遠請求不到的「租金債權」。

　　更讓房東心灰意冷的，則是在收回房子、打開大門的那一刹那，看見裡面滿滿都是垃圾、被破壞的痕跡與無法忍受的惡臭，真的會讓大多數房東從此心寒、決定不再出租房子了，更別說房東當下還不能入內清理垃圾，因為這些垃圾都是前房客的「動產」，需要經過法拍程序確定沒人要，房東才能清理自己殘破不堪的愛屋。

　　正所謂預防勝於治療，我們可以參考澳洲是怎麼解決。

　　在澳洲有一個由半官方、半民間的租賃平臺，你可以把它想像成像是類似租屋的網拍網站，房東與租客只要透過這個正規平臺進行租賃，雙方就可以看到彼此的歷史紀錄，就像網拍上面的評價，而且房東不只可以看到租客過去的租屋評價，還可以看到租客目前的工作、收入和財力證明，確保這位租客的經濟能力無虞；租客也可以從該網站看到房東過去的評價，避免自己遇到有問題或有犯罪記錄的惡房東。

　　因為透過這個半官方的平台進行把關，租賃房子才會安全有保障（就像你會用蝦皮買東西，但不太敢用臉書買東西一樣），所以租賃雙方都會愛惜羽毛，非常在意自己的歷史紀錄，因為一旦評價不好，房東將會找不到好房客、房客也無法找到好屋主，就只能讓自己轉往風險較高的地下市場進行租賃行為，大大提高踩到地雷的風險（就如同臺灣現在情況）。

　　至於凶宅的部分，其實臺灣和許多先進國家都有「凶宅險」可購買，降低房子發生事故後導致房屋價值大幅貶損的風險，然而為什麼凶宅險這套制度卻在臺灣推不太動呢？主要還是回到房東的

「租賃稅制」與「管理制度」上。

2. 租賃所得必須分離課稅

　　除了怕遇到爛房客與凶宅以外，另一個房東最在意的就是「報稅」了，臺灣房東幾乎沒有在報稅，這已經是公開的祕密，但卻也因為租賃房源都沒報稅，導致後續各方面的管理困難，演變成如今房東與租客雙輸的局面。

　　為什麼房東不願意報稅呢？一方面是不希望增加自己的租賃所得，二方面則是擔心因為報稅而讓自己的房子浮上水面，未來就更難逃離不報稅的選項，持有稅也不能以自用住宅來計算。如何讓房東願意主動報稅，「社會住宅推動聯盟」則給了非常好的解答：「租賃所得分離課稅」！

　　比方說，很多房東本身就是高所得的人士，假設他的所得稅級距已經來到 40% 的階段，依照現行的稅法制度，他名下這些出租的額外房租收入，也必須在這個基礎上被課徵 40% 的所得稅，等於房租硬生生被打六折，換作是你，房租被打六折你也不會想乖乖報稅，對吧！

　　而分離課稅的好處就在於，可以單純針對租賃所得給予免稅額或適當的稅基 % 數，讓出租量較低的小房東不須繳稅、讓出租量高的包租公也可以繳得便宜，如此一來，至少比現行這種什麼稅都收不到的現況更好，而且還能透過繳稅與公證租約的流程，將租賃的黑市逼出水面，讓後續的物業管理與保險保障能夠落實在租賃雙

方身上。

3. 租賃市場透明化的好處

　　只要租賃市場的黑數浮上水面，政府就能充分掌握哪些房子在出租、哪裡有租客正在承租，接著下一步就是靠成熟的保險制度，讓租賃市場更健全。

　　以日本來說，為什麼日本房東不太擔心遇到爛房客，就是因為所有的房子都是透過代租代管公司處理，消費者有任何問題都是找上代租代管公司，租客與房東彼此不會有直接對接上的機會，讓租客遇到問題可以得到即時又專業的解決（房東畢竟是個人，處理的品質通常不會多專業），房東也不需要去煩惱雜七雜八的瑣碎事宜（例如繳交管理費、報稅、社區住戶人會等等）。

　　萬一遇到租客遲繳房租，也因為有報稅與公證，所以能夠讓保險公司直接介入，只要租客沒繳房租，保險公司就會直接用線上匯款的方式補給房東，然後再由保險公司向租客求償積欠的租金；若是租客有毀損房屋的情況，也是保險公司先代為支付，房東便不需要擔心被積欠房租，以及後續的求償問題，非常省時方便。

　　可是這套完美的保險制度，為何在臺灣無法順利推行？依照《租寓》共同創辦人之一的周峎表示，因為臺灣屋主都沒有報稅與公證，自然無法透過代租代管公司進行管理，以至於保險公司無法確認租客欠繳房租之類的情事，再加上國內有代租代管的住宅數量仍太少（政府將主動報稅責任，壓在代租代管公司身上而非屋主，

導致很多屋主不願意給代租代管公司管理房子），因此尚未有保險公司願意推出這類保險服務。

依照目前現行法律，屋主只要透過代租代管公司管理房子，雖然會有對應的代管費用產生，可是依照目前自租 43% 免稅額，交給代租代管公司管理的話，每個月有 6,000 元免綜所稅，兩萬租金收益以下有 53% 免稅額，超過兩萬以上租金（20001 元）則有 43% 免稅額。

不過這樣的免稅額，對於真正持有大量房源的房東來說，幫助並不大，強烈建議政府可以設一個鼓勵期限，在期限內將免稅額大幅提高，鼓勵更多黑數的租屋物件浮上檯面接受管理。

4. 讓屋主願意割肉賠售

除了透過健全租賃市場造成需求降低，只要讓市場的供給量提高、供給大於需求自然能讓房價下修，但面對買氣消失的空頭期，該怎麼讓屋主更願意說服自己賠售呢？

我個人的建議是：「將賠售金額認列為虧損，折抵進每年綜所稅的免稅額」，類似法人持有不動產的情況那樣，畢竟現行的房地合一稅 2.0 的規定是，有賺錢就要繳稅，但反過來說，賠錢時卻要屋主自行全部吸收，這樣對屋主來說太不公平了吧！

但如果自用住宅的屋主賠售金額，能被認列成該年度綜所稅的抵扣額，並做好相關配套（例如賠售的對象不得是三等親以內），如此一來，就算房價跌了也能補貼一點免稅額，讓賠售的自住客屋

主感受到不是「單純損失」，在心理上更容易說服自己，某些所得過高的屋主，也可以藉由賠售自住房的方式來降低稅務級距，連帶地也能讓一般民眾，用更低、更合理的價格購入自住房。

5. 提高囤房稅與持有成本

本書已多次提到臺灣持有成本與囤房成本過低的問題，這一點沒什麼好說的，囤房稅勢必是要再大幅提高，才能將更多的空屋逼入買賣或租賃市場。

然而現行的持有稅與囤房稅，在稅率與價格認定上都還太寬鬆，難以激起提高供給的效果，讓人覺得只是敷衍了事，像是在打假球一樣，因此一般民眾對於囤房稅對房價的抑制效果，是相當無感的。

6. 健全占屋行動

在 1960 至 1980 年代的荷蘭[3]，當時的年輕人也遇到和臺灣此時相同的居住正義問題，於是依據荷蘭 1941 年的判例，加上 1971 年法院判定占屋不違法、還須保障占屋者在屋內的居住權後，荷蘭的占屋行動開始蓬勃發展，這項行動的法律方向大概是說：

只要能證明房屋閒置一年以上、無非法入侵的跡象，只要在房屋內放上一張桌子、椅子和床，就能證明自己在這裡有居住的事實，再請警察到自己占領的房屋內登記，就能合法取得這間空屋的

3　轉角國際 https://reurl.cc/GXrYqD

使用權（所有權仍屬屋主），規定相當寬鬆；相反地，如果屋主想驅離占屋者，就要舉證自己將使用這裡的房子，例如房子已經準備出租給誰、房客即將入住等，再透過法院冗長的程序才能將占屋者驅離。

占屋行動當年能夠順利在荷蘭推行，主要還是居住正義大於房屋所有權的觀念，被社會大眾廣泛認同。

雖然後來占屋行為已漸漸被荷蘭法律判定為違法，但如果臺灣能夠用更嚴格的標準、更有效率的救濟管道，讓那些荒廢已久的房子被有需求者合法使用，也給予屋主有效的救濟權利，將空屋充分利用，必然能減少經濟弱勢族群流離失所的問題。

我常常跟老婆說：「如果有一天我出來革命，肯定是為了遊民」。

每當我在寒冬飄著雨的夜晚，看到遊民瑟縮在橋下、騎樓或車站一角，或是聽到寒流又奪走多少遊民的性命時，我總是覺得忿忿不平！明明臺灣有高達八十多萬戶的空屋，為什麼寧可放在那邊養蚊子？難道街友的命比不上蚊子嗎？明明全臺流離失所的街友不過數幾千人，為什麼多餘的空房不能提供給有需要的遊民居住？就只是因為他們窮嗎？難道無法發聲的弱勢族群被犧牲時，我們就只能裝聾作啞嗎？

我不相信外匯存底世界第四的臺灣政府[4]，會連照顧這幾千位遊民的能力都沒有，不要看不起遊民、不要說遊民不努力，他們大

4　中央社 https://reurl.cc/pZyRk4

部分人的工作比我們更辛苦，只是運氣沒有我們這麼好而已。

愛因斯坦曾說過：「世界不會被作惡多端的人毀滅，而是冷眼旁觀、選擇緘默的人」。

7. 房貸回歸 20 年期限

低利率與超寬鬆的房貸條件，導致大量原本不具備購屋能力的人買了房、也提高了買房的需求面，但這群人卻得用終身省吃儉用的屋奴人生作為交換。也因為這些需求大量出現，進一步推升了房屋價格，讓房價的降幅始終有限。

同樣從需求面去切斷的話，我建議除了首購族仍能申請三十年房貸以外，其餘所有情況的房屋貸款，皆應該回歸二十年的標準情況，並且第三或第四戶以上，沒有正當理由都不得貸款超過六成，提高購屋的門檻來限制不適合的購屋族群產生，也避免市場資金過度往房地產集中。

所以說，政府必須要再降低各家銀行承做房貸的上限，從資金面切斷臺灣房價上漲的根本動力，才能降低房地產價格的水位，也讓銀行願意將資金注入有實際生產力的產業，讓臺灣的資金在正確的地方發揮效果，各行各業才能慢慢回到應該有的正軌上，例如用更多的資金增加設備、提升技術、培養員工，有更好的福利解決年輕人低薪又工時長的問題後，才有機會改善年輕人不婚不生的國安問題。

一旦年輕人在經濟上有餘裕，更積極選擇結婚生子這條路，也

才會進行消費與投資讓臺灣的內需市場更強。

　　否則按照臺灣央行如今的行為，面對美國鷹派的升息力道，鴿派的央行卻仍想靠低利率去刺激經濟、靠低匯率去補助出口、靠利差賺取盈餘，犧牲了大部分的臺灣民眾（全臺約有六成人口從事薪資很低的服務業），使得大多數年輕人面對高不可及的房價、沉重的育兒壓力、隨時破產的勞保、看不見的未來，最終只好選擇躺平、及時行樂生活，把每天一杯手搖飲，作為生活中唯一值得珍惜的小確幸。

　　奇怪，為什麼一直要年輕人把握生活中的小確幸？為什麼年輕人不能擁有大確幸呢？高房價問題並不是年輕人造成的，但為什麼高房價的苦果卻要求年輕人承擔呢？

總結

　　到了本書的尾聲我才發現，為了讓本書淺顯易懂、具體明白，讓更多對房地產完全外行的消費者，都能透過本書變得比業者更專業，所以比原先預計的篇幅多寫了 40%！

　　我希望這本書能短期暢銷、長期經典，也希望提供更多的思考方向，讓反抗的火焰在你心中燃燒，然後讓我們像星火那樣燎原，一起改寫目前不公不義的房地產規則，讓居住正義不再淪為候選人的口號。

　　就算這本書最終無法偉大也無妨、賣不好也沒差，只希望透過這本書與我結緣的你，即便你只是坐在誠品裡看完本書的免費仔，我也希望能幫助你在未來買賣房子的路上一切順利，不要被業者與房蟲帶風向、不要淪為終生窮苦的屋奴、不要讓自己接連遇到倒楣事後，才發現自己已經是破產的街友。

　　我更希望同樣身為「房地產業者」的你要相信，靠「誠實」，真的能在這一行活下來（只要你有正確的技能，讓消費者相信你的誠實），我們必須先從自己開始改善，少說點謊、少用點話術、少做點狀況、少踩幾次線，將銷售重點回歸到「解決自用需求的痛點」，而非「房屋必定漲價」上面，你的業績肯定能夠提高，社會也會對我們房仲業改觀，民眾才會相信世界上，真的有像你我這樣的超級房仲存在，因為我認為真正的超級房仲，不在於你多會做業績，而在於你發揮影響力後，會有多少人感謝你。

　　總之，買房是為了讓自己的生活變得更好、而不是更糟！

　　如果你也想做出改變，那就應該在每一年的選舉時，不要被選戰的激情蒙蔽雙眼、不要被各種顏色劃分立場、不要忘了自己平常日子有多苦、不要忘了房價房租有多不合理，不要又再選出那些與地主、財團、業者掛勾，總是阻撓居住正義的劣質民代。

　　因為，無論你的顏色屬於哪一類，等到選舉結束後，各方勝選者準備享受四年的勝選果實時，我們都是同一類，我們都同樣得回來面對現實生活、乖乖打卡、閉嘴當社畜、繼續面對高不可攀的房價或壓著你的沉重房租，不是嗎？

　　安居樂業，應該是人民的基本需求，期待本書問世之後，能在未來某一天成為改變臺灣的奇異點，我也期待有那麼一天，我可以不需要再拍破解黑心話術的影片了。

　　而在那一天來臨之前，黑心業者們，你們的扭曲慾望，將由我來收下。

　　我會持續擔任房地產界的蝙蝠俠，白天幫助弱勢消費者與基層業務，晚上打擊芭樂客戶與黑心業者！

感謝與後記

　　終於把書寫完了，我寫完書的第一個想法是：「靠！我這輩子絕對不要再出書了」，寫書真的是一件又累、又苦、又不賺錢的事情，不信的人真的可以來試試看，當作家比當房仲苦多了。

　　但支持我犧牲打電動、看動漫的娛樂，也要把這本書寫到完美的動力，就是希望有能力的自己，能幫助更多人不要淪為那 7.5% 的屋奴、不要讓邪惡的一方得逞，我就是靠著這股中二的使命感去燃燒自己的。

　　而不免俗的，本書能夠完成，真的要感謝非常非常多人，首先要感謝丹妮婊姐的賞識，邀請我這個素人上她的節目談房地產，才讓我有機會被采實文化看見，才有了這本書誕生的機會，也要特別感謝從頭到尾協助我完成本書的總編輯欣怡，因為有她的協助，才讓本書的內容如此成熟。也要感謝行銷部的雨庭，積極地替本書尋找曝光機會，讓更多消費者有機會看見本書。

　　其次，我要感謝所有支持我的粉絲們，如果沒有你持續給予的肯定、各種表達支持的私訊，我絕對沒有動力繼續做這些吃力不討好，還會得罪我銷售課程的客群的事情，尤其是在本書的撰寫期間，你們熱情地提供我房仲話術、黑心手法、房市亂象與即時新聞等大量素材，甚至給了有關本書的標題、色調、風格等建議，因此，你絕對也是本書的作者之一。

　　接著，要感謝那些不遺餘力攻擊我的酸民與房蟲們，就因為你

們不斷地秀下限的留言，提供了我源源不絕的豐富素材、幫我成為全台第一位 YouTube 訂閱數破十萬的房仲，甚至更催生了本書的誕生，因此你們對於本書的貢獻實在是功不可沒。

也要感謝過去的人生路上，那些瞧不起我的業者、霸凌過我的主管，甚至至今仍極力打壓我的某些前老闆們，因為你們當時的嘴臉，讓叛逆的我更有了絕不能輸的動力、讓我有強大的毅力來打臉你們。

相對的，也非常感謝在從事房仲業的路上，曾經照顧過我的前輩們、支持我的同事們（特別是我的兩位伴郎——李權芳與陳冠樺）、幫我打開國際眼界的各國房仲朋友們，以及充分信任我、願意將幾百幾千萬人生大事，託付給我的上百名客戶們，是你們才讓我相信：原來黑暗的房仲業，也有著陽光。

我還要特別感謝兩位幫助我很大的恩師，一位是 Jerry 老師，一位是小船老師，因為你們教會我經營線上課程與 YouTube 的技能，讓我能藉由這兩套技能的組合過上理想的數位游牧生活，不再需要靠賣房子賺錢，還能站在客觀立場去幫助更多弱勢的消費者。

我更要特別感謝「業務品牌學院」的學生們，因為你們對 Zack 老師的信任，讓我深深感受到被夥伴們支持與歸屬的感覺，而看到你們也陸續在網路上嶄露頭角，並且被更多的消費者感謝，讓我真心替你們感到驕傲，就是這份滿足感讓我更熱愛現在的教學工作了。

我還要感謝靠著做房仲，把我拉拔到大的父母——李衛民、劉

秋美，房仲業是一個淘汰率極高、內捲極嚴重、壓力又極大、社會觀感還很差的行業，你們能夠在這一行生存下來，還做了三十幾年，並且將我和妹妹養得這麼高大，真的很不容易（而且我還不是普通的會吃），特別是為了我們這個家，從 18 歲就奉獻一切的媽媽，因為妳在房仲業替我樹立的好榜樣，才有今天被大家肯定的 Zack。

另外還要感謝可愛的 Cookie，雖然在我寫書的時候，你一直跑來踢我的電腦，但因為我靠你蹭了不少流量，再加上你真的太可愛了，所以就不跟你計較了。

最後最重要的，是要感謝我最愛的完美老婆孟穎，不但人正個性好、大家都喜歡，而且從交往到婚後我做的任何決定，妳都是無條件地相信我、支持我、包容我，當我工作太累的時候，還會趕我去打電動，能娶到這麼完美的老婆真的很幸運，也令我們如今的生活越來越美好，才讓我一切的努力與成就有了意義。

翻轉學 翻轉學系列 102

破解黑心話術！購屋超級攻略

作　　　　　者	李昌鵬（Zack）
封 面 設 計	張天薪
內 頁 排 版	theBAND · 變設計—— Ada
行 銷 企 劃	蔡雨庭 · 黃安汝
出版一部總編輯	紀欣怡

出　　版　　者	采實文化事業股份有限公司
業 務 發 行	張世明 · 林踏欣 · 林坤蓉 · 王貞玉 · 張惠屏
國 際 版 權	鄒欣穎 · 施維真
印 務 採 購	曾玉霞
會 計 行 政	李韶婉 · 許俶瑀 · 張婕莛
法 律 顧 問	第一國際法律事務所　余淑杏律師
電 子 信 箱	acme@acmebook.com.tw
采 實 官 網	www.acmebook.com.tw
采 實 臉 書	www.facebook.com/acmebook01

I　S　B　N	978-626-349-078-9
定　　　　　價	550 元
初 版 一 刷	2022 年 12 月
初 版 五 刷	2023 年 3 月
劃 撥 帳 號	50148859
劃 撥 戶 名	采實文化事業股份有限公司
	104 台北市中山區南京東路二段 95 號 9 樓
	電話：(02)2511-9798　傳真：(02)2571-3298

國家圖書館出版品預行編目資料

看懂房市風向、破解黑心話術，購屋實戰攻略 / 李昌鵬 (Zack) 著 .
-- 初版 . -- 臺北市：采實文化事業股份有限公司 , 2022.12
400 面 ; 17*23 公分 . -- (翻轉學系列 ; 102)
ISBN 978-626-349-078-9(平裝)

1.CST: 不動產業 2.CST: 投資
554.89　　　　　　　　　　　　　　　　　111017895

采實出版集團
ACME PUBLISHING GROUP

版權所有，未經同意不得
重製、轉載、翻印

翻轉學

翻轉學